日米地位協定

その歴史と現在《いま》

明田川 融

みすず書房

日米地位協定——その歴史と現在《いま》

目次

第四部

第五部

まえがき

日本に在る米軍と同軍の基地をめぐって、人々はいかなる経験を積み重ねてきたのか。この問題にいくらかでも知見や洞察を得ようと、在日米軍の配備条件を詳細かつ具体的に規定した「日本国とアメリカ合衆国との間の安全保障条約〔＝旧安保条約〕第三条に基く行政協定」（以下、日米行政協定などと略記）という取り決めをめぐる政治に焦点をしぼって苦闘した結果が、旧著『日米行政協定の政治史――日米地位協定研究序説』（法政大学出版局、一九九九年）であった。同書の原型は一九九六年に法政大学大学院へ提出した学位（博士）請求論文だが、その執筆当時、まさに本書のテーマである日米地位協定（正式名称は「日本国とアメリカ合衆国との間の相互協力及び安全保障条約〔＝安保条約〕第六条に基づく施設及び区域並びに日本国における合衆国軍隊の地位に関する協定」）・米軍（基地）・沖縄をめぐる歴史は大きく動こうとしていた。

外にあっては冷戦体制の――少なくともヨーロッパにおける――崩壊、内にあっては非自民八党派による細川（護煕）内閣の誕生。その細川内閣のもとで首相の私的諮問機関・防衛問題懇談会（座長 樋口廣太郎・アサヒビール会長）が「日本の安全保障と防衛力のあり方――21世紀へ向けての展望」作成作業に取り組み、同作業は次の村山（富市）内閣のときに、いわゆる「樋口レポート」

として公表をみる。同レポートは、外交・経済・防衛などの政策手段を駆使して統合的な安保政策を構築する必要があるとし、それを「第一は世界的ならびに地域的な規模での多角的安全保障協力の促進」に、「第二は日米安全保障関係の機能充実」にもとめた。もっとも同レポートは、冷戦後の安全保障環境のもとでも日本自身の防衛のため日米安保は不可欠であり、また、アジア地域の安全保障のために日米協力の分野も拡大していくと見ており、米国は総合的な国力——とくに経済力——において昔日の圧倒的優位性を持たないものの、いぜん軍事力では卓越した同国が多角的協力関係のなかでリーダーシップを発揮できるか否かが問題であるとしていた。樋口レポートに示された日米安保を相対化しようとする考えを、日本の〝米国離れ〟の兆候と危惧した米国は、国際安全保障担当国防次官補ジョゼフ・ナイのもとで行われた日米安保再定義作業において、引き続きアジアにおける米国の軍事的プレゼンスを一〇万人規模で二十年間維持する方針を打ちだす。おりしも戦後五十年を迎えて沖縄県は、普天間飛行場返還を含む第一段階から始めて、最終的に三段階・二十年間ですべての米軍基地を返還させるというプログラムを策定しているところであった。

このような動きのいっぽう、九五年九月、在沖米兵三名による小学生拉致・強かん事件が発生する。この事件では、被疑者たちの身柄引き渡しに一か月あまりを要したために、迅速な身柄引き渡しが可能となるよう日米地位協定を改定すべきだという声が急速に高まった。この地位協定改定をもとめる声の高まりは、近代の日本・琉球／沖縄関係の歴史、とくに第二次大戦後の「沖縄が日本の他地域とはまったく比較にならないほど人権および平和的生存権が抑圧された状態に置かれてきた」（第Ⅲ章で詳述する「戦後沖縄・歴史認識アピール」）長い歴史の一場であるという認識を欠いてはならない。それにしても、九六年の九月に基地の整理・縮小と地位協定改定の是非を問う県民投票が行われて縮小・改定が過半を占めたこと、そして、二〇〇〇年八月に沖縄県が、「日本側が裁判権を行使すべき……被疑者の拘禁は、その者の身柄が合衆国の手中にあるときは、日本国により公訴が提起されるまでの間、合衆国が引き続き行う」とする地位協定の規定（第一七条五(c)）を、公訴前でも被疑者の身柄が沖縄側（日本側）に引き渡されるよう改定するなどの点を含む抜本的な見直し案をまとめたことが示すように、同協定をめぐる歴史において九五年は画期であった。

それから二十年余がたち、四半世紀に迫ろうとしている。その間、遅くとも二〇〇三年には全面返還されているはずの普天間基地はいまも稼働しつづけ、駐機する軍用機の影はヘリコプターからMV―22オスプレイに変わった。そのいっぽう、普天間基地の代替施設と称する新基地の建設が名護市辺野古の貴重で、地域の人々に長く恵みをもたらしてきた自然環境を破壊しつつ〝粛々と〟進められている。

一九九六年から二〇一六年までの、凶悪犯および窃盗犯――沖縄県民の安寧および財産を脅かす犯罪――を含む「米軍構成員等による犯罪検挙状況」は一一三五件であり、おなじく「米軍構成員等が第一当事者の交通事故発生状況（人身事故）」による死傷者数は三六五八（うち死者四七名）である。「復帰後」の統計となるものの、軍用機の墜落・不時着などの「米軍航空機関連事故等」は二〇一六年一二月末時点で七〇九件にのぼっている。このなかには二〇〇四年八月一三日の沖縄国際大学構内CH―53Dヘリコプター墜落事故が含まれる。事故処理にさいし米軍側は米国財産（ヘリ）の不可侵性を盾に、沖縄県警ならびに消防当局さえ現場から閉め出し、卒業生が植えた記念樹などを勝手に伐採した。「はかり知れない犠牲」と「日本の他地域とはまったく比較にならないほど人権および平和的生存権が抑圧された」(前記「戦後沖縄・歴史認識アピール」)歴史は、この二十年間も止んでいないのである。

日米地位協定をめぐる二十年はどのようなものだったであろう。

先述のように、二〇〇〇年には沖縄県が以下を――環境保全規定の新設を除けば一七事項を――骨子とする地位協定見直し要請案を策定した。まずは施設および区域(本書では基地ということがある)の設定と排他的管理権に関わる見直し要請である(以下の①~⑯などの番号は、とくに断らない限り明田川=筆者による)。

①日米両政府は、個々の基地に関する協定内容について、関係自治体から要請があった場合は、これを検討すること。

②日米両政府は、前記の検討および基地の返還についての検討に際しては、関係自治体の意見を聴取し、その意向を尊重すること。

③米軍は、基地所在自治体に対し、公務遂行上に必要かつ適切なあらゆる援助(基地への事前通知後の立入りを含む)を与えること。緊急の場合は、事前通知なしの立入りを可能にすること。

④米軍の活動に起因する公共の安全または環境に影響を及ぼす事件・事故については、速やかに関連情報を関係自治体に提供すること。災害の拡大防止のため、適切な措置をとること。

⑤米軍の演習・訓練・その他諸活動の実施に対して日本国内法を適用すること。

また、基地内および基地周辺の環境汚染・破壊は基地使用時はもちろん、跡地利用に関わって返還後も重大問題であることから、次の点を協定に明記することが求められた。

⑥米国は、同国軍隊の活動にともなって発生するばい煙、汚水、赤土、廃棄物等の処理その他の公害を防止し、または自然環境を適正に保全するため必要な措置を講ずる責務を有すること。日本における米軍の活動に対しては環境保全に関する日本国内法を適用すること。

⑦米軍は、基地におけるすべての計画策定にあたって、人、動植物、土壌、水、大気、文化財等に及ぼす影響を最小限にすること。また、当該計画に基づく事業が与える影響を調査し、調査結果を公表すること。当該調査を踏まえ、日米両政府間で環境保全上の措置について協議すること。

⑧米軍の活動に起因して発生する環境汚染については、米国の責任において適切な回復措置をとること。そのための費用負担については日米両政府間で協議すること。

環境保全条項を盛り込むことは、冷戦終結後に締結ないし改定された同種の協定（附属取り決めも含む）では標準となってもいる。関連して、返還にともなう原状回復については次の点が要請された。

⑨日米両政府は、返還以前に、米軍の活動に起因して発生した環境汚染・環境破壊・不発弾等の処理について共同で調査し、それらが確認されたときは、環境浄化など必要な措置をとること。

そのための費用負担については日米両政府間で協議すること。

地位協定で米側が享受している詳細な特権や減免措置についても見直しが求められる。

⑩米軍による民間の空港・港湾の使用は、緊急時以外は禁止すること。

⑪「出入」および「移動」には、演習および訓練の実体をともなうものを含まないこと。

⑫人、動植物に対する検疫ならびに人の保健衛生に関して、日本国内法を適用すること。

⑬米軍構成員等の私有車両に対する租税は、民間車両と同じ税率で課税すること。

⑭基地内の諸機関が提供する役務は（物品販売と同様）、日本人に対する提供を制限すること。

犯罪被疑者の公訴前身柄引き渡しについては先に見た。刑事裁判権問題とともに、米兵等による犯罪・事件・事故が頻発してきた沖縄では、民事請求権・損害補償問題もきわめて切実であった。これについては次のような改定要求が示された。

⑮公務外にある米軍構成員等の行為などにより損害が生じた場合、損害賠償額が裁判所の判決に満たないときは、日米両政府で差額を補塡し、補塡に要した費用について両政府間で協議すること。

⑯米国当局は、日本の裁判所の命令がある場合、米軍構成員・軍属に支払うべき給料等を差し押さえ、日本の当局に引き渡さなければならないこと。

そして最後に、協定実施に関わって日米相互の協議を必要とする「すべての事項」を協議しているにもかかわらず、その秘密性から「密約製造マシーン」とも称される日米合同委員会については、その「合意事項を速やかに公表する旨を明記すること」がうたわれた。

だが、沖縄県の見直し要請に対する日米両政府の対応は不承不承の感をいなめない。被疑者の公訴前身柄引き渡しについては、一九九五年一〇月と二〇〇四年四月の二度にわたって合同委員会合意による「運用改善」がはかられたが、その実効性に対する沖縄県民の疑念を両政府は払拭できていない。また、⑥〜⑧については二〇一五年に補足協定が結ばれたものの、環境汚染事故発生基地および返還予定基地への立ち入り調査の日数や方法について沖縄県側に不満を残す内容となった。補足協定に関連しては、二〇一六年五月に元海兵隊員の軍属によって殺害された女性の遺体が発見されるという事件がきっかけとなって、曖昧な「軍属」の範囲を明確にする趣旨の補足協定も作成されたが（二〇一七年一月署名、発効）、同協定によって軍属がどれほど絞られるのか——したがって、軍属に対して米側に優先されている裁判権が日本側に移る余地がどれほど増えるのか——を政府は明らかにしていない。

そんなことだから、沖縄県は一七年ぶりに見直し要請に一項目七事項を追加しなければならなくなった。追加要請には、沖縄国際大学へのヘリ墜落事故、そして二〇一六年の名護市でのオスプレイ墜落事故のさい日本側捜査に支障がでたことを踏まえて、米軍財産が基地の外にある場合には、日本の当局が捜査・差し押さえ・検証を行う権利を有する旨を明記すること、基地の外における事故現場等の統制は日本の当局の主導のもとに行われる旨を明記すること、などが盛り込まれている。

「主権に関わる問題を今回もまた要請しなければならない」実態がいぜん存在しているのであり、それは「日本政府が17年間放置してきた実態」（二〇一七年四月八日付『沖縄タイムス』に寄せた筆者のコメント）なのである。

しかし、地位協定の抜本改定がならないことを政府の消極的な態度に帰すことは、より大きな問題から目をそらすことになるだろう。それは米軍専用基地の四分の三が集中してきたことによって沖縄県民が負わされている負担に無知・無関心な国民の多くが、あるいは、沖縄基地問題について幾許かを知っていても問題を積極的にか消極的にか無視し、争点化しようとしない――沖縄の負担軽減を争点化することは、軽減された分の負担を自らに背負うことになると考えている――多くの国民が、地位協定改定に消極的な政党と政府を支持しつづけてきたということを意味してもいるのだ。

ところで、地位協定をめぐるこの二十年は筆者が学校を出てからの二十年とほぼ重なりあっていた。学位論文が地位協定の前身である日米行政協定の政治史研究であり、「日米地位協定研究序説」と銘打っていたものだから、沖縄県をはじめとする各所で地位協定をテーマとした講演を行う機会をしばしば得た。そのたびに資料を精査し、レジュメをつくり、そして協定について考え、語ってきた。ただ、しばらくのあいだ地位協定に関する論稿や著作を書くということからは離れていた。地位協定はテクニカルな条項も多く、しばらく離れると失念してしまう内容もある。

さらに近年では、カンボジアＰＫＯ、ザイール難民救援、イラク復興支援、クウェート空輸支援、ソマリア海賊対処などの任務で自衛隊が海外へ派遣されるようになり、これまでもっぱら外国軍隊の受け入れ国という視座から考察してきた地位協定問題を、派遣国という視座からも考察しなければならないという、二十年前には想像だにしなかった研究状況、否、より重要なことには現実政治の状況が現出している。

以下は、そのような状況で、日米地位協定の、これまで政治的・社会的に大きく問題化した（と思われる）内容——したがって全規定を扱ったものではない——について、筆者なりにめぐらした政治史的考察の軌跡である。

第一部

COPY F790006-0808 TOP SECRET UNCLASSIFIED

23 June 1950

MEMORANDUM ON CONCEPT GOVERNING SECURITY IN POST-WAR JAPAN.

1. The concept that the defense of a land area necessitates only reservation of pre-determined points for air, ground and naval concentrations has been outmoded by the accelerated speed and power of modern war. In place thereof, the entire land mass must be regarded as a potential area for maneuver with adequate provision made to insure complete freedom of strategic planning and tactical disposition to meet any change in the requirements for successful defense.

2. Translated into specific reference to the Japanese problem, the following general formula should prevail: The entire area of Japan must be regarded as a potential base for defensive maneuver with unrestricted freedom reserved to the United States as the protecting power through her local commander, acting in the normal chain of command to the Department of Defense, to take such strategic dispositions as may be necessary to adjust defense planning adequately to cope with any change in the potentiality of external threat and in the event of hostilities to take such tactical dispositions as the military situation may from time to time require. Thus, by avoiding emphasis upon any specific points to be reserved as "bases" for use of the security forces, not only will the reservation be realistically drawn to meet the requirements of modern defense but the distasteful connotation given the term "bases", as legitimate spoils of war, may be avoided. To further correct any adverse psychological effect upon the national sentiment of the Japanese people, provision should be made that except in time of hostitlities or imminently threatened hostilities no major change in the disposition of the security forces shall be made without first consultation between the United States Military Commander and the Prime Minister of Japan; apart from this, the protecting power should maintain security forces on Japanese soil on a fully "pay as you go" basis, with the identical responsibilities, vis-a-vis the local populace which exist in the United States, i.e., the security forces should have neither responsibility nor authority to intervene in the internal affairs of Japan and should under conditions of peace bear full responsibility for damage to property and injury to persons resulting from military operations or the tortious acts of military personnel. The Japanese police forces would of course be increased to a size and character adequate for internal security.

3. Such

UNCLASSIFIED TOP SECRET

1950年6月23日、日本全土を防衛作戦のための潜在基地と見なすようダグラス・マッカーサーが提案した、いわゆる「6・23メモ」の一枚目（本書17ページ以下）

I　類例のない「全土基地方式」

一九五一年、朝鮮戦争の影が色濃く射すなかで締結された旧安保条約にある米軍「配備」という文言を使うにせよ、六〇年に改定されてできた安保条約の基地「使用」という文言を使うにせよ、日米両政府は、いわゆる日本本土と沖縄に米軍をプレゼンスさせ、その拠点として基地を置きつづけてきた。(1)

白紙委任の基地協定

安保条約に基づく日米地位協定、その前身となる日米行政協定は、米軍人・軍属・それらの家族といった、協定の適用対象となる者の定義を除けば、まず基地の設定について定める。(2)協定には、「極東」における平和と安全の維持に寄与し、外部からの攻撃に対する日本防衛に寄与するという目的の遂行に必要な「施設及び区域」の使用を日本が米国に許すとだけあって、具体的に米国の軍隊が使用する基地の場所や範囲や名称などについては何も定められていない。

つまり、米軍が日本国内で基地を使用するということだけを最初に原則として認め、個々の基地はあらかじめ限定しないという方式である。言い換えれば、日本国内のどこでも基地に設定できる可能性が担保されている方式ということだ。そのため、この方式は後に「全土基地方式」と呼ばれることになる。そのうえで、米軍が使用する＝日本が提供する個々の基地を、日米双方の代表で構成される合同委員会（協定が発効するまでは予備作業班。なお、同委員会については「XI「密約製造マシーン」の作られ方」で詳述する）という組織が決定することになっていた。

この、いわば白紙委任状のような基地設定規定は、第二次大戦から米国とソ連（当時）が核兵器をもって対峙する冷戦が昂まりつつある——のちに、朝鮮戦争などの「熱戦」にまで展開する——過程で、前者が結んだ「米英基地貸与協定」（一九四一年）、「米リ〔リベリア〕防衛区域協定」（四二年）、「米比軍事基地協定」（四七年）などには見られないものであった。それらの協定は、米国が使用する基地の貸与形式・範囲・拠点名を協定中や附属書で定めるかたちをとっている。いずれにしても、基地は米国が協定を結ぶ相手国の施政下にある〝限定された〟諸地点や区域である。それとは異なり、日米行政協定で白紙委任にも等しい方式が採られた大きな理由は、対日講和にさいして米国政府が「日本の必要と思われる場所」に、必要と思われる期間、必要と思われる規模の軍隊を保持する権利を日本から獲得する方針を打ちだしたことにあった。(3)

マッカーサーの〝平和〟憲法

一九四八年から五〇年にかけてアジアでは、中国内戦で共産党軍が勝利したこと（中華人民共和国の建国)、ソ連の原爆保有、中ソ同盟の成立、朝鮮戦争の勃発とつづき、米国にとって安全保障環境は厳しさを増す。そのような情勢をうけて米統合参謀本部では、ソ連が米国の通信・補給路を切断するのを阻止するために日本本土の基地を確保するのが好ましいと考えられた。さらに、軍部が日本を攻撃型前進基地の一つとして使いたいと考えるかどうかが争点となっていく。(4)

この後、軍部の考えに具体的な〝言葉〟を与えることになるのが、対日占領の現地最高司令官ダグラス・マッカーサーである。かたや外交を担当する国務省も、日本に基地を置くこと自体に反対ではなく、ただ日本全土に米軍が分散配備されることから生じる日本人の不満や反米感情、それらが日米関係に及ぼす影響は憂慮していた。(5)

日本占領中、ダグラス・マッカーサーは、一貫して強固な〝沖縄要塞化〟論者だった。マッカーサーは、日本は戦争のペナルティとして沖縄を放棄しなければならない、沖縄の人々は民族的にも文化的にも日本本土の人々とは異なる、などの理由をあげて沖縄と本土を峻別していた。そのような沖縄観にくわえてマッカーサーは、嘉手納のように核兵器を用いる作戦展開も可能な基地を置くことができる沖縄を恒久要塞化すれば、日本本土には軍事力がなくてもその防衛は可能だと考えていた。これがマッカーサーの沖縄要塞化による日本防衛論である。(6)

マッカーサーが、日本国憲法第九条の原型——その発案者については諸説ある——となる戦争放棄、戦力不保持、交戦権の否認を、新しい憲法に盛り込むべき必須条件としたことと、核兵器の戦術使用ならびに沖縄要塞化論とはコインの表と裏の関係であった。マッカーサーには、日本本土は徹底した非軍事化でよいが、沖縄には徹底した軍事化で臨むという、二つの顔があったのだ。

そのような考えを持つマッカーサーは、一九五〇年四月の時点でも、講和後の日本本土に米軍が配備される（基地を持つ）ことには反対だった。それが、五月後半には、日本国民による国民投票に従うことを条件として日本の「特定の基地」が米軍に留保される旨を講和条約に規定する、という案を示す。理由としては、その月のはじめに渡米した池田勇人蔵相に吉田茂首相が託したメッセージから、米側の関心が基地にあるのなら、講和後の基地提供を自発的に申しでることによって講和を進めようという日本側の意向をマッカーサーが確認し、そのような日本側の意向がワシントンに伝達されたことで、本土基地不要論に固執して自ら孤立するのを懸念したことが考えられる。(7)

その後マッカーサーは、六月に東京で行われる軍首脳部との協議にそなえて、対日講和問題全般に関する長大なメモを作成する。(8)そこに、講和後の「安全保障取り決め」について三つの選択肢が示されている。

一つめは、講和条約と同時に発効し、米国が日本に置いた複数の基地を使用する内容の集団安全保障協定を結び、その協定を講和条約と同時に発効させることである。しかし、このような軍事基地は日本を「植民地化」し、アジア大陸への侵略的脅威になると見なす共産主義者のプロパガンダに煽動された日本人の強烈な民族主義的反対を生む素《もと》である、とマッカーサーは言う。

二つめは、現行の日本管理体制を縮小維持する「部分講和」だ。しかしこれも、日本の自主性を完全に回復させるものではないために、日本人はそのような措置を「米国の裏切り」と見なすであろうから〝現状維持〟より良くない、と退ける。

そして、三つめの安全保障措置がメモの最後の項目に書き込まれることになる。メモの結びの項目では、「無責任なる軍国主義」――かつて連合国を代表して米英中（中華民国）が発出したポツダム宣言では日本軍国主義の含意だったが、その後の冷戦の亢進によって、共産主義に読み換えられている――が存在するかぎり、無防備な日本に対する脅威にかんがみて、講和条約に署名する連合国が米軍を介して引き続き日本の領土の「諸地点」に駐留することが提案されていた。

こうしてマッカーサーは、日本本土基地不要論から本土への米軍駐留を求める軍部に歩み寄っていく――といっても、前者を放棄したわけではなく、あくまで沖縄要塞化＋本土駐留論である。しかし、その提案は駐屯地点を「特定の基地」や日本の「諸地点」に限定するものであったために、いまだ軍部を満足させるものではなかった。

「6・23メモ」の戦争観

朝鮮民主主義人民共和国（北朝鮮）が半島の武力統一を意図して大韓民国（韓国）へ侵攻し、朝鮮戦争が勃発する（五〇年六月二五日）直前、台湾問題などについてマッカーサーと協議するために、ジョンソン国防長官とブラッドリー統合参謀本部議長の一行が日本を訪れていた。また、四月以来、国務省顧問を務めていたジョン・F・ダレスも、対日講和および講和後の在日基地問題でマッカーサーの果たす役割が重要になると考え、軍部側の日程にあわせるかたちで訪日する。こうして六月後半の東京で、マッカーサーを扇の要とする意見調整がはかられることになる。

六月二二日、ダレスはマッカーサーと会談し、「安全保障取り決めに関する貴下の六月一四日付メモの結びの項目で示されているお考えに、いくぶん磨きをかけられると有用でありましょう」と提案する。この頃ダレスは、将来的な対日関係を考慮すれば、講和会議を開き講和条約を結ぶことが「最良の心理的アプローチ」になるだろうが、そのさいソ連や共産中国の会議参加問題以上に、米軍部の出方が重要になると見ていた。すなわち、統合参謀本部が日本を空軍の主要な攻撃型前方展開基地として使用したいと考えるか否かであり、使用するという決定が米国の政策となった場合には、日本人との関係や日本人に対する責任について多くのことが生じる。とるべき選択肢の一つとしては、少数の基幹部隊がプレゼンスを続け、防衛上の保障を強化するかたちがある、と考えていたのだ。[9]

ダレスの提案に対してマッカーサーは、六月二三日付で次の内容を含むメモ（以下、「6・23メモ」と略記）を作成する。地上区域を防衛するためには、空・陸・海軍の拠点となる、あらかじめ決められた諸地点を確保すれば足りるという考えは「近代戦争の加速度的に増大した速度と力」によって時代遅れになった。それに代わって、効果的な防衛のため臨機応変に求められる戦略計画や戦術配備の完全な自由を確保するのに十分な用意がなければならず、地上区域全体は作戦行動を目的とした潜在区域と見なされなければならない。[10]

マッカーサーは陸軍元帥だが、第一次大戦の経験から航空兵力の優位性を信奉し、第二次大戦のそれからは原爆の破壊力に心酔していた。この年の春以来、在日米極東軍司令部では全面的非常事態をも想定し、司令部の非常時移転計画も研究されていた。原爆を保有したソ連との戦争になれば、司令部を移動させながらでも、長い対ソ戦を闘い抜かなければならないというわけだ。[11]

また、マッカーサーという人物は政治的には〝保守派〟に位置づけられるはずだが、ここで諸地点の確保という基地設定のやり方は時代遅れであり、近代戦の目を見張るような速度と破壊力からすれば一国の全土を潜在的な基地にする必要があると、自説の革新性を売り込んでいるのは興味ぶかい。マッカーサーは〝沖縄要塞化〟論を国務省や陸軍省の高官たちに説くさいにも、「今日、カリフォルニア沿岸はもはや米国の外郭防衛ラインではな」く、「今や、米国の外郭防衛ラインは、マリアナ諸島、琉球諸島、アリューシャン列島を通り、沖縄はその重要な要塞として存在する」と、その革新性を強調していた。(12)

日本全土基地化構想への収斂

さて「6・23メモ」は、このような考えをとくに日本問題に当てはめれば、「日本の全区域が、防衛作戦のための潜在基地と見なされなければならない」、という基地設定の方式をしめす。さらにメモは、「外的脅威の潜在的可能性がどのように変化しても対処するために必要とされる十分に調整された防衛計画の戦略的配備を行い、敵対行為が生じた場合には、軍事情勢が随時に要求する戦術的配備を行うために無制限の自由が、国防省の通常の指揮系統を通じて行動する現地司令官を通じて、防護国たる合衆国に留保される」と続ける。こうして、当初は沖縄を要塞化すれば日本本土に米軍基地はいらないと主張していたマッカーサーも、日本全域を潜在的にせよ基地化するべきだと提案するにいたったのである。マッカーサーの路線変更に対しブラッドリー統合参謀本部議長は、「マッカーサー元帥が認《したた》めたメモは、元帥の考えについての誤解をはらい、「基地」の維持が意味する見解に〔マッカーサーと統合参謀本部のあいだで〕何ら実質的な相違のないことを明らかにした」と評価した。[13]

前述したように、このあと米国政府は対日講和を推進する条件の一つに「日本の必要と思われる場所に」基地を置く権利の獲得を国家安全保障会議で正式に承認していく（五〇年九月）。その権利を含む日米二国間取り決めは国務・国防両省が共同して作成することも承認される。そのさい、基地設定（＝米軍配備）条項の前提となったのが、他でもなくマッカーサーの「6・23メモ」だった。

国務・国防両省による日米二国間取り決め作成作業では、まず陸軍省のマグルーダー担当官（占領地域担当）がマッカーサーの「6・23メモ」を援用して、次のような規定を草案に書きこむ。

日本区域の全土が、軍隊の防衛作戦のための潜在区域として見なされる、という原則が受け入れられるものとする。[14]

そのうえで、①有事には米軍司令官が日本政府への「通告」ののち、同司令官が必要と考える、または、軍事情勢が必要とする、軍隊の戦略的・戦術的配備を行う権限を有すること、②在日米軍の配備における重要変更は、日米両政府の協議なしには行わないこと、などが規定された。[15]

しかし同案に対し国務省側は、①米比軍事基地協定など、米国における軍事行政協定の先例は協定中、または附属書で米国に提供される基地を限定していることにかんがみれば、相手国の全土を防衛区域と見なす規定を削除するか、どうしてもその規定が必要な場合は相応の理由づけが必要である、②日本区域における米軍の戦略的配備は、日本の意向を考慮しない一方的な「通告」でなく、「協議」手続が規定されるべきではないか、などの修正意見を示した。[16]さきにも触れた米比軍事基地協定は、フィリピン国内で米軍の使用できる基地として、クラーク空軍基地を含む軍事拠点を附属書であらかじめ限定する方式を採っている。これに対して陸軍省の担当官がまとめた案は、日本の全土を潜在的な防衛区域（基地）として設定し得る方式＝全土基地方式を採用したのだった。

国務省の担当者であるディーン・ラスクは、そのような前例のない方式にはそれなりの理由が必要だと注文をつけたわけだが、そのことは国務省の方が軍部よりも日本に友好的だとか、良心的だとかいうことではない。軍人の場合は〝軍事的観点〟から物事を考えるので、講和後も日本を主要な基地として使えれば、そのことが日本人にもたらす政治的・社会的・心理的影響には頓着しない傾向がある。外交を管掌する国務省は、軍部に比べれば日本の基地化が日本人に与える政治的・社会的・心理的影響、それらが日米関係に、最終的には米国の国益に及ぼす影響に配慮しがちだというに過ぎない。国務省の担当者が、日本人の疑念と警戒心を惹き起こすことなく米国の必要を確保する政治的考慮が必要なのだと言っているとおりだ。(17)

起こらなかった衝突

ともあれ、両省担当者間の数次にわたる調整を経て、米側の安保取り決め案は第四稿まで進んでいった。一九五一年劈頭に東京で行われた日米折衝で特使のダレスがカバンに入れてきたのは、この第四稿と考えられる。(18)取り決め案は九頁、一〇章（二一項目）、二四〇〇語に及び、ここで全文を紹介する紙幅は到底ないが、以下の諸点を見ただけでも、同案が米国にとって朝鮮戦争――さらには北東アジアを含むグローバルな規模での対ソ冷戦――遂行を念頭に置いた〝戦時〟の軍事取り決めとしての性格を有すること、米軍に広範な特権を保証していることが理解できよう。①米国軍隊主体に（その同盟国や協力国の軍隊参加も想定しつつ）組織される「安全保障軍」は、占領終了時に占領軍の管理下にある施設に駐屯することを通例とし、占領軍が要求した施設または区域はすべて安全保障軍の管理下に維持される。②安全保障軍は、平時においても日米両政府の同意を経て、軍事演習・集結拠点・射爆撃場・中継飛行場などの用に供するため適当な規模と位置の地上および沿岸区域を追加使用する権利を有する。③米国は安全保障軍が使用する日本国内のすべての施設および防衛区域、それらの中にある軍人・軍属・それらの家族に対して排他的裁判管轄権を有する。④日本区域において有事が生じたと米国政府が判断した場合、日本にあるすべての同盟・協力国軍、警察予備隊および日本の他の軍事力は、日本防衛にコミットしている政府と協議したのち米国政府が指名する最高司令官の統合的指揮のもとに置かれる。

そして、米軍の〝置き方〟について同案は次のとおり規定する。

米国および日本国政府は、現代戦の目をみはるような速度と破壊力の結果として、敵対行為または敵対行為の急迫した危険が生じたときは、日本のすべての地上区域が軍隊の防衛配備と作戦展開のための潜在区域と見なされることに同意する。

敵対行為または敵対行為の急迫した危険が生じたときは……日本にある全軍の最高司令官は、日本区域において前記の地上区域・施設・便益を使用し、その必要と思われる戦略的および戦術的配備を行う権限を有するものとする。

日本側と、いわゆる講和・安保折衝を行うにあたり、ダレスには一つの懸念があった。それは、米国が「日本国内の望む場所に、望む期間、望む数の軍隊を駐留させる権利を獲得できるか、否か」が主要問題であり、「じっさい、米国にそのような特権を許与する政府は、日本の主権を棄損することを許したとして、非難の的になるだろう」という懸念である。また、すでに米国に基地を提供し、対日講和をめぐる動向を注視していたフィリピンのロムロ外相は慧眼にも、核戦争になれば敵の攻撃は数か所の基地を一挙に粉砕するはずだから「日本全部が米国の基地にならねば十分とはいえない」が、「こんなやっかいな要求が一般にうけいれられるかどうか」と指摘していたという。[19] フィリピンは四七年の米比軍事基地協定により米国に基地を提供している。つまり、日米間より一足先に基地の提供をうけていた側も、提供していた側も、一国のどこでも基地にし得るような取り決めを結ぶことは主権侵害にあたる厄介事と認識していたわけだ。

ダレスが懸念したとおり、日本側の抵抗にあって折衝は難航し……と言いたいところだが、実際にはそうならなかった。日本側が折衝の最初の段階（五一年一月三〇日）で、「対外的安全保障は軍隊の駐留といった適当な方法により、国連、とくに米国との協力によって確保する」ことを「希望する」（傍点は明田川）旨を申し出たからだ。このオファを含む、高度に政治性を有する問題について日本側の考えを述べた「わが方見解」という文書――その内容は吉田茂首相（兼外相）自ら口述したとされる――の提示は、その後の安全保障をめぐる日米関係に決して小さくない意味を持ってくる。[20]

その一方で外務省事務当局は、「相互の安全保障のための日米協力に関する構想」（以下、「構想」

と略記）という、前文と一〇箇条からなる安保協定案を用意している。「構想」には、米軍駐留について、「米国は日本の平和と安全が太平洋地域、特に米国のそれと不可分であることを認め、その維持のため日本と責任を共有する」こと、「日本は、米軍が上述の共同責務を果たすため日本領域内に駐留することに同意する」（傍点は明田川）ことが記されていた。[21] 米軍駐留をめぐる基本的な点について、政治家の見解と事務方の認識にはズレが生じていた。

日本側の真意

講和後も日本本土において行われることになる米軍駐留の根拠を何に求めるか。この根本的な問いに対する外務省の考えは、国連総会決議に基づく条約・協定（または条約・協定締結後の国連による事後承認）→国連決議・事後承認＋国連憲章第五一条（集団的自衛権）への言及（ただし、重点は後者に傾斜）と変遷し、最終的には日米双方の安全の不可分性――当初は最も避けるべきとされた日米の「特殊関係」――に求められた。[22] この不可分性というのは、米国の安全が不可避的に日本の安全につながると同時に、日本の安全が不可避的に米国の安全につながるという考えである。そのような考えに立てば、米軍駐兵は派遣国（米国）と受け入れ国（日本）のどちらかが一方的に要請すべきものではなく、双方が同意する筋合いのものだ、ということになる。

しかも北東アジアの政治情勢は、まさに講和後の日本における米軍駐兵を日本側からの一方的な要請によらないものとする方向へ急速に動いていた。朝鮮戦争の勃発と、米軍の（国連軍としての）参戦である。米軍は、アチソン国務長官の声明により米国の防衛線の外側に位置づけられ、なおかつ国連非加盟国である韓国の防衛にかけつけた。そして日本は、その米軍の朝鮮戦争遂行に対し兵站基地として、また出撃基地として機能していた――より正確には、基地提供だけでなく掃海艇派遣という人的な協力も日本は行っていた。

さらに、日本における米軍駐兵（基地使用）は、米国にとって、朝鮮戦争の遂行にとどまらない、安全保障政策や軍事戦略上の死活問題になっていた。それは、米国政府の対日講和方針が沖縄の排他的戦略的支配や日本本土における軍隊配備権を、米国にとっての「死活的な安全保障上の要求」と位置づけていたことが証明している。[23] そうした、日本の戦略的重要性の高まりを認識すれば、日本における米軍駐兵はいっそう日本の同意を必要とする理屈になるはずだった。

また外務省では、講和後の米軍駐兵が占領の延長ではないという原則を実体化するためには駐兵の態様を明確にすべきであると考えられた。無限定な駐兵ではなく、期間の限定、地点の限定、駐屯経費の負担、特権の範囲などを「合理的且つ明確に規定する」ことが必要であると考えられたのだ。そして、その協議・決定機関として「委員会」を設置することが「構想」では提案された（設置意図などについては「XI「密約製造マシーン」の作られ方」を参照されたい）。

基地の設定については、「日本が提供する場所、施設および同軍隊（米軍隊）の兵力は、公表に適しないので委員会（後出）で定める」とされた。四九年一一月に条約局がまとめた「基地貸与協定の分類」と題する資料などを見ると、占領下の外務省が、講和後の安全保障措置を考案するための参考に、米英基地貸与協定、米比軍事基地協定、それにグリーンランド防衛に関する米国・デンマーク間協定（一九四一年）といった、米国が他国と締結している先行基地協定の類をかなり詳細に研究していることがうかがえる。そして、米比協定の分析では「常時使用の基地（陸海空軍基地及び兵たん等15ヵ所）」と、フィリピンが米国に使用を認める基地が限定されていることも外務省はわかっていた。[24]

また重要な点として、「日本は、米軍が上述の共同責務を果たすため日本領域内に駐留することに同意する」としたうえで、日本が提供する基地や米軍の兵力は、公表に適しないので「委員会（後出）で定める」という日本側「構想」の書き方を挙げなければならない。まず基地の提供を原則的に規定し、個々の基地の設定は合同委員会に委ねるとする、最終的に締結された行政協定の規定とよく似ているからだ。もっとも、同じ一つの規定に一方は基地をできるだけ限定したいという期待を込め、もう一方は日本国内の「望む場所」に基地を置くという意図を読み込んでいたという点で、日米の意図は相違していた。

米側の真意

日本側の記録によれば、米側は「構想」を「頗るヘルプフルなり」と評価したが、五一年二月二日の事務当局者会談で米側が示した「相互の安全保障のための日米協力に関する協定」（以下、「協定」と略記）という対案は、いくつかの点で日本側の呑みがたいものであった。[25]「協定」は、「日米両政府は、講和条約において、米国政府にとって受諾できる代替の安全保障取り決めが可能となるまで、米軍が日本区域に留まることに同意する」という原則のもと、次のように規定していた。

(1) 上述の共同責務〔日本の平和・安全の維持に、米国は必要な一切の措置を執り、日本は米国のそうした行動に可能な一切の協力を行う責務〕の遂行を援助するため米国軍隊が日本領域内に駐留することを日本国は要請し、米国は同意する。

日本側の「構想」は、講和後の米軍駐留について、日本の平和・安全の維持という共同責務を果たすため、日本は「合衆国軍隊が……日本領域内に駐留することに同意する」となっていた。しかし米側「協定」は、「わが方見解」に示されていた、対外的安全保障は米軍駐留によって確保することを日本から「希望する」という論理のほうを巧みに採りいれ「日本国は要請し〔requests〕、米国は同意する〔agrees〕」としている。次いで(2)は、日本が「米国の事前の同意なしには」、基地、基地内もしくは基地に関するいかなる権利、権限または権能も、また駐屯権、演習権も、第三国に「許与しない」旨が規定されていた。

このように見ると、米国が日本の全土を基地にするとは書いていないではないか、と思われるかもしれない。しかし、(3)では、これらの行動を行うにあたり、「最高司令官」〔米国政府が指名し、その指揮下には「警察予備隊および日本の他の軍事力」も置かれる〕は——日本のしかるべき代表者と「協議」するとの但し書きが付いてはいるものの——「敵対行為または敵対行為の急迫した危険が生じたときは……その必要と思われる日本区域内の地上区域、便益および施設の使用ならびにその必要と認める軍事力の戦略的および戦術的配備を行う権限を有する」と規定されている。この文言のなかの「その必要と思われる日本区域内の地上区域」や(2)にみられた「基地」、それと「協定」

の「権利の明細」という項目に頻出する「防衛区域」とは、私たちが一般に基地と呼んでいるものと考えてよい。

そして、日本区域における米軍の戦略的・戦術的配備を行うための基地設定にあたって協定案は、住民の福祉・健康・経済上の必要に充分な考慮が払われるとも書いてあったが、それは「軍事上の必要性と合致する」範囲内とされた。そのうえ、平時でも米軍が、日米両政府の合意を経たのち、軍事演習場、軍隊集結地、射爆撃場、中継飛行場などの名目で、しかるべき規模と位置の陸上および沿岸区域を使用する権利を有することは、ダレスがワシントンを発つ前の軍部の要求そのままであった。

核心に触れなかった日本側の修正意見

いざこれから独立を回復しようという日本の、まさに主権に関わる基地設定要求に対して、日本側は次のような修正意見を米側にしめす[26]。

①米側の協定案は、日本国内における米軍駐留を、戦勝国側が敗戦国側に課す講和条約で明示する含みのようだが、そうだとすると、軍隊の駐留に関する合意は一〇〇パーセント対等な基礎に立つ両国が結んだものにならない。このことは日本人の自尊心を傷つけるものだ。軍隊駐留に関する言及から講和条約という語を削除することを希望する。

②米軍駐留を「日本国は要請し、米国は同意する」を「両国は合意する」と改めたい。

③「防衛区域」という用語は広大に聞こえ、日本人にはかつての広大無辺な要塞地帯を想起させる。「安全保障区域」または単に「区域」が好ましい。

②については、「日本が米国軍に駐屯してもらいたいということが真理であるとおなじく、米国が日本に駐兵したいことも真理」であり、「5分5分のところであるから「両国は合意した」とするのが本当」だという判断があった。

そして唯一、全土基地方式に関わると思われる意見として、「米国の安全保障軍による使用に供する施設および区域は、安全保障上の目的に必要なものを、両国間の合意により決定し、厳定すべきこと」を日本側は求めた。しかし管見のかぎり、米側の求めたような日本全土を潜在基地化する方式は米ソが核兵器を持って対峙し、そのグローバルな対立が長期にわたって続く時代の基地設定方式である点を見抜き、〝貴国が他国と結んでいる先行協定と原則から異なるではないか〟とか〝主権侵害ではないのか〟と、原理・原則にまで踏み込んだ意見を日本側が米側に提起したことはなかったようだ。

〝不平等協定〟の論理

じつは、日本が米軍の配備を要請し、それに対して米国が同意するという論理構成は、すでにダレスによる五〇年七月二五日付「国際の平和と安全」の第二項や、同項を踏まえた九月一一日付対日講和条約国務省案第八条にも見ることができる。(27) 講和後の対外的安全保障を米軍の駐留によって確保することを自発的に「希望」する日本側の「わが方見解」は、そうした〝ダレスの論理〟に合致していたものと考えられる。そして、在日米軍の存在《プレゼンス》は日本側の自発的な希望によるものだと声高に唱えることで、米軍を支援するための人的・物的資源、米軍の駐留にかかわる経費などは日本側が提供すべきであるという論法が正当化されていった。

それを示すものとして、さきに見た米側「協定」案の文言に加えて、ダレスが丸の内の日本工業倶楽部で催された日米協会の午餐会において行った（二月二日）、米国の対日講和方針に関する演説がある。[28] 演説のなかには、「今日、合衆国は、最強の抑制力を持っている。これを自国の安全のため専用しないで、国連憲章に準拠する約束によって他国の力と結合して他国の防護にあたる用意もある。日本が希望されるならば、日本及び他の友邦との協力のうえにたつ安全保障計画のもとで、日本の国内と周辺に米軍を駐屯させることを同情をもって考慮する用意がある」という一節が含まれている。ダレスは、日米安保を貫く論理を、きわめて機敏に内外にアピールしようとしたのだ。

右の点について豊下楢彦氏は、ダレスが演説において「米軍の駐留は日本側の要請に応えて米側が「同情をもって」与える「恩恵」なのであり、したがって日本側がその「貢献」（再軍備）を果たすまでは、米側には日本を防衛する義務はなく自らの判断で何時でも軍隊を撤退させる「自由」をもつ」という〝論理〟を獲得したことを重視する。そして、この〝論理〟が米国内の〝安保タダ乗り論〟へと発展し、のちの再軍備要求、「応分の貢献」論、「思いやり予算」、そして、不平等な地位協定に代表される日米関係を大きく規定する論理となった、という重要な指摘を行っている。[29]

じっさい日米行政協定は、旧安保条約第三条の委任によって、日本および周辺にプレゼンスする米軍の配備条件を規定していたが、同条約はそれ自体が日本の「希望」によって締結されたものであり、根幹をなす米軍配備も日本の「希望」によるものだという論理で一貫している。その論理の先端で〝不平等協定〟が、受け入れ国の市民生活と対峙するのだ。

主権残存と恒久基地化

外国軍基地と主権をめぐる問題では、五一年劈頭の日米折衝で示された沖縄に関する日本側の見解を見ておかなければならない。

この問題で、日本側が提示した前出「わが方見解」は、「琉球及び小笠原諸島は、合衆国を施政権者とする国際連合の信託統治の下におかれることが、〔対日講和〕7原則の第3で提案されている。日本は、米国の軍事上の要求についてはいかようにでも応じ、バーミュダ方式による租借をも辞さない用意があるが、われわれは、日米両国の永遠の友好関係のため、この提案を再考されんことを切に望みたい」とはじまる。次いで、やむを得ず信託統治がとられる場合には、(a)信託統治の必要性解消後における可及的速やかな返還、(b)住民の日本国籍保有、(c)日米共同施政、などの諸措置を要請している。「わが方見解」が、沖縄・小笠原諸島は米国の信託統治のもとに置かれることが提案されていると言っているのは、米国政府が五〇年一〇月に発表した「対日講和七原則」の第三項で、講和にさいしての沖縄・小笠原の処遇がそのように提案されていたからだ。(30)

米国政府は一九四九年二月に、「適当な時期に北緯二九度以南の琉球諸島……に対する米国の長期的な戦略的支配についての国際的な承認」を獲得し、「沖縄の諸施設……を長期的に保持する意図」を有し、沖縄の「軍事基地を開発」していくことを決定していた。また、五〇年九月に対日講和を推進する決定を行ったさいには、講和条約で「北緯二九度以南の琉球諸島……に対する米国の排他的戦略的支配」を保証するべしという決定を行っていた。その「排他的戦略的支配」を保証する国際法上の枠組みとして、講和七原則では米国を施政権者とする国連信託統治が提案されていたのだ[31]。

「わが方見解」や、外務省実務者が対米折衝にそなえて研究・準備した作業の一つである「D作業」、さらに「米国が沖縄、小笠原の信託統治を固執する場合の措置」という文書を整理してみるとき、いくつかの問題点が浮かびあがってくる。

まず、沖縄の基地負担がいっこうに軽減されず、その要因が日本政府の態度や政府を選んでいる国民の大多数の〝無関心暴力〟にあると考えると、沖縄に対する主権を日本に残すという当時の首相（兼外相）、外務官僚が示している認識を自明視してよいだろうか、という問題である。

また、それらの文書によれば日本側は、米国が対日講和七原則で提案する国連信託統治は、将来的に当該地域の自治・独立を想定しているので、沖縄が信託統治期間は米国の施政下に置かれ、信託統治終了後は自治領となったり独立することで、日本から永久に切り離されてしまう懸念を日本国民に与えるとの理由から、その再考を希望している。問題は、米側に再考を促すさい、どんなに希薄なものでもよいから沖縄に対する日本の主権を残すためならば、日本側は「米国の軍事上の必要」について「いかようにでも応ずる」ことさえ厭わないとしていることである。それは、「バーミュダ方式による租借も辞さない」覚悟だというのだ。

「バーミュダ方式」とは、米英基地貸与協定方式による基地提供のことを指す。同協定は、第二次大戦中に「米国の安全および西半球の防衛」のため、カリブ海上に海空軍基地を確保したい米国に対して、英国が米国の老朽駆逐艦五〇隻と交換で、ニューファンドランドおよびカリブ海上の属領に三一箇所の基地を「九十九年間」（外交文書では、ほぼ「半恒久的に」という意味合い）にわたって租借を許す方式のことである。つまり、名目ばかりの主権を日本に残し、事実上沖縄は半永久的に基地化されることが提案されているのだ。

そして、沖縄・小笠原に対する信託統治がやむを得ない場合には、日米を「共同施政者」とし、「10年」（イタリアによるソマリランドに対する信託統治の例）といった「年限」を設けることが提案されていた。さらに、それも難しい場合にはそれらの諸島の信託統治を「必要とする事態の解消するときまで」（＝そのような「事態が存続する期間」）維持し、地域は「軍事上必要とせらるる最小限」に限定し、信託統治終了後に「住民の自由に表明した意思」に従って帰属を決定する（＝日本へ復帰する）べきことを信託統治協定に明記したい、というのが日本側の構想であった。[32]信託統治を続けることがいつまで必要なのか、あるいは、必要とされる地域を最小限にするといっても、どこからどこまでが「必要最小限」なのか。けっきょく判定するのは米側ということになるのではないのか。米軍部は、沖縄に対して単独、長期、かつ、協議なき自由使用を実態とする「排他的戦略的支配」を敷くことを至上命題としていたのではなかったか。

こうして見ると、日本側の沖縄構想は、沖縄が米国の信託統治が敷かれずに日本の希薄な主権が残る場合は「九十九年」、信託統治が敷かれた場合は、米国の軍事上の必要からくる基地の使用形態と期間について、米国の判断に委ねることを覚悟した提案ということになるであろう。浮かんでくるのは無期限ないし半恒久的な〝基地のシマ〟沖縄という姿である。

「領土問題は解決済み」

一九五一年一月三一日に吉田首相と会談する直前、沖縄問題について、ダレスは次のような方針を随員たちに示している。沖縄という遠く離れた異国の地に住む百万の民を支配することが米国に課す行財政上の負担は懸念材料である。また、米英首脳が合意した大西洋憲章に基づく一九四二年の連合国共同宣言は戦争による領土不拡大をうたっている、と。しかし、ワシントンを発つ前、国家安全保障会議で定立された沖縄に対する「排他的戦略的支配」獲得を軍部が固執した経緯があり、さらに、一連の対日会談直前に、沖縄要塞化論の唱道者マッカーサーが、ダレスを前に「米国は、沖縄問題討議の途はまったく閉じられていることを日本側に通告すべきである」と勧告したことも手伝ってか、沖縄〝領土問題は解決済み〟であり「日本人は……琉球問題を蒸し返すことを許されるべきではない」こと、「琉球問題に関する日本側の議論に終止符を打つ」こと、「吉田首相には、琉球問題の議論をはじめることはないと告げる」こと、「琉球をどのように扱い、管理したいかを決定するのは連合国」であり、とりわけ「米国が自身の理由により望めば、琉球問題を再開する可能性がある」、などの対日姿勢を明らかにしたのであった。(33)

そのため、同日午後に行われた吉田との会談において、沖縄問題に関しダレスのとった態度は、日本側にとってとくに厳しいものと受け止められた。ダレスに、「国民感情はよく解るが、降伏条件で解決済みであつて、これを持ちだされることは、アンフォーチューネートである。セットルしたこととして考えて貰いたい」と言われ、日本側は取り付く島もない有様だった。[34] この点について、『平和条約の締結に関する調書』は次のように記している。

「わが方見解」にたいする先方の反応は、ほぼこちらの予期したとおりであつた。ただ一点「領土」について「解決済みである」「持ちだしてはならぬ」という態度、日米間に恒久の友好を樹立するためには領土という国民感情上の根本問題にわだかまりを残しておいてはならないとの確信から沖縄・小笠原の本国残留を実現するためバーミューダ方式による租貸まで申しでられた総理の勇断に対し些の反応も示さないで「解決済」てう《〔ママ〕》冷い鉄のとびらを降ろした先方の態度は、事務当局にとつて――総理は平常の顔色・平常の態度でいられたが――まことにショツキングであつた。[35]

一週間後、吉田とマッカーサーは、講和条約、再軍備、米軍駐留経費などの問題について話し合ったが、その会談の冒頭で二人のあいだでは次のようなやりとりが交わされた。[36]

吉田　ダレス大使との会談において領土問題をとりあげたるは、同問題に対する国民の強い感情にかんがみて政府責任者としては一言しておかねばならぬところより出でたるものにて、領土問題が既決事項であることは政府としてとくと理解しおるところなり。国民に対する責任者としての立場よりする外他意はなかりし。

マッカーサー　そうだったか。

このときの吉田首相の言葉は、沖縄要塞化論、それゆえ沖縄の本土からの分離論を唱えるマッカーサーに配慮するものであろうか。それとも自身の〝真意〟であったのだろうか。講和後における米軍基地のあり方が次第に姿を顕してくるなか、あるときは九十九年間の租借を提案してまで沖縄に対する主権を残そうとする「勇断」に麾下の外交官を「いたく感銘」させ、またあるときは、沖縄と本土とのあいだに鉄の扉が下ろされても「平常の顔色」であったという首相の心のなかで、沖縄が占める重さはいかばかりだったのだろう。

「潜在主権」とは何か

五一年九月に米国サンフランシスコ市で署名され、翌年の四月二八日に発効した対日講和条約は、沖縄・小笠原などの処遇につき、その第三条で「潜在主権」（英語は residual sovereignty.「残存主権」とも訳される）方式を採用しているといわれる。「潜在主権」は、立法・行政・司法の権限（この三つをまとめて施政権と言う）を実質的に備えない、いわば形式的な名ばかりの主権――そんなものがあるというのも可笑しな話だが――と考えていただきたい。

興味ぶかいことに、条文をいくら読んでも「潜在主権」、あるいはそれに類する文言は見あたらない。おなじ領域条項でも講和条約第二条は、日本が、朝鮮・台湾・千島列島などに対する権利等を「放棄」することや、旧委任統治領に対する米国の戦略的「信託統治」の「受諾」を規定しているのに対し、第三条は、対象とする地域（以下、第三条地域と略記）を日本が放棄する内容や、米国の信託統治の受諾といった内容を規定していないことが、同地域に対する日本の「潜在主権」の保持を規定していると解されている。加えて、ダレスが講和条約案の趣旨を説明した演説のなかで、琉球諸島をはじめとする島嶼領域に対してとられるべき「最善の方式」として「潜在主権」に言及していることが、もう一つの論拠と解釈されている。[37]

こうして認められた日本の潜在主権を前提に、第一文章は、第三条地域を「合衆国を唯一の施政権者とする信託統治制度の下におくこととする国際連合に対する合衆国のいかなる提案」にも、潜在主権の保有者である「日本国」は「同意する」と規定する。これによって、対米冷戦の観点から沖縄に米軍基地を置くことに反対するソ連や中国、植民地主義反対の立場から沖縄は日本に返還されるべきだと主張するインドを含む連合国の枠組みから切り離されて、沖縄の処遇は日米間のみの問題となる。そして、米国が国連に信託統治の提案を行った場合に、日本は必ず「同意する」ということになる。しかも第二文章では、「このような提案が行われ且つ可決されるまで」のあいだも「合衆国は……これらの諸島の領域及び住民に対して、行政、立法、及び司法上の権力の全部及び一部を行使する権利を有する」と規定されている。要するに、第三条第二文章によって、信託統治に関する国連の可決があろうとなかろうと、米国が沖縄に対して排他的に施政権を行使することが――いつ止めてもよく、また、いつまで続けてもよい形で――可能になるというわけだ。

沖縄の処遇が潜在主権方式によってはかられたことについては、「吉田による強い要請」に「要因の一つ」――いま一つの要因として、沖縄にも安保条約ないし基地協定を適用したうえで日本に返還するという案が国務省内で浮上しつつあったこと――を求める学説がある。[38] さらに、吉田や麾下の外務省だけでなく、昭和天皇とその側近が「沖縄の喪失を阻止し」あくまで「日本に主権を残し」ながら、沖縄の「軍事基地権」を米国に提供しようとしたことを重視する立場もある。[39]

これら、「潜在主権」がおもに日本側の〝外交〟によって講和条約に採りいれられたという議論に対して、米側の事情によって生みだされたとする諸論がある。

一つは、軍部の要求する排他的戦略的支配と両立し、米国自らが領土不拡大原則を確認した四二年一月の連合国共同宣言に背馳せず、さらに、国連が米国の信託統治提案を承認しない事態にも対応できるよう考慮したダレスの役割がカギだとする説である。[40] その説によれば、米国が沖縄に対する日本の主権を――米国の沖縄統治を妨げない限りで、突き詰めれば、その軍事的必要性を防げない限りで――認めれば「潜在」主権保有国である日本との合意のうえで米国は排他的な戦略的管理を取得できるということになる。

また別の議論は、やはり沖縄の処遇についてダレスが作成したメモを分析したうえで、「つまり潜在主権とは、露骨な併合を避けつつ、沖縄を事実上米国の軍事基地として恒久的に確保するための巧みなレトリックであった」と明快だ。[41] さらに、ダレス訪日の前年から、ダレスのまとめた対日講和条約案や対日講和七原則に「日本による〔沖縄〕放棄」規定がすでにないことを考慮すれば、潜在主権方式の採用を吉田の努力にもとめる見解は「正しいとはいえない」という議論もなされている。[42] 潜在主権方式の形成をめぐって「まだ定説はない」ような状況にある。[43]

基地使用を「原則的に」許す話を行政協定に戻そう。

本格的な締結交渉は吉田首相の外交面での側近である岡崎勝男国務相と、協定案づくりに参画してきたディーン・ラスク特使（のちケネディ・ジョンソン政権で国務長官）を日米それぞれの代表として、五二年一月末から二月末まで東京で行われた。基地設定の原則は、日米行政協定第二条一において、本章の冒頭で述べたように、「日本国は、合衆国に対し、安全保障条約第一条に掲げる目的〔極東における平和・安全の維持、外部攻撃に対する日本の防衛に寄与するという目的〕の遂行に必要な施設及び区域の使用を許すことに同意する」と規定されることになった。

そのうえで、「個個の施設及び区域に関する協定」を、行政協定が発効する日までに両政府が合意に達していない場合、合同委員会（協定発効までは「予備作業班」）を通じて締結することも決まった。しかし、その「個個の施設及び区域」の決定をめぐり、日米両政府にとって厄介な問題が生じることになる。ここでは基地の〝継続使用（不法占有）問題〟と呼んでおく。

五一年九月に締結された対日講和条約第六条は、占領中の徴発に基づいて米軍が行っている日本国内の基地使用は同条約締結後できるだけ速やかに、かつ、「いかなる場合にもその後九〇日以内に」終了する旨を規定していた。しかし、日本が米国に提供する個々の基地を合同委員会で決定する実務的な作業には時間がかかった。米軍にとって、個々の基地の設定が手間取り、講和条約発効から九〇日を過ぎても決まらない事態は、日本から――少なくとも一時的に――撤退しなければならないか、さもなければ基地の〝不法〟占有者というレッテルを貼られることを意味した。前者の場合には朝鮮戦争の遂行に決定的な影響がでることになり、後者の場合には、米国の敵対勢力に格好の批判・宣伝材料を与えることになる。

日本側は、あくまで占領期間中に占領軍が行った財産の接収はいったん解除されるという原則が協定で示されることにこだわった。ただし、米軍が占領後に保持・使用を希望する基地について講和発効後九〇日という期間内に合意が成立しない場合でも、必要とあればタイムリミット後も同軍が使用中の基地に在ること自体には異論はなかった。また、代替施設の建設に要する時間のために九〇日のあいだに米軍が出ることのできない基地の占有を合法化するための取り決めを作成することにも反対ではなかった。そのような内容を盛り込んだ、行政協定とは別個の交換公文というかたちの取り決めに移そうというのが、日本政府の基本的な立場であった。要するに、日本政府にとって問題なのは、実より体裁だったのだ[44]。

そうした日本政府の立場の背景には、国内政治問題があった。占領軍の主力である米軍が講和後も占領の延長のようなかたちで無制限に日本に留まったり、〝駆け込み〟的に新規の徴発を行うことは――岡崎国務相が米側に述べた表現を借りれば――「共産主義者や他の諸集団」によるプロパガンダの格好の材料になる、というのが日本政府の情勢把握だった。だから、そのように解釈される規定を含む行政協定が国民や国会の知るところとなったときに起こるであろう反基地、反吉田内閣、反米運動と、それらが日米関係に及ぼす影響を日本政府は懸念したのだった[45]。

最終的に基地の継続使用（不法占有）問題は、極東における平和・安全の維持、および外部攻撃に対する日本の防衛に寄与するという目的を遂行するために必要な「施設及び区域」の決定と準備にあたっては、避けがたい遅延が生ずることがあるかもしれないが、日本側は「講和条約の効力発生の日の後九〇日以内に成立しないもの」でも、その継続使用を許すという趣旨の交換公文（「岡崎・ラスク交換公文」）を取り交わすことで妥結する。[46] 講和条約発効（五二年四月二八日）から九〇日を目前にし、「個個の施設及び区域に関する協定」がまとめられた七月二六日の時点でも、「五十箇所」の基地については合意が成立していなかったけれども、この「岡崎・ラスク交換公文」の適用によって、それらは継続使用を認められることになった。[47]

その後、一九六〇年の安保改定で改められた行政協定（これにより同協定は、いわゆる日米地位協定となる）でも、次のように、米軍が日本で使用する個々の基地をあらかじめ限定しないという方式に変更はなかった。

第二条一(a) 合衆国は、相互協力及び安全保障条約第六条の規定に基づき、日本国内の施設及び区域の使用を許される。個個の施設及び区域に関する協定は、第二五条に定める合同委員会を通じて両政府が締結しなければならない。〔以下略〕

さきほど、日本政府は米軍に提供する基地を選定するにあたり、安全保障上の目的に照らして「必要なもの」に限り、それを両国間の合意により厳定したいという意向を米側に訴えたと書いた。講和交渉当時は、そのように米軍の使用する基地を必要なものに限る意図を有していたはずの日本政府も、次第にそうした意図を放棄したようだ。

試みに、六〇年一月の改定安保条約と関連取り決めの署名後、国会審議を控えた外務省が同年二月に作成した――外務省は、行政協定が旧安保条約第三条の委任する協定であるとして国会審議を経なかったことに、国民が同協定を批判する理由の一つがあると考えていた――日米地位協定に関わる「擬問擬答集」を見てみよう。この擬問擬答集には、地位協定の前身である行政協定第二条一の手続によって提供された基地と、岡崎・ラスク交換公文によって提供された施設・区域の法的差異は如何、という問いに対する次のような答えがある。

すなわち、〔行政協定第二条一の〕第一文において、必要な施設・区域の使用を原則的に許すことを認め、第二文において、具体的に使用を許す施設・区域がいかに決定されるか――日本側からのみ見れば、使用を許すことの同意をいかにして与えるか――の方法が規定されていると解される[48]（傍点は明田川）。

外務省は、米国が必要とする「施設・区域」の使用は「原則的に」許すことを認める立場を示しているのだ。さらに、この擬問擬答集、地位協定逐条説明、国会答弁資料、参考資料、国会議事録などを参照しつつ、外務省条約局ならびに同アメリカ局が作成した「日米地位協定の考え方」（一九七三年四月）および同・増補版（一九八三年一二月）を検討してみよう。

「日米地位協定の考え方」は、地位協定第二条一(a)が二つのことを意味していると言う。第一に、「米側は、我が国の施政下にある領域内であればどこにでも施設・区域の提供を求める権利が認められていること」である。これは、米側の当初の「日本国内の望む場所に」軍隊を配備する権利を獲得するという目的に沿う考え方と言えるだろう。第二に、「施設・区域の提供は、一件ごとに我が国の同意によることとされており、したがって、我が国は施設・区域の提供に関する米側の個々の要求のすべてに応ずる義務を有してはいないこと」である。(49)

二点めについては、「安保条約第六条の施設・区域の提供目的に合致した米側の提供要求を我が国が合理的な理由なしに拒否し得ることを意味するものではない」との但し書きがついていて、協定の解釈上においては、合理的な理由があれば米側の要求に応ずる義務はないとの考え方が示されている。(50) しかしながら外務省は、次のように、現実の政治状況、あるいは現実の日米関係においては、やはり個々の施設に対する米側の要求をいちいち判断して諾否を示すのは不可能であり、結局は米側の要求に対しては、安全保障について両国の基本的意見が一致しているという前提に立ち、原則的〝白紙委任〟方式によって応じざるを得ないとの考えを示しているのである。

特定の施設・区域の要否は、本来は、安保条約の目的、その時の国際情勢及び当該施設・区域の機能を綜合して判断されるべきものであろうが、かかる判断を個々の施設・区域について行うことは実際問題として困難である。むしろ、安保条約は、かかる判断については、日米間に基本的な意見の一致があることを前提として成り立っていると理解すべきである。(注15)

(注15) かかる判断について、常に日米間に意見の不一致があり得るとすれば、単に施設・区域の円滑な提供は不可能であるばかりでなく、我が国が自国の安全保障を米国に依存することの妥当性自体が否定されることとなろう(51)(傍点は明田川)。

以上のような米国への日本の基地提供は「全土基地方式」と呼ぶべきものであり、それこそ「基地許容国の「主権」の従属性によって担保される」方式だという意見が登場してくるのは、日米安保体制に批判的な法学者たちが「七〇年安保」――六〇年に締結された安保条約は、まず一〇年の有効期間（固定期間）を規定していたので、一九七〇年に更新か否かの検討時期が来ることになっていた――を前に、安保体制に体系的な分析をくわえたさいのことだった。(52)

たしかに、「まず基地は提供しましょう」「詳細は後で決めましょう」という方式の基地協定は――少なくとも米国の先例には――類を見ないものであった。また、講和の〝代償〟が日米安保であり、その根幹は基地提供だとすれば、「主権」の従属性を担保とする「全土基地方式」によってはかられたことはずいぶん皮肉な話だ。だから、そうした方式の問題点を指摘したり批判する声があがるのも不思議ではない。

しかし、その場合の全土基地方式は、米側の判断によっては日本のどこでも潜在的な基地になり得るという、いわば可能性としての全土基地化だ。かつて島のなかに基地があるのではなく、基地のなかに島があると例えられた、いわば実体、あるいは現実として全土基地化された沖縄はどう考えればよいのか。

減りゆく本土基地、維持される在沖基地

一九七二年五月一五日に沖縄に対する施政権が米国から日本に返還されたとき、同地には八七の基地が存置された。そして、個々の基地の使用条件を定めた、いわゆる「五・一五メモ」というものが両政府間で取り交わされた。そのなかでは、ごく一部の基地を除いて、ほとんどの基地が日米

地位協定第二条一(c)に基づいて「無期限」(indefinite) に提供されることが記されている。[53]

また、面積でみれば、一九五二年の講和条約発効当時、在日米軍基地の面積は一三五万二六三六(千平方メートル)であった。これが一九七二年までには一九万六九九一に激減し、沖縄施政権返還直後の一九七三年には在沖米軍基地の面積が組み入れられて四四万六四一一に転じるものの、二〇一五年は三〇万六二二六となっている。[54](もっとも、近年では自衛隊基地を米軍が〝一時〟使用するタイプの基地使用〔これを、その根拠となる地位協定第二条四(b)にちなんで「にい・よん・びい使用」などと呼ぶ〕が著しく増大しているという問題が生じている。[55])

その一方で、在沖米軍基地の面積は、七二年五月に二八万六六〇八(米軍専用基地面積:二七万八九二五)、二〇一六年時点では二二万九八八〇(同前:二二万六一九二)である。在日米軍基地面積は講和時(=法的に占領が終わった時)から二〇一五年までに二割ほどにまで縮小したのに、沖縄の場合は施政権返還時(=法的に占領が終わった時)の基地面積を一〇〇とすると二〇一六年のそれはいぜん八割強と高率で、在日米軍専用基地(二〇一六年三月末時点で、数は七九(本土:四八、沖縄:三一)で、面積では本土が七万七四九八で沖縄が二二万六一九二)のおよそ四分の三が沖縄に集積されていることになる。[56]

このような構造的問題にくわえて、一九九六年以降は、米海兵隊普天間飛行場の(少なくとも)県外移設を求める沖縄と、それを拒絶する本土という溝が生まれ、広がってきた。こうした状況を踏まえると、沖縄の人たちからすれば、「全土基地方式」や同方式に対する本土の批判はどのように捉えられるのだろうと考えざるをえない。

じっさい九六年七月一〇日、大田昌秀沖縄県知事は、いわゆる米軍用地強制使用をめぐる代理署名訴訟の上告審において、地位協定第二条が「安保条約に基づき日本国内のどこにでも基地を置くことが許される、いわゆる「全土基地方式」」と言われているのに、「なぜ沖縄だけが過重な負担を背負わなければならないのか」と鋭く問いかけた。そして今も沖縄県は、「日米地位協定第2条では、安保条約に基づき日本国内のどこにでも基地を置くことができる（いわゆる全土基地方式）旨規定されている」にもかかわらず、「しかし、基地を置く場所の限定はなく、実際には基地は沖縄に集中し、沖縄県の振興開発に大きな支障となり、また、県民の生活に大きな影響を及ぼして」おり、本土と沖縄との間には「著しく不平等な基地提供の実態」が存在する、と裁判所に申し立てている。(57)

こうして、こんにち地位協定に定められた基地設定方式をめぐっては、講和・安保改定・七〇年安保という時期を通じてほとんど誰も想定さえしなかった問題が起こる状況になっている。

II 解放と再接収の政治《ポリティクス》

本章では、じっさいに基地を設定する過程で生じる〝小突き〟[1]の問題を、こんにち沖縄県に次ぐ「第二の基地県」と呼ばれる神奈川を例にとって、考えてみたい。

小突きの序列

基地設定をめぐる小突きの問題を鋭く提起したのは、沖縄の国際政治学者・宮里政玄氏である。宮里氏は、二〇〇九年九月、「対等な日米関係」を外交目標の一つに掲げる民主党が主体となった連立政権が誕生した直後、「沖縄から見ると、鳩山首相が強調している「対等な日米関係」は、日米の「ペッキング・オーダー」を改めない限り実現しない」と指摘した[2]。「ペッキング・オーダー」(Pecking Order) とは、第三海兵師団の移駐を例にあげれば、いわゆる日本本土↓沖縄県南部↓同北部と集中がはかられる「小突きの序列」を言う。人口稠密な沖縄県南部から、人口が希薄で経済開発の遅れがちな北部の辺野古へ基地を建設する計画が進められているのは、同地が「この「ペッキング・オーダー」の最下位にあって、政府のアメとムチによって住民に強要されたもの」であるからに他ならない、と宮里氏は述べる。

「小突きの序列」を生む原因は、宮里氏によれば、二つある。一つは、韓国、フィリピン、オーストラリア、ニュージーランドといった、日本の軍事的脅威の再来を危惧するアジア・太平洋諸国とのあいだで米国が構築した「ハブ・スポークス」の安全保障体制だ。日本は同体制において日米安保条約という「ビンの蓋」によって封じ込められ、米国の戦略と政策の下に置かれた。言い換えれば日本は、「自らの防衛政策を策定する必要性」を感じることなく、「米国に従っておけばよ」い状況に置かれることとなったのである。

この項目の問題関心からより重要と思われるのは、宮里氏が挙げるもう一つの原因、すなわち対日講和条約第三条の「潜在主権」方式であろう。「潜在主権」は、「国連の通常の信託統治では、朝鮮戦争で必要とされた大規模な軍事基地を国連が承認しないことを恐れた」米国が、「「潜在」であれ、主権を日本が有するのであれば、その同意の下で……沖縄で自由に軍事基地を建設できる」と考案した。そればかりでなく、同方式には「日本の失地回復主義を抑える」という意図も込められていた。しかし本土にとっては、「沖縄に在日基地の七五%を置くことを認め」ても「日常的に何の支障も来さない」ので、「沖縄の犠牲の上にあぐらをかくことに慣れて」しまった。

以上が、宮里氏の提示した「ペッキング・オーダー」論のあらましである。本項では、この宮里氏の「ペッキング・オーダー」論を参考にしつつ、より一般化して、基地が自らの日常生活に支障をきたしていると考える人々が、その支障や原因である基地を他者に移譲し、その他者の犠牲のうえに胡坐をかく行いを、基地をめぐる「小突き」としておく。

ところで、二十年ちかく前、筆者は日本本土における米軍基地の設定過程を、在日米軍の配備条件を定めた日米行政協定に着目して跡づけようと試みたことがある。[3] できるだけ多様な人々の考えと行為に目配りしながら検証しようと企図したが、協定第二条と「岡崎・ラスク交換公文」の成立にいたる、狭い意味での外交の話に、そのときは留まったと言わざるをえない。

講和当時、吉田茂首相（兼外相）の外交面での側近で、行政協定締結交渉では日本側代表（国務相）を務めた岡崎勝男は、米軍が行っている膨大な土地・建物の接収によって経済活動が阻害されることをかこつ各方面から「陳情責め」にあって「閉口」していると米側代表にこぼしていた。そして岡崎は、そのような陳情者の典型例として横浜を挙げた。[4] 行政協定締結交渉の会談記録から、神奈川県内の各地に所在する基地の接収（とその解除）が主要争点の一つであったことを認識しながら、歴史の現場の実態については閑却していたと言わざるをえないのが、二十年前の筆者による研究であった。

筆者はこのたび、分厚い蓄積がある自治体史の先駆研究にも学びながら、神奈川県が所蔵する行政協定に基づく基地提供関係文書を繙いてみた。同協定をめぐっては、日本の国民感情と世論への対策から、接収は都市部を避けるべきだという議論が米国政府内でなされ、また協定締結交渉でも、できるだけ米軍を市街地から移転させるという原則的了解が日米両代表のあいだに存在したことは事実である。[5] しかし、それらの文書を改めて読み込んだ筆者には、人が基地を、基地が人を、また、人が人を小突く音を、確かに聞いた思いがするのだ。

接収にみる軍事の論理

講和・安保両条約が締結されてまもない頃、神奈川県は横浜に駐屯する米軍当局に土地建物の接収解除を願いでた。しかし、五一年一〇月五日付で米軍の横浜セントラル・コマンド司令官ファーレル准将名で内山岩太郎知事に宛てられた回答は、朝鮮戦争によって生じた徴発要求にもかかわらず、年初いらい六四万平方フィートあまりの土地と九万二〇〇〇平方フィートあまりの建物を「誠意の証」として解放してきており、さらなる接収解除は難しいという内容であった。米軍側は九日にも、今度はワイブル少将名で以下の内容を含む回答を内山知事に伝えてきた。(6)

……講和条約の署名にともない、接収解除問題は当然に一層の緊急性を帯びてきた。しかしながら、米軍が横浜において行っている接収施設の使用は朝鮮動乱で好ましい結果をあげるために不可欠である。貴下〔内山知事〕も御承知のとおり、朝鮮半島情勢は、日本の平和的将来にとってばかりでなく、世界にとっても、一つの脅威となっている。朝鮮動乱において米国の立場が危うくなるような行動を執ることはできない。したがって、朝鮮半島における米国の戦争遂行努力に及ぼす影響について慎重に考慮することなく、横浜の接収施設を解放することはできない。(7)

二つの回答からは、接収解除問題において次のような軍事の論理が貫徹されていることを指摘しておきたい。朝鮮半島における北朝鮮の軍事行動は日本の平和、ひいては世界の平和を脅かすものであり、それを押さえこもうと米国は戦争努力を続けているところだ。その努力にとって不可欠な横浜の接収施設をさらに返還することは、自由世界の防衛を掲げて行動している米国の立場を窮地に陥れるおそれがある。したがって、接収施設は解放することができない。これが米軍側の言い分であった。さらに一〇月九日付回答は、不動産に関わる最近の政策が、日本経済に及ぼす衝撃を劇的に縮小することと、横浜の不動産に対する要求を最小限まで縮小することに主眼を置いているとしながらも、それはあくまで「軍事的必要に合致するかぎり」であると釘を刺していた。

それにしても、上記の回答に見えている「米軍が横浜において行っている接収施設の使用は朝鮮動乱で好ましい結果をあげるために不可欠である」という一文は、前年八月に米統合参謀本部が、「軍事的観点から」いかなる対日講和条約についても米国の安全保障上の必要が保証されなければならないとしたうえで、同条約は「朝鮮半島における現在の米国の軍事情勢が好ましい結果をみた後でなければ効力を生じないものとする」と主張していたことを想起させる（その主張は九月に国家安全保障会議がうちだした対日講和方針の一項として盛りこまれた[8]）。講和を目に見える具体的なかたちで示す接収解除の問題に軍部の主張が貫徹されようとしているのだった。

「国民全体の負担」による解決を

横浜の接収解除を求める動きは、米軍当局のみに向けられていたわけではない。横浜市ならびに神奈川県の政・財・業界が、講和後の「新しい事態」に対処し、国家的見地から「横浜市の復興建設のための最高計画」を策定し、その実施を強力に推進する目的で設置した横浜市復興建設会議（以下、復興建設会議などと略記）は、行政協定交渉に前後して、日本政府への積極的な陳情活動を展開した。[9]

復興建設会議は、国際港都建設法制定（五〇年一〇月）および講和を機として、港都計画遂行のうえで「致命的な関係」を有し、かつ、戦後六か年にわたり地域の経済活動を「閉塞」させてきた市街地広域にわたる接収が一挙に解除されようとする「唯一絶対の時期」が訪れたと認識していた。そして、そのような情勢認識から、接収解除に関する政府の「特別の御考慮と御明察」を要望する。要望の内容は、土地建物、貿易、観光、商業、港湾、倉庫、その他（電話普及率、水道使用量、電力使用量、建築状況）など多岐にわたっているが、ここでは商業および港湾施設の接収解除要請を中心に復興建設会議の要望内容を見ていく。[10]

復興建設会議の調査では、横浜市商業の中心であった中区の接収状況がとりわけ深刻であると捉えられていた――もっとも、戸塚区上瀬谷への米海軍通信基地の設定により、横浜市中心部と周辺部の接収地面積は五一年度から逆転する。[11]

また、同会議がまとめた調書は、主要商業地区では六二・三％が接収され（総面積三〇万三二三五坪のうち接収面積一八万八七七九坪）、ビジネスセンターでは七四・三％が接収されている（総面積一四万二〇〇〇坪のうち接収面積一〇万五五〇五坪）という調査結果をしめす。建物にしても、公館は一八・二％が、学校は二〇・三％が、店舗は二九・〇％が、演劇場は三九・四％が、事務所は四六・七％が、その他（倉庫、車庫、ホテル、病院など）は三四・〇％が、そして百貨店にいたっては一〇〇％が占領軍の接収下にあるという数字が挙げられていた。さらに調書は、中区にある大半の業者の「経済力」（所得）は戦前に比して個人で三三％、法人で六％も減退し、年間で一七〇億円減少していると見積もった。

こうしたデータに基づいて、復興建設会議は次のように述べる。これら経済中枢部は、横浜の経済活動を支える金融機関や商社の本支店や外国商社・貿易業者の店舗が集まり、観光客むけの店舗街も形成をみた「港湾の中心部に近接する唯一の心臓部地域」である。しかし、こうした地域に活動していた多くの市民は接収に追われて他に転じ、あるいは再起の機会を失ってしだいに脱落し、あるいは取引上すこぶる条件の悪い都辺地に店舗を構え、わずかにかつての片影を維持するなど、まったく「惨たんたる状況」を呈している。接収解除こそは「真に横浜市の経済復興の根本に通ずる基本的重要問題」である。これが、商業部門に関する復興建設会議の要望である。

港湾部門について、調書は次のように分析している。

目下のところ、民間貿易に解放されている公共施設および港域は全体の一割にすぎないので、出入船舶の繋留に非常な支障が生じている。輸出入貨物の荷役は止むをえず第二区、第三区、または外防波堤外で実施しているありさまで、諸作業はつねに大幅な割増料金を課され、諸掛りの高騰を来している。そのうえ、不便な沖荷役にともない陸上との連絡が不充分なため荷役能率の低下もまねいている。横浜港の貨物取扱高は、五三年の推定貨物取扱高およそ一五〇〇万トンのうち、いぜん四八〇万トンを不便で費用のかさむ沖荷役に依存しなければならない。貿易を中軸として回転する横浜市の経済力も衰退し、その影響は県市税収にも年間約一〇億円減というかたちで表れている。このような分析から、接岸施設がほとんどない現状のまま港外荷役を続けることは不可能で、「危機的症状」を露呈する横浜港は「盛衰の岐路」に立たされていると結論づけられた。

右の現状を踏まえながら復興建設会議は、接収が連合国による対日占領遂行のため緊急的かつ一時的な必要性から行われ、将来の総合的都市計画の観点に立つ暇がなく、随所に占領軍の急速な利用計画が具体化されてきたものであったがゆえに横浜の都市構成は「全く分裂混乱の状態を呈している」、と総括した。

復興建設会議による現状分析と要望、そして総括から指摘すべきは、次のような経済の論理といえるだろう。かつて商業と貿易で栄華をほこった横浜は、米軍による占領の遂行上、あくまでも一時的に接収を甘受したが、六年にも及ぶ土地建物や港湾の接収は、いまや横浜の経済活動を「閉塞」させ、「惨たんたる状況」に追い込み、街の構成にも「全く分裂混乱の状態」をもたらす以外の何ものでもない。講和は、そのような接収から横浜が解放される唯一絶好の機会である。にもかかわらず接収解除が覚束ないのであれば、横浜の経済復興・成長に必ずや悪影響がでる。そうなれば国際港湾都市建設が画餅に帰すばかりでなく、同市を玄関口の一つとするはずの日本の経済復興・成長もままならなくなる。港湾設備の接収解除と、その活用による貿易の振興は「ローカルな問題ではなく、日本経済の自立上国家の問題」にほかならないはずだ。これが、復興建設会議によって代表される横浜の政治・経済界の主張に流れる経済の論理であった[12]。

なお、復興建設会議の主張に軍事の論理が垣間見えることも付言しておこう。同会議の要望は、「新たな日本の安全保障協定〔条約〕に基き、日本防衛の立場より、重要港湾を有する横浜市の客観的諸条件より考察して、或は今後共港湾市街地等の租借的軍利用計画が要求されること」があるのは「止むを得ない」と述べる。同様に、「新たな駐兵協定に基ずく軍の租借地の設定」についても、米国の要請に基づき日本政府の責任において決定すべき」である、と容認の姿勢を示していた。[13]
もっとも、復興建設会議が米軍駐兵の目的をもっぱら「日本防衛」と見ているのは、「朝鮮半島」、さらには「世界」を視野に入れる米軍部の要求を反映した安保条約とは異なる。復興建設会議の考えとは裏腹に、同条約は日本における米軍配備の目的をまず「極東における国際の平和と安全の維持に寄与……するため」（いわゆる極東条項）と規定していた。「極東」が米軍の行動の範囲ではなく〝目的〟の範囲であることに注意する必要がある。目的であるから、米国が「極東における国際の平和と安全の維持に寄与……する」ためだと判断すれば、そのグローバルな戦略目的と要求にしたがって、米軍が展開し行動する範囲は「極東」に限定されないという解釈が成り立つ。[14] 米国にとって極東条項のない日本との取り決めは価値がないのだ。
さて、最終的に復興建設会議は、次のような、軍の計画と横浜市・神奈川県の都市計画との両立・調整という結論に逢着することとなる。

われわれが敢て云わんとするところは単に神奈川県、横浜市のみの一方的犠牲において、この問題を安易に解決することなく、県市のためにも、又国土防衛的見地よりも、はた又国家再建の立場よりも、日本の国民全体の負担において、最善の計画の出現を希望するものであつて、これがためには市域の内外に展開されるべき軍の利用地計画と、横浜市並びに神奈川県の都市計画とが完全に両立し得るよう、両者の調整を図らんことを衷心から懇請する次第である。[15]

このとき、基地設定は一地域の「一方的犠牲」によってではなく「国民全体の負担」において解決されるべきだと言い表された神奈川と横浜のような「犠牲」の立場が、今日では沖縄に委譲されていることは言を俟たない。

接収解除〝外交〟と住民運動

さらに復興建設会議は、「横浜市の接収地の処理に関する請願」をダレスやラスクに〝直訴〟することも考えた。日本語で書かれた「請願」案には「昭和二十六年十二月（日付は空欄）日」と、また、「アメリカ合衆国国務長官顧問ジョンフオスターダレス宛」はタイプで、「国務省顧問デイーンラスク宛」は手書きで挿入されている。五一年一二月一〇日から同二〇日まで滞日したダレスをまずはターゲットにし、次いで五二年一月後半に訪れるラスクに渡そうとしていたことがうかがえる。内容は、さきの復興建設会議による要望を簡潔にまとめたものと言ってよく、最後に「小時間でも市民のためおさき下さいまして御面接の上、われわれの意とする処を充分おきゝとり願いたい」と結ばれている。[16]

一二月一二日、請願は英文の作成を終えて、一三日午前に渡邊銕藏復興建設会議事務総長が外務省を通じてダレスに手交されることとなった。報道によれば、同事務総長はダレス滞日中に面会の機会を得るよう努力しており、その期日はダレスの朝鮮戦争視察（一五日に予定）以後とされているが、「面接」が実現したかどうかは確認できない。[17]

さらにラスク訪日直前の五二年一月、神奈川県および横浜市は、土地建物などの全面的接収解除ないし、それが不可能な場合の段階的な解除実施を趣旨とする請願書を、内山知事と平沼亮三横浜市長の連名（二一日付）で、前年四月からマッカーサーに代わって最高司令官となっていたリッジウェイとラスクに提出することとした。内山・平沼書簡に対しては、リッジウェイが二月四日付の書簡をもって、①都市部から軍施設を移転する政策は、必要とされる資金が未だ使用できるまでになっていない、②日本経済に占める横浜の重要性は十分に承知しており、同市にある土地建物の接収解除については特別の考慮が払われる、③連合国最高司令官の使命達成にとってもはや不必要な不動産は接収解除されることになっているので、横浜の接収財産返還もすみやかに達成されようから安心されたい、などと回答した[18]。

この頃の重要な動きとして、接収解除をめぐる市民運動についても触れておこう。

横浜市では、遅くとも五一年一月上旬までに、同市会が中心となった市民運動の構想がねられていった。横浜市会は、同月七日に開催された復興建設会議との合同懇談会を経て、市会全員から成る復興促進実行委員会による市民運動を、一〇日の全員協議会の議決をまって展開することを決める。懇談会は、①接収解除に直接的な利害関心を有する地主、地上権者、財界、業界関係者などの純然たる自主的民間運動として実施する、②特殊政党の介入は厳に排除する、③あくまで復興建設会議と表裏密接の関係を保つ、④市民運動は市会が企画・立案・推進する、などの基本方針を決定する。実施方法は、市会独自の直接陳情、市民に対する啓蒙宣伝、地域や業種別団体との協力などとし、若干名からなる常任委員を設け、必要に応じて班を設けることも決定された[19]。

しかし実際の活動は限定的なものとなる。一〇日午後に開催された全員協議会では、関係筋への請願書作成、地主などを対象とした「地味な運動」の展開、復興促進実行委員会の設置を決定し、

「市民大会などの方法によらない」こととなった。「表裏密接の関係」を保つとされた復興建設会議は、もともと同会議の職員が県・市から出向しているから会議当局の立案や事務は「県、市側の意向と同様」であり、関係当局が積極的に解除要請を行ってきているので、「全市民による示威行動にまで盛り上げること」は遠慮したいとの意向を示していた。横浜市会でも、運動が「不純分子」に利用されることに懸念が示されていた。けっきょく市会は、復興建設会議との表裏密接の関係を重視し〝秩序ある運動〟を展開することを選択したのだった。[20]

県下自治体のさまざまな要望

五二年一月末からはじまる行政協定交渉を前に、地方自治庁次官より一月九日付で各都道府県知事に宛て、「供与すべき施設及び便益の範囲、経費の負担、駐留軍の演習、その他」に関し「要請すべき重要事項」が照会されている。[21]

自治庁次官から照会をうけた神奈川県では、一月一四日付で県下市町村に対し、行政協定締結という新事態に対処するため「特に要望すべき重要事項」を「火急」に提出するよう照会した。照会には、横浜市、横須賀市をはじめ、川崎市、相模原町、大和町、渋谷町、綾瀬町、逗子町、葉山町、鎌倉市、藤沢市、茅ヶ崎市、平塚市、温泉村、宮城野村、座間町から回答が寄せられた。[22]

神奈川県によれば、市町村からの一般要望事項は次のように要約される。①基地の新設・拡充反対。②基地設置にともなう経費の軍による全額負担。③基地の所在から必要となる警備の軍による実施、または所要経費の軍による負担。④基地の存在から生じる損害ならびに税収減への配慮。⑤

米軍が接収した旧日本軍施設で、戦災者および引揚者等が居住するものについては居住権を認めること。⑥米軍施設に随伴して警察予備隊を設置する場合、地元市町村の意思を充分に尊重すること。そして、⑦上水道など軍施設の一般開放であった。[23]

①については、すでに大規模な米軍施設が所在するか、あるいは接収拡大の話がもちあがっている町々から、「部隊建物、演習場、其の他軍施設の新設、拡充は絶対困る」（大和町）、「駐留軍のため建物、敷地、演習場、飛行場等の拡張のため新に土地の収用は絶対になさゞること」（渋谷町）、「現在ある駐留軍の建物或いは演習場其の他軍施設を今後拡大されることは絶対に困るので考慮してもらいたい」（座間町）、「部隊の拡充により建物、演習地其の他軍施設の新設等は絶対困る」（相模原町）などの要望が寄せられた。一見して〝共闘〟がうかがわれるが、厚木基地をかかえる綾瀬町は、「日毎の国際状勢を考へ又第二次大戦の折にも極めて純朴な農村住民なる故に基地ある為に住民の恐腑《(ママ)》は一通りでな」いので、講和後の「住民の安堵」を望み考えるならば、「基地としての曠大は是非ないようお願い致します」と、戦争体験を踏まえて新規接収・接収拡大に反対した。このような声に、県は自治庁次官宛の回答で、「知事としては斯る極端な表現を其儘支持するものではないが地元町村の意向を其儘記載するものである」と書かざるを得ないほどであった。[24]

②については、やはり綾瀬町が「当町は基地の地元故に自動車（特にジープ）の交通は極めて多く、県道はもとより町道に於ても其の損傷は著しい為に町に於ては道路改修の為の費用は膨張して」いるとし、そのため「道路四ヶ年計画」を議決し一年二五〇万円、計一〇〇〇万円を充てねばならないと訴えている。鎌倉市は、米軍が周囲の日本人家庭の衛生状況に関心を示し、「日本人に

とっては常識的なことをも嫌悪」し、そのために市は徹底した防蝿設備を施すなどで五一年度は一六四万円余りを計上せざるを得なかったとして、米軍住宅の接収解除をもとめた。(25)

また、町内に基地があるため一般住民の警備につき警察方面と連絡をとることはもちろん、「昼夜をわかたず飛立つ進駐軍飛行機のため何時いかなる災害が起るやも知れ」ないので消防についても町予算を多分に計上し、「真夜にまで及ぶ演習《〔ママ〕》により飛行機の音響が町全域にわたり、「住民は現下国際情勢にかんがみもっぱら杞憂を深くしておる」という綾瀬町の訴えは③の例だ。(26)

④ではやはり綾瀬町が次のように窮状を訴えている。もともと町は純農村として営農状況はひとまず安定したものであったが、旧厚木航空隊の設置にともないその用地に接収された総面積は約五〇〇町歩に及び、町全体の農業経営は至大の支障をこうむった。戦後に返還を予想された土地は引き続き占領軍が接収するところとなり、農耕地の増加は望みがたいうえ復員帰農等による人員の増加によって農業経営の細分化を余儀なくされつつある。従来どおりの経営をしている農家もあるが、反面、細分化された者の影響は大きく、農業本来の使命である食糧補給はおろか自己の年保有さえできない者も「甚だ多く」、その不均衡は農業経営のうえで個人的にも町全体としても「堅実性を欠く」有様だ、と。(27)

⑤については相模原町が、元女子工員宿舎地内には戦災者・引揚者およそ二三〇戸が居住していると、接収拡大によってそれら引揚者・戦災者の居住権が脅かされないよう要請した。おなじ時期、県農地部長も同渉外事務局長に宛て、相模原町・海老名町をはじめとする県下三四か所、二七〇〇町歩あまりの地元農民と入植者について、「特に入植者は、当時裸一貫の海外引揚者及び満州開拓

引揚民にして、その日の食にも困窮し、路頭に迷い居りたる状態なるを、総司令部の御高配と政府の補助々成により、これ等土地に入植したもの」であり、「今後結ばれる行政協定には以上の点を十分に御了解の上」、これら農民の実情を考慮して善処するよう要請している。[28]

警察予備隊配備にさいして地元町村の意思を尊重すべきだというのは、渋谷町、綾瀬町、座間町、相模原町の要望である。座間町は、軍施設設置にともない「町費を支出している」との理由から、上水道の一般開放を求めた。[29]

米軍と地域社会の接触という点から言えば、綾瀬町は次のような「憂慮」を示している。

> 従来……性病及特殊婦人立入等皆無でありましたが終戦後思想並に道徳心の底下〔ママ〕と進駐軍将兵の日本婦人に対する特別なる関心の為純真なる町内農家婦人の転落及外部特殊婦人の出入頻繁と成り衛生方面のみを考へて憂慮すべき状況であります。[30]

「特殊婦人」とは占領軍の将兵に春を販《ひさ》ぐ人たちのことである。基地を存置することによって、地域の「純朴さ」「衛生」「思想」「道徳心」といったものが悪化したり荒廃することを憂えているのだ。

基地に駐屯する米兵が暴行傷害事件を起こしたため、「基地接収附近を通過して小、中学校に通学する児童及生徒等は極度にこれを恐れ、この為児童生徒の学□〔力か〕は低下の一途をたどり」、親の「心痛は其の極に達した事実」も訴えられている。さらに、「良し悪しの□〔判か〕然としない小児等は外出兵員の模倣〔ママ〕的な行為をまね、故にその性行は日増に悪化をたどる一方」であり、このため親は占領軍の振る舞いをまねる子供の「矯正に日夜腐心を致しておる現状」の是正も要請された[31]。

「茅ヶ崎ビーチ」問題

藤沢市は「茅ヶ崎ビーチ」の接収解除を訴えた。「全国随一の海水浴場地帯の一部」にして「名勝江の島の対岸」である同ビーチをめぐっては、辻堂および茅ヶ崎に所在する米軍演習場の接収が問題となっていた。

辻堂演習場については藤沢市長が、次のように経緯を説明している。

右の演習用地は現在大蔵省の所管地にして終戦後は進駐軍による演習が常時行はれて、ために此の地区の家屋は年々甚大なる被害を蒙り、又漁民の漁獲高も激減し生活にも支障を来たしている状況で住民の受ける心痛は想像以上のものがあり、しばしば地元住民よりこれの演習取止めにつき歎願もあつた[32]……

そのような場所柄、「同地区家屋の固定資産の評価を減じ、市民に対する治安、周知徹底並びに施設の警備等にも相当額の経費を費し今日に至っており」「演習地がこのまゝ存続されると、住民に及ぼす被害の不安は益々大きく本市の発展のためにも重大なる支障を来たす」ので、演習場用地を解放してもらい、住民の待望する観光施設ないし保健衛生施設の充実をはかりたい、というのが藤沢市の要望であった[33]。

茅ヶ崎市も、演習場は旧日本海軍の演習場が敗戦とともに占領軍に接収されてそのまま同軍の演習場となったものだが、「演習開始と共に沖合に向ひ実弾の発射、上陸演習等々あり漁船の航行は禁止せられ附近民家は一部交通禁止による不便、又日本軍の放棄火薬の処理作業中に起る爆発に依る被害」によって、しばしばその補償を関東民事部へ申請している「現状」を訴えた。茅ヶ崎市は、演習場が接収解除された暁には、「藤沢市と共に文化の中心地として将来の発展に大いに寄与せらるゝ」と展望している(34)。

両市の要望から、神奈川県は演習場の被害実態を次のように集約した。

> 該地は旧日本軍においてもこれを演習場として使用していたものであるが、年間を通じての使用日数は極めて少く、まして附近海上を使用するに至つてはさらに事例は稀であつた。ところが駐留軍の使用状況は年間三分の二を超え、附近住宅等に対する被害、漁業に対する有形、無形の影響は甚大なものがある(35)。

旧日本軍による演習との形態の違い、海上区域の使用、年間使用日数の多さ、住民生活への影響の大きさなど、これまで経験したことのない負担を強いられたことがわかる。しかし、両市ならびに県の要望はすぐには達せられなかった。

その後の茅ヶ崎ビーチは、一九五三年以降、全国各地――「キャンプ岐阜」および山梨の「キャンプ富士」に司令部を置き、神奈川県横須賀市・静岡県御殿場市・滋賀県大津市・奈良県奈良市・大阪府和泉市ならびに堺市・兵庫県神戸市など――に分散配備されていた米第三海兵師団も使用する「日本本土で唯一本格的な上陸作戦訓練が行える演習場」となったのである(36)。

その第三海兵師団（と演習場）も、五〇年代後半には日本本土から移駐するのだが、その行き場は沖縄だった。

解放と再接収――横浜と座間・相模原の明暗

県下市町村が要望を表明するいっぽう、横浜市では二月二日に中区の区民大会が開催される。七日には大会代表二三名が区民大会の決議文ならびに接収地内一四〇〇名の署名を携えて、占領軍当局、岡崎国務相、国会などを訪れ、接収解除の実現につき政府の全面協力を要望するなど、区民による初の陳情活動が行われた。そして一八日、中区解除促進実行委員会は、ファーレル准将およびGHQ高級副官補タウンゼンド大尉より、それぞれ一一日および一三日付の回答を受けとる。それには、さきに内報した七七〇〇坪あまりの接収解除とは別に、「こんごも接収解除は続々行われる」旨が認められていた。この一報を聞いた実行委員会の委員長は、「陳情は大いに効果があったとよろこんでいる」とコメントした[37]。

対照的に相模原地区では、旧陸軍造兵廠（相模原町小山宮下）の開墾地が米軍横浜技術廠（YED）の拡張計画にともなって再接収されることになり、同地区住民に立ち退き命令が発せられる事態となる。その様子を二月二一日の地元紙は、「待望の横浜地区の接収解除は続々と朗報が伝えられ、市民に明るい希望を与えている」が、「その裏」では米軍駐留地や警察予備隊の演習地として旧軍用地その他の開拓地の再接収問題が「営々として開拓事業に身を挺してきた開拓者たちの生活に再び暗い影を投げかけている」状況であり、「特に県下では横浜地区の接収解除が具体化するにつれて、米軍施設の相模原方面への移転が日程に上り」問題化していると報じた。[38]

三月一一日の県議会本会議では、接収解除に関する質問にこたえて内山知事が次のように答弁する。

行政協定の実施に伴い接収解除の問題が現実化するが、県はどういう変化が起っても、結局橋頭堡というかたちになり、陸海空軍あらゆる面で日米関係の上に重要な地点となることはまぬがれず、またこれを拒否すべき理由はない。ただこの場合できるだけ抵抗の多いところを去って、少ないところに移る、いいかえれば経済的により重要なところから、比較的重みの少ないところに移行することが望ましい。[39]

抵抗の声はあったはずだ。その抵抗を「少ない」と言わせるものが〝軍事の論理〟と〝経済の論理〟であった。

そして内山知事は、軍港都市である横須賀の接収が「従来通り或いはそれ以上になるかも知れない」可能性に加えて、「横浜地帯はできる限りこゝを去って座間、相模原方面に移ることになると思う」との見通しを示したのだった。

名指しされた抵抗の「少ないところ」、経済的な重みの「少ないところ」の一つである「相模原方面」には旧陸軍造兵廠柵外地区の農民がいた。農民たちは最後まで解放を要求していたC地区一七町歩九畝まで——AおよびB地区二六町歩については、充分な補償を行うとの了解のもと、農民らはやむなく了承していた——日米合同委員会で接収することに決したとの知らせに接し、六月二四日に四五名が農林省、衆議院などを訪問してC地区の接収解除を求めた。そして、日米合同委員会日本側代表である伊関佑二郎外務省国際協力局長との会談では、同局長より「C地区の接収は地元農民にも異議がないという神奈川県知事の話なので接収に決した」との話がなされる。(40) 知事が地元の意向を政府に正しく伝えていないとしておさまらない一行は、神奈川県庁に立ち寄り総務部長に対して県の不誠意を難詰し、善処を求める。(41) 会見後、農民代表は次のように述べ、憤りをあらわにした。

行政協定が結ばれた以上或る程度の接収はやむを得ないが、横浜の全面的な接収解除のためわれわれの生活権が全く奪われてしまうことは納得できない。(42)

なお、やはり知事答弁で言及された座間については、「横浜税関ビルに司令部を置いていた在日兵站司令部も、五二年九月をもって解消し、代わって米極東陸軍が新設され、司令部はキャンプ座間へと移って」いき、「したがって、横浜に駐留する部隊と兵員もしだいに減少していった」という先行研究の簡にして要を得た知見を特記しておく。(43)

III　基地をめぐる歴史認識の相剋

基地の設定をめぐっては、米第三海兵師団の沖縄移駐を例に「小突きの序列」があるとする議論を紹介し、また、神奈川県においても基地設定をめぐる小突きが存在したことを実証してきた。しかし、著者は戦後の沖縄といわゆる本土が同じだと言いたいのではない。

小突きの多層構造

基地設定における沖縄と神奈川の類似性を指摘する議論は以前からあった。

一九六七年――日本政府が、それまで〝基地〟沖縄を実質的に無期限に保有するとしていた米国の方針に対して返還の目途づけをはかった年――に外務省内で作成された「沖縄問題の処理について」と題する研究はその一例である。(1) 同研究は、「米側は恐らく沖縄本島南部のような基地密集地帯における施政権返還は事実上不可能であると主張する」であろうし、その場合には「返還後の対米軍関係には幾多の困難な問題を生ずる」と思われるが、「強力な中央出先機関の設置により米軍と住民の関係の円滑化」を期するとしたうえで、次のように述べている。

この点については平和条約発効当時程度の差こそあれ本土においても同様であり神奈川県は典型的なものであつたことが想起される。

ちなみに、この研究は住民による基地削減要求への対応策として、施政権の返還前までに「分散している基地群を出来る限り少数の集団に整理する」ことをあげている。さらに「長期的計画」として、「沖縄を含む日本全体の基地配分」の現状を再検討すれば、「九州南部及び南西諸島に自衛隊と共用の基地群を拡充し沖縄における基地の密集状態を多少とも緩和」し、「又都市化の進行している関東平野への圧力を軽減することも研究に値する」などとも提言していた。

基地の密集という点については、神奈川県が編んだ歴史のなかでも、沖縄との類似性が指摘されている。

そ〔占領当初から神奈川県下各地に大量かつ長期にわたって存在した占領軍基地〕の多くは占領の終結とともに徐々に縮小されてはいるものの、安保条約に基づく占領軍の存在で現在なお跡をとどめているものもある。こうした状況は日本のなかで沖縄がもったものと同様の位置を、形は異なるが、本土の中で神奈川が担ったという指摘ができなくもない。(2)

これは一九八二年に刊行された『神奈川県史』からの引用だが、ここに示されているのは、むしろ沖縄と神奈川の相違であるとも言えるだろう。というのも、神奈川の米軍基地は占領終了後は漸次に縮小されて「なお跡をとどめているものもある」程度なのに対し、沖縄の場合は占領終了後も基地の数こそ半分以下になったが、面積では三割ほどしか減っておらず（二〇一七年一月現在）、いぜん米軍専用基地の七割以上は沖縄に偏在しているからだ。

また同書には、神奈川県内における基地の〝小突き〟に関する次のような記述もある。

また注意すべきことは横浜市内における接収地の解除はただちに県内の接収地域の消滅を意味するわけではなく、大都市の市街地に駐留する米軍施設が郊外に代替の施設を求めて移転するという方向がとられたため、座間、相模原、朝霞（埼玉県）、追浜、大船等の郊外地域に横浜市内の諸施設が移転することであった。一九五三年十月にそれまで税関ビルにあった極東陸軍司令部が座間に移転して横浜の接収が解除された例にみられるように、県という単位でみれば、渉外業務あるいは基地関係業務は講和後においても依然重要な位置を占め続けることとなったのである。(3)

たしかに、基地設定をめぐる沖縄と本土の関係と、神奈川県の大都市市街地と郊外との関係は類似しているように思われる。

理由の一つは、人口が多数・稠密で政治的に声の大きい人々が、自らの経済や社会活動を抑圧していると考える基地を、人口が少数・希薄で政治的に声の小さい――と声の大きな人々が思っているに過ぎないかもしれない――人々には押しやるという点で共通しているからではないだろうか。もう一つは、そのような基地と基地をめぐる人々の言動から生じる小突きの多層構造であろう。本土↓〈基地〉↓沖縄という、いわば大きな小突きのシステムのなか――あるいは下部――に神奈川県大都市市街地→〈基地〉→郊外地域、および沖縄中南部→〈基地〉→同北部という小さな小突きのシステムが相似形をなして内包されている。そこでは、基地が人々のあいだに抑圧移譲を生む装置として機能しているのだ。

「全国同列」という歴史観

遅くとも、沖縄施政権返還が具体的な政治日程にのぼり、本土でも関東圏の都市化にともなう基地圧力の低減の必要性が認識される六〇年代の後半から、基地をめぐる〝類似論〟と呼び得るものが存在してきたわけだが、近年では米軍基地をめぐる、あるいは基地を抱え込んだ戦後史をめぐる「同列」論ないし「同質」論と呼びうる議論を政治家が口にするようになった。

二〇一五年九月七日、米海兵隊普天間飛行場の返還合意を契機とする辺野古新基地建設問題をめぐって持たれた沖縄県と政府との集中協議が決裂する。翌八日、安倍内閣の菅義偉官房長官は閣議後の記者会見で、普天間飛行場が沖縄戦後の強制収用によって建設されたことが現在の普天間問題の原点だとする沖縄県側の主張に対し、「賛同できない」「日本全国、悲惨な中で皆さんがたいへんご苦労されて今日の豊かで平和で自由な国を築き上げてきた」などと反論した(4)。

沖縄県側はあたかも基地の過重負担をもっぱら同県民が負ってきたものであり、普天間がその象徴であるかのように言うが、「悲惨」や「苦労」は「日本全国」が経験したのである。その意味では戦後の沖縄と本土の歴史は〝同列〟ないし〝同質〟だというのが、官房長官の議論のようである。この議論に基づけば、沖縄県の辺野古新基地建設反対は安全保障政策という〝国策〟に背く〝わがまま〟〝地域エゴ〟だということになりかねないし、そのような声に配慮する必要はなく、移設計画は「粛々と」推進すべきだという結論になる。しかし、第二次大戦後、米軍の出撃・後方支援基地でありつづけ、軍事的必要性が優先されるなかで、政治的・社会的自由をないがしろにされてきた沖縄も「平和で自由な」シマであったかと言えば、それは嘘だろう。

官房長官は政府のスポークスマンだ。このような歴史認識が政府や政府が代表する「国民」のそれであったとしたら、また逆に、「国民」のあいだにこのような歴史認識を根付かせ拡散させるとしたら……。いずれにしても看過できない問題である。

近年、こうした歴史認識の相違が鮮明になったのは官房長官による〝同列〟発言ばかりではない。第二次安倍内閣のもとで二〇一三年四月二八日に行われた「主権回復・国際社会復帰を記念する式典」（いわゆる主権回復記念式典）がある。(5)

安倍晋三首相が式典で述べた二八〇〇字ほどの式辞は、昭和天皇が一九四六年の正月に詠んだ「ふりつもるみ雪にたえていろかえぬ松ぞををしき人もかくあれ」という御製の紹介ではじまる。首相は、この歌には「雪は、静謐のなか、ただしんしんと降り積もる。松の枝は、雪の重みに、いましもたわまんばかりになりながら、じっと我慢をしている。我慢をしながら、しかしそこだけ目にも鮮やかに、緑の色を留めている。わたしたちもまた、そのようでありたいものだ」という意味が込められていると説明したうえで、「多くの国民において、心は同じだったでしょう」と述べる。式辞は、「古来、私達日本人には、田畑をともに耕し、水を分かち合い、乏しきは補いあって、五穀豊穣を祈ってきた豊かな伝統があ」り、「その麗しい発露があったからこそ、わが国は、灰燼の中から立ち上がり、わずかな期間に、長足の前進を遂げたのであります」と続く。そして結びでは、「いま61年を振り返り、汲むべき」は、「焼け野が原から立ち上がり、普遍的自由と、民主主義と、人権を重んじる国柄を育て、貧しい中で、次の世代の教育に意を注ぐことを忘れなかった、先人たちの決意」であり「勇気」であり、「粘り強い営み」であり、前途にどのような難題が待ち構えていようと、「あの、み雪に耐えて色を変えない松のように、日本を、私達の大切な国」を、「美しい国」にしていく責任を負っていると謳われる。首相の式辞に現れている戦後史認識は要するに、国民の多くが天皇と心を同じくし、古来の伝統を大切にしながら焼け跡から立ち上がり、自由と民主主義と人権を重んじる国柄を育むにいたった、ということのようだ。そのような認識は菅官房長官の「日本全国、悲惨な中で皆さんがたいへんご苦労されて今日の豊かで平和で自由な国を築き上げてきた」という歴史認識と大筋で重なるように――少なくとも筆者には――思われる。

式辞では、沖縄と米軍への言及もなされている。

全体の七分の一ほどを充てた沖縄への言及のなかで興味ぶかいのは、「沖縄の、本土復帰は、昭和47年、5月15日です。日本全体の戦後が、初めて本当に終わるまで、主権回復から、なお20年という長い月日を要したのでありました」という箇所である。ここに現れているのは、一九七二年五月一五日をもって沖縄を含む「日本全体」の主権が回復されたという認識である。また式辞は、戦後に日本人が歩んだ営みは世界の人々の「暖かい、善意の泉をはぐくんでいた」とし、「なかでも米軍は、そのトモダチ作戦〔＝東日本大震災にともなう被災地支援作戦〕によって、被災地の人々を助け、汗と、時として涙をともに流して」くれ、「かつて、熾烈に戦ったもの同士が、心の通い合うこうした関係になった例は、古来、稀であります」と、米国および米軍への賛辞を惜しまない。

このような賛辞にもかかわらず、施政権返還から四十年という「長い月日」を経ながら、沖縄では依然として昼夜を分かたぬ軍用機騒音、米兵犯罪・事件・事故、ままならない被疑者身柄引き渡し、軍用燃料や化学物質の投棄による環境破壊……と枚挙に暇ない基地の過重負担が人々の生活に圧し掛かりつづけてきた。このような人権侵害こそ「古来、稀であります」。

「屈辱の日」と「主権回復の日」の彼我

政府の主権回復記念式典に対して、沖縄では多くの人たちが〝抗議〟の意思をしめした。政府の式典と同じ時刻に宜野湾市で開かれた「4・28政府式典に抗議する「屈辱の日」沖縄大会」の決議文は、沖縄・奄美・小笠原を日本から切り離して引き続き米軍占領下に置いた対日講和条約、および日本に米軍基地が存続することを定めた日米安全保障条約が発効した（一九五二年）四月二八日を「主権回復の日」と称して開催される「政府式典に抗議するため怒りを持って」われわれはここに結集したと述べ、「ゆえに4・28は、沖縄県民にとって「屈辱の日」にほかならない」と規定する(6)。

そのうえで決議文は、安倍首相の式辞とは異なり、七二年五月一五日以降も完全な「主権回復」とは程遠い状況にあることを訴える。

1972年の復帰以降も県民が求めた基地のない平和で豊かな沖縄の現実にはほど遠く、今日なお、国土面積の0・6%の沖縄に米軍専用施設の74%が居座っている。米兵による事件事故や爆音などの基地被害によって県民の平和的生存権、基本的人権は著しく侵害されている。

県知事、県議会、41市町村の長と議会議長の県民総意の反対を押し切って、昨年、普天間基地に欠陥機オスプレイが強行配備された。さらなる追加配備、嘉手納基地への配備計画の浮上、辺野古新基地建設手続きの強行など、県民総意を否定するこの国のありようは果たして民主主義といえるのか。国民主権国家としての日本の在り方が問われている。(7)

地元紙も、『琉球新報』は、東京と沖縄では「『主権回復』と『屈辱』の埋め難い落差がくっきり浮かんだ」と見た。首相の式辞については、「『沖縄が経てきた辛苦に思いを寄せる努力をなすべきだ』と呼び掛けたが、沖縄の反発に押された後付けの式辞は、説得力が乏しく、空虚さが漂った」うえに、「基地問題で日米合意に何の疑問も感じない思考停止の状態では、問題が解決するはずがな」く、「沖縄の現実に目を背けたまま、『主権回復』を口にすべきでない」と切り捨てた。他方、宜野湾での「『屈辱の日』沖縄大会」や、三日のあいだ議論を尽くして同大会への参加を決めた中《なか》頭《がみ》地区青年団協議会には、「自らが置かれた不条理をはねのける意思を共有し、果敢に異議を唱える主権者としてのあるべき姿」を見ている。(8)

『沖縄タイムス』は、沖縄の若い世代には「4・28」の意味が浸透しているとは言い難く、「沖縄の中でも風化しつつあるのが現実」だとしながらも、「『屈辱の日』沖縄大会」に漲る「切迫感」は

「米軍統治下の苦難の歴史など沖縄の集団的記憶が政府式典によって簒奪されるかもしれないという危機感」だと分析した。そして、その実行なしに沖縄の主権が完全に回復されたとはいえないとして挙げられたのが「過重な基地負担を解消し、日米地位協定の改定を実行すること」だった。(9)「「屈辱の日」沖縄大会」で登壇・挨拶した人たちも口々に、米兵犯罪、オスプレイ強行配備、普天間基地辺野古移設へ向けた埋立申請の動きなどとともに、地位協定こそ日本が主権国家でない象徴であると訴えた。

戦後68年、復帰して41年の沖縄は、差別的な日米地位協定の抜本改定の要求も無視され続け、今もオスプレイの強行配備、普天間基地の名護市辺野古移設に向けての埋め立て申請など、頭越しの国策が米国の言いなりでまかり通っている。今日の日本が主権国家と言えるはずがない。式典を沖縄差別と糾弾する「がってぃん〈合点〉ならん」との私たちの叫びは当然だ。(10)

狭い沖縄に大きな基地があったままでは、米兵の事件・事故はなくならない。不平等な日米地位協定は、県民ではなく米兵を守っている。そんな状況で「主権国家」と言うことができるのか。主権国家ならば、世界一危険な普天間基地は直ちに閉鎖撤去すべきである。(11)

また、ある登壇者は、「ごう音をまき散らし飛び回るオスプレイ、わが物顔で横行する米軍車両や戦闘訓練など、戦争を想起させる現状」はとても平和だとは言えず、そうした「沖縄の歴史と現状を直視し、基地負担の大幅削減と日米地位協定の抜本改定を成し遂げ、県民の平穏を確保することが真の主権回復だ」と述べたうえで、沖縄のたどった歴史について次のように訴えた。

沖縄切り捨ての歴史を全国民に発信し、沖縄問題に目を向けさせよう。[12]

「全国同列史観」への反論

いわゆる本土と沖縄のたどった歴史は「沖縄切り捨ての歴史」であったのか。それとも官房長官によって「日本全国、悲惨な中で皆さんがたいへんご苦労されて今日の豊かで平和で自由な国を築き上げてきた」と表現されたような〝同列〟の歴史であったのか。この問いに答えを見つけることは容易ではない。しかし、そのカギは、ある研究者グループが発した声明のなかに求めることができる。

二〇一五年一一月二四日、鹿野政直・早稲田大学名誉教授、戸邉秀明・東京経済大学准教授、森宣雄・元聖トマス大学准教授、冨山一郎・同志社大学教授らは、「沖縄と日本の戦後史をめぐる菅義偉官房長官の発言に抗議し、公正な歴史認識をともにつくることを呼びかける声明」(「戦後沖縄・歴史認識アピール」)を発表した。[13] 声明は、沖縄が日本の他地域と短絡して同列に論じられない理由として次の諸点を挙げている。

①いわゆる日本本土は連合国による間接占領だったが、沖縄は地上戦で「血を流して得た」征服地を米軍が直接占領した。

②沖縄は講和条約によって、住民の意向を聴くことなく日本と切り離され引き続き二〇年ものあ

いだ米国の軍事占領と戦時法令下に置かれ、住民自治や言論の自由などの基本的人権が否定された。

③沖縄においては「銃剣とブルドーザー」の土地強制収用が繰り返し強行された。

④一九五〇年代から本土の海兵隊・地上戦闘部隊・核兵器部隊は姿を消していったが、沖縄では海兵隊の移駐や軍用地面積の倍増といった事態が生じた。

⑤本土は、いわば低コストの安全保障環境のなかで「奇跡の経済成長」に邁進する好条件を得たが、それは沖縄に軍事的負担を押しつける構造なしにはありえなかった。

⑥アジア・太平洋地域で最多の、島全体を瞬時に消滅させるような、千発以上の核兵器が沖縄には配備された。

⑦県の統計がのこる施政権返還（復帰）以後、二〇一四年までに六千件ちかい米軍犯罪・事件・事故が発生している。

これらの理由を挙げながら声明は、「菅官房長官の発言にあるように、仮に現在、「豊かで平和で自由な国」が日本に築き上げられているとしても、その裏側で、沖縄では、はかり知れない犠牲を今日まで余儀なくされてきました」と指摘したのだった。

ここでは、四氏による指摘に加え、あえて以下の点を挙げておきたい。すなわち、一、占領が戦闘のあとに行われるもう一つの軍事行為であるとすれば、そもそも日本政府にとっての沖縄戦は「皇土」（いわゆる本土）防衛を目的とした「捨て石」作戦であったこと、二、〝新憲法〟（＝現在の日本国憲法）草案に含めるべき必須条件を記した「マッカーサー・ノート」に示されるように、同憲法の制定に決定的な影響力をもった連合国最高司令官マッカーサーにおいて、「平和」憲法を担保するものこそ沖縄要塞化だったこと、である。[14]

そして三つめに、近年では、辺野古新基地建設問題、オスプレイ配備問題、主権回復記念式典問題で鮮明になった沖縄の自己決定権の軽視・無視・否定の底流にある、構造的差別の存在を挙げなければならない。二〇一二年に普天間基地へのオスプレイ強行配備に反対する県民大会の直後、星野英一・琉球大学教授は地元紙に次のような論評を寄せている。

……新潟県巻町が住民投票で原発受け入れに反対した声は聞き入れられたにもかかわらず、97年名護市民投票での新基地受け入れ反対の声は無視された。オスプレイの配備について、県知事が反対の意思表示をし、県議会が全市町村議会が配備反対の決議をしているにもかかわらず、高江のオスプレイパッド建設は強引に進められている。日本の安全保障政策が沖縄における「人間の安全保障」を犠牲にしている「沖縄依存の安全保障政策」であること、それは復帰以降もずっと続いてきた。

今日の県民大会がスタート地点だとしたら、これから先どうすればいいのか。海浜公園では、脱原発デモのように毎週大山のゲート前で反対集会をするとの提案があった。知事と東村村長が、手始めに、高江のオスプレイパッド建設に反対の声を上げるのもよいと思う。それでも配備が強行された時には県議会議員、市町村議会議員らが逮捕覚悟の座り込みをするべきだという考えも

耳にした。その時、構造的沖縄差別という言葉が県民の共通認識になるかもしれない。(15)

新潟では東北電力の原発建設計画が住民の挙げた反対の声によって止まったのに、沖縄では住民がどんなに反対してもオスプレイ配備が強行されている。これこそ「構造的沖縄差別」であるし、その言葉は沖縄県民の共通認識になりつつあるという指摘である。新潟の原発は民間の電力会社が事業の主体だが、安全保障は国の仕事で比較できないものだと思われるかもしれない。しかし、原発建設は国が力をいれるエネルギー政策にほかならない。〝国策〟という点では新潟の原発とオスプレイ配備・同パッド建設は通底している。

国策でも民意で止めることができる本土と、国策とあれば民意を無視し押しつぶしながら粛々と進められる沖縄。異なる道を歩んだ／歩まされた二つの歴史をよく調べれば、「日本全国、悲惨な中で皆さんがたいへんご苦労されて」きたなどと言うことはとても出来ないはずである。

第二部

基地のフェンスと向かい合う子どもたち（大田昌秀監修『写真集　沖縄戦後史』那覇出版社、1986、p.337 より転載）（本書 103 ページ以下）

IV　排他的管理権の生成

日米行政協定ならびに地位協定によって人々を小突きながら、また、それ自体も人々に小突かれながら置かれる基地が、兵站および出撃といった作戦展開の拠点であり、また、日常的な訓練・演習場であることは言うまでもない。いずれの場合であれ、基地周辺住民の生活・生命・財産に影響を及ぼす可能性が絶えず存在している。(1) くわえて、基地には排他的管理権という「本質的な要素」がある。

すでに言及したように、一九五〇年一〇月、米陸軍省内では日米安保取り決めの原型と呼ぶべき案がまとめられていた。同案は、講和後の日本における軍隊のプレゼンスについて、米軍を主力とする「安全保障軍」が、「連合国占領軍によって利用されている施設に駐屯する」ことを通例とし、「占領軍によって要請されたすべての施設または区域が、引き続き安全保障軍の排他的管理の下におかれる」旨を規定していた。(2) これでは、占領と独立回復の違いが分からない。

くわえて同案には、安全保障軍は「随時に要求する」ことのある追加の陸上区域と施設、またはその他の便益の使用を含む「さらなる援助」を、日米両政府の協議をへて、日本政府の認可を得たうえで日本政府から提供される旨が記されていた。しかも、敵対行為またはその窮迫した危機が生じた場合（有事）には、それらの陸上区域・施設、その他の便益の使用に関する日本政府との協議や、同政府の許可は必要ないとされていた。さらに、有事において、米国の軍司令官がその時の情勢から必要と判断する施設、便益、物資、装備、供給品、およびその他の援助を、同司令官の要求するところに応じ、日本政府は速やかに提供するという規定まであった(3)。

以上の内容は、草案の「第三部　駐屯の目的で安全保障軍に利用される日本の公有および私有財産」という箇所に盛り込まれている。それは、米軍司令官が判定する有事のさいには、「日本の公有および私有財産」がその有事に動員されることを想定したものに他ならなかった。

「一読不快」の権益羅列

つづく第四部には「権利の明細」という見出しがつけられている。いま筆者は「権利の明細」という語を――他に適当な訳語が思い浮かばないので――充てているが、原文では Further Description of Rights となっており、文字どおりには、米軍が日本で行使すべき軍事上の権利を〝もっと広範に、もっと詳細に書くぞ〟という意味であろう。

その「権利の明細」は、まず米国が「施設または防衛区域の設定、使用、運営および防衛に必要な、または、これらの管理に適当な権利、権力および権能を施設または防衛区域内において有」すると規定する。しかも米国は「施設および防衛区域内」ばかりでなく、その出入に必要なすべての権利、権力および権能を、これらの管理に適当な「領水および領空」とこれらに「隣接しまたは近接するものの限界内」でも有するというのだ。(4)

草案は、そうした「権利、権力および権能」に含まれるものを次のように列挙していく。

①施設または防衛区域を建設し(浚渫・埋め立てを含む)、運営し、維持し、利用し、占有し、警備し、管理すること。

②港、水路、入口、碇泊所を改良し深くすること。

③港、水路、入口、碇泊所または防衛区域への出入に必要な水路および橋を建設しまたは維持すること。

④施設または防衛区域の能率的運営および安全に必要な限りで、かつ、軍事上の必要の限度内で、施設または防衛区域を含む、または、これに近接する水上、空中、地上において、船舶および舟艇、航空機ならびに他の車輌の碇泊、繋留、降着、離昇、移動、および操作を管理すること。(5)

「権利、権力および権能」に基づいて米軍がとる具体的行動の列挙はまだつづく。

⑤道路権を獲得すること。

⑥その道路権のうえに、軍事上の目的のため要請されるところに従い、通信施設、送油管、引き入れ線を建設すること。

⑦施設または防衛区域に、気象観測設備、航空用および水上航行用燈火、必要な電力と放射形式

と周波数とを有する無線機器および電波探知機ならびに電子装置を含めて、地上もしくは地下、空中または水上もしくは水中の、必要または適当な、一切の型式の便益、兵器、物資、装置、船舶または車輌をも建設し、維持し、および使用すること。(6)

「権利の明細」は最後に、このような施設および防衛区域外での権利、権力、権能の運用にさいしては、両政府間で協議すると規定しているが、それには「必要に応じて」という留保が付されていた。(7)

以上の内容を盛り込んだ安保協定草案に対する論評を求められたマッカーサーは、講和後の日本において軍隊を保持するためには日本人の自発的同意とそれを希望する気持ちが不可欠であるにもかかわらず、同案は「いずれにも基づくものではない」と批判する。(8)また、陸軍省と合同で安保協定案を練ることになった国務省側の担当官ラスクも、協定案のある部分は、「不必要なまでに断定的な要求口調」であり、「協定を効果的に履行し、日本が自由世界と持続的に協調していくために望まれる、欠くべからざる日米両国間の友好的協力を最もよく増進するようには計られていない」と論評したのだった。(9)

こうした批判や論評に対して陸軍省のマグルーダー担当官は、ごくわずかな譲歩をした。それは、「米国は……権利、権力および権能を有する」という箇所を、「日本国は、国際的な安全保障の諸条件を増進するという目的のために世界の他の自由諸国が負っている同様の義務に謝意を表し、米国に対して……権利、権力および権能を与える」という言い回しに変えたことだった。しかし、それらに含まれる具体的な内容についてはいっさい譲歩してはいない(10)。

一九五一年一月から二月にかけて講和・安保日米会談が東京で行われたとき、日本側から「相互の安全保障のための日米協力に関する構想」という安保協定案を米側に提示したこともすでに見た。米側がこの「構想」も参考にしつつ対案として示した「相互の安全保障のための日米協力に関する協定」は二四〇〇語に及ぶものだったが、米軍の権利を規定した箇所は、わずかな修正を施された陸軍省案をそのまま組み込んでいた。

米側の安保協定案を示された外務省事務当局者は、同案に対して「わが方「構想」を基礎にしてこれに米比軍事基地協定等の内容を織りこんだ整理不十分なもの」、あるいは「駐屯軍の特権的権能があらわに表示されているため一読不快の念を禁じえないもの」との感想をいだく(11)。しかし、米側は基地に関わる権利・権力・権能については練ったうえでの協定案提示であり、くわえて米側の「協定」案は、米軍駐留を日本が要請し、米側が同意するという論理にのっとって書かれていた。米側からすれば「そちらに頼まれて米軍を置いてやるのだから、米軍や同軍人・軍属・家族の権益くらいは不快でも受忍してもらわないと」という言い分だったのだろう。

日本側は次のような見解を米側に示している。

①日本国民は、講和締結によって、物心両面であるていど負担が軽減されることを期待している。日本政府は、軍事占領下にある現在の条件があたかも――そのまま、無期限に――継続するかのような印象が醸成されることを避けなければならない。

②米国が日本において持つことになる権利、権力、権威、特権を詳細に羅列しない。[12]

そしてもう一つ、基地提供の問題とも重なるが、広大な要塞地帯を彷彿とさせる「防衛区域」という「用語を避けること」があった。

このあたりの事情を、岡崎勝男はのちに次のように回想している。

「基地」という文言は、行政協定では、どこにも使われていない。私たちは、基地というと、いかにも駐留軍が専管する治外法権的な区域を連想させられて、面白くないと考えた。そこで協定では、すべて「施設及び区域」という文字を使うことを、交渉の際に主張した。[13]

表現の抽象化による当座しのぎ

こうした治外法権と基地の排他的管理権をめぐる日米交渉は、次のように、安保条約とは別個の協定である行政協定（第三条二）に、抽象的な表現で押し込めることで妥協がはかられる。なお、当初は安全保障にかかわる取り決めは一つの「協定」にすることで交渉が進められていたが、米軍の特権や日本の再軍備が同協定に明記されることを拒んだ日本側の要請により、大綱的部分を記したものと実質的内容を具体的に記したものとに分けられ、最終的に前者が「安保条約」に、後者が「行政協定」として締結されることになった。

一　合衆国は、施設及び区域内において、それらの設定、使用、運営、防衛又は管理のため必要な又は適当な権利、権力及び権能を有する。合衆国は、また、前記の施設及び区域に隣接する土地、領水及び空間又は前記の施設及び区域の近傍において、それらの支持、防衛及び管理のため前記の施設及び区域への出入の便を図るのに必要な権利、権力及び権能を有する。本条で許与される権利、権力及び権能を施設及び区域外で行使するに当っては、必要に応じ、合同委員会を通じて両政府間で協議しなければならない。

治外法権的特権を取り決めで詳細に定めることを求める米側と、詳細に羅列しないことを求める日本側との考えは折り合わない。そのような場合、協定の条文では抽象的な文言にしておこうという手法は、安保をめぐるその後の日米交渉でもしばしば見られることになる。

難航した交渉

行政協定第三条第一項は、米国が米軍基地内のみならず、隣接する土地・領水・空間・近傍においても排他的な「権利、権力及び権能を有する」ものと規定していた。この点を問題視していた日本政府は、行政協定改定交渉において、この一項を含む第三条も改めるよう米側に申し入れる。日本政府が示した主な修正点は、①「権利、権力及び権能」を「権利」に、「設定、使用、運営、防衛又は管理」を「運営及び管理」に改めること、②「必要に応じ」の削除であった。(14)

日本側は、「権利、権力及び権能」という文言が米軍の基地内における権益を表す非常に強い、耳障りな表現であると考えていた。そして、改定された協定が国会審議にかけられ、何が権利であり、権力であり、権能なのかという質問が提起された場合には答弁が難しいとも考えていた。さらに同様の理由から、「設定、使用、運営、防衛又は管理」を「運営及び管理」と簡潔にすべきであると考えていた[15]。

こうして、①の修正が提起されたのであったが、米側は、現行協定の文言の実質が修正後の文言においても保証されることを日本側が書面で確認することを条件として、「権利、権力及び権能」を「権利」に、「設定、使用、運営、防衛又は管理」を「運営及び管理」に改めることは可能との回答をしめす。これに対して藤山愛一郎外相は、米側の主張するような確認を書面で行うことは世論対策の上から現行協定の文言を残すよりも悪いと考えた。しかし岸信介首相は、米側の提案を呑んでも行政協定の文面から「権利、権力及び権能」という文言を削除することを望んだ。①の修正点をめぐる交渉は未決のまま交渉中断をむかえる[16]。

また前記のように、行政協定第三条第一項の第二および第三文章は、米国が施設・区域からの／への出入の便を図るために必要な権利、権力および権能を施設・区域外で行使するにあたっては、必要に応じ、合同委員会を通じて両政府間で協議しなければならないと定めていた。日本側は、この「必要に応じ」の削除により、施設・区域外における米軍の権利等の行使がすべて協議の対象になることで、米軍による権利行使を制限するかのように解釈しうる文言を考案した[17]。

日本側が提起した②の修正については、日本がすべての施設・区域および路線権を提供し、相当の場合にはその所有者や提供者に補償を行うとする規定（協定第二五条二(a)）とも絡んで大蔵省の介入をまねき、さらには、そもそも「出入の便を図る」とはいかなることかという解釈論争をも日米間に惹起し、紛糾した。これも未決のまま交渉中断をむかえる。[18]

維持された一方的権利

一九五一年から五二年にかけて、行政協定の締結交渉が行われていたとき、北大西洋条約当事国間の軍隊の地位に関する協定（以下、NATO軍地位協定と略記）が成立して、その諸規定――とくに刑事裁判権規定――の内容を知り得たことは、日本側にとっては「天佑」と考えられた（この「天佑」の〝効果〟については本書一二四頁を参照されたい）。一九五九年の行政協定改定交渉のさいも行き詰まりを打開する契機となったのは、同年八月の、西ドイツ（当時）に駐屯するNATO軍の法的地位などについて定める「ドイツ連邦共和国に駐留する外国軍隊に関して北大西洋条約当事国間の軍隊の地位に関する協定を補足する協定」（以下、ボン補足協定と略記）の締結であった。

外務省は、①について、ボン補足協定第五三条は軍隊・軍属が排他的な使用権が認められている土地の内部において「防衛活動の十全な遂行上必要とされる措置をとることができる」と、日米協定のように耳障りな文言で書かれていないことに着目した。②についても、施設・区域外の措置が、西ドイツ当局によって執られる旨を規定しているボン協定第五三条六に注目し、さらに同項には西ドイツ当局がその法律上の権力の範囲内で執りうる措置を限定する議定書がついていることも重く見た。[19]

外務省の検討を踏まえ、一九五九年九月八日の会談で、藤山外相はダグラス・マッカーサー二世駐日大使に、第三条一についてはボン補足協定にならった文言に修正することを求める。とくに後段を、施設・区域外では日本政府が米国政府に代わって必要な一切の措置を執る趣旨に改めるという点は、出入の便をはかる必要があるときには米軍が施設・区域外でも無制限に権利を行使できるかのような印象を与えることを避け、また、施設・区域外では米軍の要請によって日本政府も措置してきている実際の慣行に合致させるうえで重要であった。外務省には、施設・区域は日本が米国に提供しているのだから、そのなかでは米軍が権利を行使するのはやむを得ないが、施設・区域外の措置は日本政府がやる、という意識が強かったと言う[20]。

交渉当時、条約課長として協定の問題点の洗いだし作業にたずさわった井川克一氏は、この「施設の中はアメリカ、外は日本」という点が「ある意味では一番重要なところ」であり、外務省はこの点を「大きな点だと思って、ずいぶん強硬に」主張したと証言している。のちに作成される「日米地位協定の考え方」も、行政協定は「あたかも米側が日本領域内どこでも一方的に万能の権利を行使し得るかの如き規定をしており、規定振りとしては適当でなかつた」と述べることになる[21]。

マッカーサー大使は日本側の要請について次のように国務省へ勧告している。①に関しては、ボン補足協定の文言が望ましいが、ワシントンが施設・区域の「設定、使用、運営、警護又は管理のため必要なすべての措置をとることができる」趣旨の文言を希望するのであれば、それは日本も受諾可能であろう、というものである。②に関しては、当初の日本の要請である「必要に応じて」の削除に合意する旨を申し出ようと思うが、藤山が受けいれない場合は他の方策を考案しよう、というものであった[22]。

マッカーサーの勧告に対して、ワシントンは次のような見解をしめす。施設・区域内の権利に関しては、マッカーサーが勧告したように「合衆国は、施設及び区域内において、それらの設定、運営、警護及び管理のために必要なすべての措置を執ることができる」と修正すべきであるが、日本がこの点を拒否した場合には、ボン補足協定にならった「施設及び区域内において、合衆国は防衛活動の十全な遂行のため必要な一切の措置を執ることができる」という文言をオファしてもよい。ただし、いずれの場合でも、交渉において現在の権利に変更のないことを記録にとどめること、という条件が付されていた。そして、施設・区域外の権利については、出入の便をはかるために米国は「必要な措置を執ることができる」と修正すること、および「必要に応じて」の削除に応じること、などをマッカーサーに訓令してきた(23)。

さらに、現存する状況下で可能な場合には、必要な措置を執ることを米国が日本政府に要請する旨を日本側に保証してもよいが、日本政府の行動を許さない緊急時においては、あくまで米国が措置を執る立場にあることが重要だと釘を刺す。また、日本側が触れたボン補足協定第五三条に関する議定書についても、その検討を持ちだすことは交渉を不当に遅延させる効果しかもたず、そうした詳細な問題はすでに合同委員会や同委員会で作成した実務的な取り決めのなかで扱われているので望ましくないとした(24)。

米側の回答を検討した日本政府は、米軍の施設・区域内の権利については米側の回答を受諾する。そして、施設・区域外の権利については、出入の便をはかるため必要な措置は、米軍の要請により、日本政府が「関連法令の範囲内で」行う旨の一案を作成し、これを米側にしめす。この「関連法令の範囲内で」という文言は、ボン補足協定第六〇条九(b)に着想を得たものだった。マッカーサーは、米側が必要としていると同時に、西ドイツにおいて受諾されている内容を米国にも賦与するものと日本側提案を評価し、その受諾をワシントンに勧告した[25]。

ワシントンからの回答を待つあいだ、マッカーサーは在日米軍の見解を質す。一一月一八日に行われた会談では、軍側から、「関連法令の範囲内で」の文言は削除するのが望ましいとの意見がしめされる。これに対してマッカーサーは、協定によって日本の法律に反する何らの措置も執られないことを国会で答弁できるよう当該文言が絶対に必要なのだという藤山外相の言をひきながら、米側としても岸と藤山が国会で苦境に立たないようにするためには関連法令云々という文言には反対できないと説いたのだった[26]。

二週間後、国務省は、「関連法令の範囲内で」の文言は削除すべきであるとの一点を除いて、日本側の提案に同意をしめす。ただし、日本側がこの文言に固執するのであれば、最後の一線として、ボン補足協定の議定書にある同協定第五三条四に関わる規定（ＮＡＴＯ軍による使用のために西ドイツが供したか、または供する財産の管理に関する軍当局と西ドイツ当局との協力について詳細に規定している）と同趣旨の内容を日本が呑むことを条件として、件《くだん》の文言を受けいれる用意があると回答してきた[27]。

ワシントンの回答に対して日本政府は、あらためて国会対策という観点から、関連法令云々の文言を保持することを強く要望する。代わりに日本政府は、米側が求めたボン補足協定付属議定書の内容よりも広く、行政協定第三条一の全般に適用される合意議事録の作成を提案した。マッカーサーは藤山に対して、日本側は米側の要求を受諾したのであるからワシントンも「関連法令の範囲内で」を挿入することに同意するだろうと述べ、日本側が示した第三条の案文と合意議事録案を受けいれるよう国務省へ勧告する。(28)

最終的にはワシントンもマッカーサーの勧告をいれ、妥結した第三条と合意議事録は、原則として施設・区域内においてそれらの設定、運営、警護および管理のために必要なすべての措置を米国が行い、施設・区域の隣接地または近傍地、領水・空間において米軍の出入の便を図るのに必要な措置は日本政府が、米国の要請により、合同委員会を通ずる両政府の協議のうえ、関連法令の範囲内で行うことを規定することになった。(29)

ただし、それらの措置は合同委員会を通ずる両政府による協議のうえ米国も行うことができる旨の一項が置かれ、――米側については「関連法令の範囲内で」という限定は付されていない――その措置が合意議事録で次のように例示された。

1　施設及び区域を構築（浚渫及び埋立てを含む。）し、運営し、維持し、利用し、占有し、警備し、及び管理すること

2　建物又はその他の工作物を移動し、それらに対し変更を加え、定着物を附加し、又は附加物を建てること及び補助施設とともに附加的な建物又はその他の工作物を構築すること

3　港湾、水路、港門及び投錨地を改善し、及び深くすること並びにこれらの施設及び区域に出入するために必要な道路及び橋を構築し、又は維持すること

4　施設及び区域の能率的な運営及び安全のため軍事上必要とされる限度で、その施設及び区域を

含む又はその近傍の水上、空間又は地上において船舶及び舟艇、航空機並びにその他の車両の投錨、係留、着陸、離陸及び操作を管理すること（禁止する措置を含む。）

5　合衆国が使用する路線に軍事上の目的で必要とされる有線及び無線の通信施設を構築すること。前記には、海底電線及び地中電線、導管並びに鉄道からの引込線を含む

6　施設又は区域において、いずれの型態のものであるかを問わず、必要とされる又は適当な地上若しくは地下、空中又は水上若しくは水中の設備、兵器、物資、装置、船舶又は車両を構築し、設備し、維持し、及び使用すること。前記には、気象観測の体系、空中及び水上航行用の燈火、無線電話及び電波探知の装置並びに無線装置を含む(30)

わざわざ例示の全部を挙げたのは、まず、施設・区域の外である隣接・近傍地・領水・空間であっても、米軍はこれだけのことを行い得るということを確認するためである。次いで、これら米軍の執り得る措置が、一九五〇年の一〇月に米陸軍省内で作成された日米安保取り決め案の「権利の明細」に挙げられていた米軍の権利を実質的に網羅していることを確認するためである。沖縄の要塞化と本土の全土基地化構想を示したマッカーサーでさえ、講和後の日本において米軍を保持するためには日本人の自発的同意とそれを望む気持ちが不可欠であるにもかかわらず、「いずれにも基づくものではない」と批判した、あの〝米軍の権利は護持された〟のだ。

空に滲出していく治外法権

さきほど、基地からの／への出入に必要な措置を米側がとる場合には「関係法令の範囲内で」という限定が付されていないと書いた。米軍がとったそのような措置の実例として、同軍が行う進入管制業務が挙げられる。

行政協定の改定から八年後（一九六八年一二月一三日）、岩間正男参議院議員（共産）が提出した「在日米軍基地に関する質問主意書」と、それに対する政府「答弁書」に次のようなやりとりが記録されている。

〈主意書〉地位協定第三条1項では、アメリカもまた「合同委員会を通ずる両政府間の協議の上で」「必要な措置を執ることができる」とされているが、現在アメリカがとっている「施設及び区域」の「隣接」「近傍」での「必要な措置」を具体的に明らかにされたい。

〈答弁書〉「必要な措置」としては、例えば地位協定第六条一項に基づく「航空交通管制に関する合意」によって米軍が行なっている進入管制業務がある。(31)

政府答弁書が言及している米軍基地（飛行場）への進入管制業務に関する合同委員会合意は、直接には、「非軍用及び軍用の航空交通管理……は、〔日米が〕緊密に協調して、発達を図」り、「集団安全保障の利益を達成するため必要な程度に整合する」ものとし、「この協調及び整合を図るため必要な手続及び……その後の変更は、両政府の当局間の取極によって定める」とした地位協定第六条一の規定に基づいて結ばれている。そして、米軍による基地周辺の進入管制業務に、日本の

「関係法令」（この場合は航空法）上の「積極的な根拠規定はない」。あるのは合同委員会合意だけだ[32]。

基地周辺の航空管制業務について、いわゆる本土の場合は、まず講和発効直後の五二年六月に、日本はその領空に完全かつ排他的な主権を有し且つ行使するものの、「一時的な措置として、わが国の自主的な実施が可能となるまでの間、日米間の意見の一致をみた時に、日本側が航空交通管制に関する全責任を負うこととして、米軍が軍の施設で行う管制業務を利用して民間航空の安全を確保する」ことと定められた[33]。空の〝主権回復〟は条件つきだったのである。

右の合意は五九年六月に、①米軍に提供している飛行場周辺の飛行場管制業務、進入管制業務を除き、すべて日本側において運営する、②防空任務に従事する軍用機に対しては交通管制上、最優先権を与えること、③これらの軍用機の離着陸に際しては、その迅速な行動を可能ならしめるため予め定められた一定の空域をあけるように他の航空機の管制が行われる、④防空上緊急の必要があるときは、防空担当機関が保安管制を行うこと、などを含む合意に改定された[34]。

さらに七五年五月、関東地域の米軍基地を漸次に横田基地へ整理統合する「関東平野空軍施設整理統合計画」（「関東計画」）が進められるなか、以下を骨子とする合意を合同委員会はまとめている[35]。

①日本政府は、米国政府が地位協定に基づきその使用を認められている飛行場およびその周辺において引続き管制業務を行うことを認める。

②米国政府の行う右管制業務の方式および最低安全基準は少なくともＩＣＡＯ基準と同等なものとする。

③米国政府は、右管制業務が必要でなくなった場合には、日本政府に対して事前通報を行った上で、これを廃止する。
④日本政府は、米国政府の要請に応じ、防空任務に従事する航空機に対しては、航空管制上の便宜を図る。
⑤米国政府は、軍用機の行動のため空域の一時的留保を必要とする時は、日本側が所要の調整をなしうるよう、十分な時間的余裕をもって、その要請を日本側当局に対して行う。
⑥航空管制に関する昭和27年6月および昭和34年6月の合意は失効する。

しばしば、それさえなければ、関東の空港を／へ離発着する民間航空はより安全で活発で自由になるといわれる横田ラプコン・エリア（レーダー・アプローチ・コントロール・エリア）は、現在は右の合意に基づいて設けられている。さきほどの政府答弁書を踏まえるならば、こんにち〝空の治外法権〟と呼ばれるところのものは、米軍基地の「近傍」を突破口に、日本の空へ滲出していったことになる。

横田をはじめとする日本のラプコンについては、前泊博盛氏らによる『本当は憲法より大切な「日米地位協定入門」』に詳しいので、詳述は避ける。(36) ここでは、ラプコンに対する外務省の「考え方」を紹介するにとどめておこう。それは、「右空域は、排他的な制限空域とは異なり、むしろ、米側が必要な限り我が国民間機にサーヴィスを提供している空域であつて、我が方にとつて特に支障となるものではない」というものである。これでは、日米どちらが「日本領空において完全かつ排他的な主権をもちかつそれを行使する」（五二年六月合意）のか分かったものではない。[37]

沖縄については、施政権返還交渉当時、日本政府が「嘉手納基地を中心とするアプローチ管制は、同基地の使用を認める以上は（本土の横田基地と同様）米側に実施させるほかはない」との態度で臨んでいたことを指摘しなければならない。[38] 日本政府（外務省）は、米軍が嘉手納基地を維持する限り同基地を中心に拡がる空の治外法権も米側に認めざるを得ないという前提に立っており、そのさいには空の治外法権の範型として横田ラプコンが参照されていたのだ。

そして七二年五月一五日、「沖縄における航空交通管制」が日米合同委員会で合意された。同合意は、「沖縄における航空交通管制組織を運用管理する権限は、日本国政府に帰属する」としながらも、「所要の航空管制及び保安施設の整備運用」を行うまでの二年間は「暫定的に米国政府が……航空交通管制業務を実施する」とし、さらに次の一項を定めていた。[39]

米国政府は、地位協定の規定により使用を認められた飛行場に関する航空交通管制業務を実施する。なお、那覇空港に近接して嘉手納飛行場が位置していることから、これら区域における航空交通の安全を確保するためには、単一の施設によって進入管制を行なう必要があるので日本国政府がこれら飛行場のレーダー進入管制業務を行なうまで暫定的に米国政府が那覇空港の進入管制業務を実施するものとする。

これが嘉手納ラプコンの根拠とされた規定である。その進入管制業務が日本側に移管されたのは二〇一〇年三月三一日であるから、「暫定」期間は実に三八年に及んだことになる。しかし、業務移管後も、①沖縄本島周辺の航空管制を行う那覇ターミナル管制所では米軍関係者（退役軍人）が管制業務に携わっている、②「アルトラブ」と称する米軍が訓練を実施するための一時的な空域制限が多数発生している、③嘉手納基地を中心とする高度約六〇〇～一八〇〇メートルの長方形に設定された「アライバル・センター」は、米軍機が嘉手納基地・普天間飛行場に着陸するさいには、那覇ターミナル管制所の米軍関係者が管制業務を行っている、などの問題点が指摘されている。[40]

V　排他的管理権の顕現

前章の半分ほどは、筆者が旧稿で明らかにした基地の排他的管理権規定改定交渉のあらましである。しかし、そこでは一つ重要な点が明らかにされていない。あれほど米側が固執していた、改定後の協定（地位協定）でも基地の排他的管理権は改定前の協定（行政協定）と変わらないことを書面で保証せよという件はどうなったのか、という点である。

交わされていた密約

その解答は、国際問題ジャーナリストの新原昭治氏によって、これ以上ないかたちで示された。同氏は米国公文書のなかから次の内容の〝密約〟を掘り起こした。

一九六〇年一月一九日にワシントンで調印されたアメリカ合衆国と日本国との間の相互協力及び安全保障条約第六条に基く施設及び区域及び日本国における合衆国軍隊の地位に関する協定第

三条の文言は、一九五二年二月二八日に東京で調印された行政協定第三条第一項——一九五二年二月二六日の行政協定交渉のための第一〇回合同委員会の公式議事録の了解も含む——のもとで、確立した慣行にいっそう調和した言い回しにするために修正された。日本国における合衆国軍隊の使用のため日本国政府によって許与された施設及び区域内での合衆国の権利は、一九六〇年一月一九日にワシントンで調印された協定第三条第一項の改定された文言のもとで、一九五二年二月二八日に東京で調印された協定のもとでと変わることなく続く。(1)

行政協定の耳障りな言い回しは変えたけれども、米国の権利は同「協定のもとでと変わることなく続く」という明確な宣言である。

しかも驚いたことに、このあとは「「関係法令の範囲内で」という文言に関して、現に効力のある法令が不適当であることが分かった場合、日本における米国軍隊の防衛責任が満足できる形で果たせるようにするため日本の法令の改正を求めることの望ましさまたは必要性について合同委員会は論議する」と続いている。(2) 日本の「関係法令」が障害になって米軍は日本を守ってやることができない場合があるかもしれないので、その場合はそのような法令を変えるイニシアチブをとるぞ、と密約は言っているのだ。

この書面での保証を外務省は秘匿した。そのうえで、国民とその代表である国会に対しては旧協定における排他的管理権規定は〝変わった〟ということを強調することにしたのである。それは、改定された安保条約と地位協定の国会審議にそなえて同省が作成した想定問答の内容から推定できる。

国会で、「施設・区域の内外における管理等に関する新協定第三条1と行政協定第三条1の規定の差異いかん」という趣旨の質問がなされた場合には、次のように答弁することになっていた。

答　第三条1の第一文において、行政協定では、合衆国は、施設及び区域内において、「それらの設定、使用、運営、防衛又は管理のため必要な又は適当な権利、権力及び権能を有する。」と規定していたが、これを……改めた。

第二文において、行政協定では、合衆国は、施設・区域の近傍の土地、領水及び空間において、施設・区域への出入の便を図るのに必要な権利、権力及び権能を有する旨定めていたが、これは……改めた。

第三文において、行政協定では、「本条で許与される権利、権力及び権能を施設及び区域外で行使するに当つては、必要に応じ、合同委員会を通じて両政府間で協議しなければならない。」と規定したのを、……改めた。(3)

旧協定の第三条第一項は、第一文章も、第二文章も、第三文章も、要するにすべてが生まれ変わって治外法権的状態は解消されたかのような答えを国会議員と国民には用意したのである。

しかし、外務省内で流通する、この〝改定〟と称するものについての「考え方」は次のように対照的だった。

第三条は、施設・区域に対するいわゆる米側の管理権、施設・区域の近傍でとられる措置等について定める。

一　施設・区域の「管理権」（施設・区域の法的性格）

1　米側は、「施設及び区域内において、それらの設定、運営、警護及び管理のため必要なすべての措置を執ることができる。」（第三条1項第一文）これが通常施設・区域に対するいわゆる米側の「管理権」と称されるものであっ〔つ〕て、施設・区域について米側が排他的使用権を有していることを意味する。排他的使用権とは、米側がその意思に反して行なわ〔行わ〕れる米側以外の者の施設・区域への立入り（注27）〔（注36）〕及びその使用を禁止しう〔得〕る権能並びに施設・区域の使用に必要なすべての措置をとりう〔得〕る権能を意味するが、これは、地位協定上の施設・区域の本質的な要素であると考えられる。

（注27）〔（注36）〕　土地等の使用貸借契約における借主もその権原に基づいて他人の立入りを禁止することができるが、それは、私人に対するものであるのに対し、施設・区域に関する米側の立入り禁止権は、協定及び合同委員会合意上特に定める場合を除き、日本側公権力にも対抗しう〔得〕る点に特色がある。なお、施設・区域への立入り問題については別途触れる。[4]

まず注目すべきは、排他的使用権についての考え方である。それは、米側が、「その意思に反して行なわれる」米側以外の者の基地への「立入り及びその使用を禁止しうる」権能、基地の使用に必要なすべての措置をとりうる権能であり、そのような意味での排他的使用権こそが基地の「本質的な要素」というのだ。シェークスピアではないが、「拒む者、汝の名は基地」である。

第二項については、次のように説明されている。

2　行政協定においては、「……〔…〕管理のため必要な又は適当な権利、権力及び権能を有する。」と規定されていたが、かかる表現は、施設・区域があたかも治外法権的な性格を有しているかの如き印象を与え兼ねないので〔、〕単に「必要なすべての措置を執ることができる」としたものであるが、「管理権」の実体的内容については新旧協定上差異はない。(5)

ここで確認すべきは、旧協定では基地が治外法権的な性格を有しているかのような印象を与え兼ねなかったので、その言いまわしを改めたが、米軍の基地管理権の「実体的内容については新旧協定上差異はない」との認識が示されていることである。こちらは、例の書面での保証＝密約に忠実な考え方であった。

フェンスの向こうのアメリカ

米軍による基地の排他的管理権を保証する日米行政協定に、同協定の実施に伴う刑事特別法という日本側の立法もあいまって、米軍の許可なく基地内に立ち入ることは不法行為となった。一九五二年五月七日に刑事特別法が施行されてから一年あまりの同法違反事件発生状況をまとめた警察資料によれば、事件発生件数は九三であり、罪種別では「施設又は区域を侵す罪」が七四件を占めている。大半が「接客婦が兵士と遊興のため故意に施設又は区域内に侵入したもの」と「軍隊の施設又は区域であることを知らずに若しくは許可証を所持せず侵入したもの」であると記されている。(6)

また、行政協定締結交渉開始直前に神奈川県へ寄せられた県下市町村の要請のなかには、占領開始いらい米軍の要求により水泳用プールを接収されていた平塚市が、その返還を求めて次のように述べているのを見ることができる。

……一九四六年五月二十八日平塚市所在連合軍騎兵第十二聯隊第一大隊本部コール中尉の要求により長さ五〇米、巾二〇米及小児幼児用のプールと三、六〇〇平方尺の建物の接収を受け現在に及んだのであります。然るに其の状況を知らぬ罪なき青少年達は小松の陰から青々としたプールを羨ましげに眺めている姿を見ると断腸の憶いであります。

やがて青少年達の夏季休暇の季節に休暇中を無意味に過す事は思想及保健の上から思わぬ傾向を来す虞れもあり青少年の水泳訓練をして夏季の体位向上と並びに堅実な思想と保健衛生に資せんとするのであります。(7)

青少年の思想に来すおそれのある「思わぬ傾向」とは、不良化することだったろうか。それとも、羨望が反米に変わることだったであろうか。

時を隔てて沖縄では、基地のフェンスと向かい合う「子どもたちの日常生活をリアルに切り取った、きらりと光る、印象深い言葉」が綴られている。

宜野湾市にある普天間第二小学校が一九七三年以来つくりつづけた「そてつ」という題の「同小

独自の卒業文集のようなもの」のなかに、普天間基地やフェンスに対する子どもたちの声を聞くことができる(8)。

ある五年生は、沖縄の素晴らしい自然の美しさが「ぼくたちの自まん」と胸を張るのだが、次のように島の大半が基地で占められている悲しみを詩に表現している。

〔前略〕
でも、悲しいことに
小さい島の大半は、
軍事基地で占められている。
すばらしい所は、フェンスで囲われ、
そこにゆうゆうと
基地がそびえたち
主であるはずの沖縄の人たちは、
その片すみで、ほそぼそと
身をよせあっている(9)。

その影響は自分の通う学校にも及んだ。

ぼくたちの学校も

マリン〔海兵隊〕基地と、となり合わせ
運動場をフェンスで区切られ、
向こうの基地は、ばかでかく広く
ぼくたちの運動場は、
運動会もできないほどのせまさ。[10]

べつの五年生は、軍用機の「ばく音」「つい落事故」、飛行場から石油が漏れ出て「田いもを作っていたのがだめになった」ことに加えて、いろいろと「いやなこと」「不安なこと」の一つに基地の所在場所を挙げている。

〔前略〕
次は飛行場のある位置です。面積はだいたい宜野湾市の半分ぐらいをしめています。位置は、宜野湾市のちょうど中央にあって、普天間から大謝名《おおじゃな》に行くとき、飛行場があるため、まわり道していかないといけないのでとても不便です。
また、あんパンでたとえると、ちょうど、おいしいあんの入っている所だから、あんパンの真中だけをぬかれてしまったドーナツのようなものです。
そのため、交通や土地利用にしてもたいへん不便です。[11]
〔後略〕

宜野湾の街の平坦な中心部をあんパンにたとえて、その一番おいしいところを米軍が独り占めしていることに対する不満が表現されている。

街の半分も基地にとられていることについて、その原因と不条理を訴える子どももいる。

宜野湾市は、
半分が飛行場になっている。
〔中略〕
こんなに土地をとるなんて。
じゃあ、
戦争は土地あらそいのために
あるのか。
だったら、
その土地に住んでいる人々は
もうどうなったっていいのか。(12)
〔後略〕

普天間第二小学校が設けられた年に入学した六年生の一人は、米軍が張りめぐらしたフェンスのなかの飛行場から聞こえる軍用機の爆音のほかに、広大な基地と対比させながら、もう一つの「なやみ」を訴えている。

〔前略〕

わたしたちのなやみは、ばく音だけではありません。もう一つは、運動場がせまいことです。運動場のトラックの長さも、たった一八〇メートルしかとれません。それは、飛行場にたくさんの土地が、とられているからです。学校の窓から、すぐマリン飛行場が、見えますが、広々とぜいたくに、土地が使われています。

それなのに、わたしたち普天間第二小学校に、土地を分けてくれません。(13)

そして、そのような現状をもたらした原因と、では今後どのようにすべきかが訴えられる。

もともとその土地は、わたしたち沖縄県民の土地です。戦争で、負けたため、そこの土地は、アメリカ軍が、使うようになりました。沖縄が本土に復帰したあとも、使っています。

もう、戦争は、終わったんだから、その土地を全部わたしたちに、返すべきだと思います。

……また、土地も私たち普天間第二小学校に分けてほしいです。(14)

〔後略〕

子どもながらに、否、大人たちのように「親基地」も「反基地」もないだけに、基地やフェンスに向けられた眼差しは痛いほど真っすぐだと言わなければならない。(15)

米軍の排他的管理権 vs 自治体の環境立入調査権

米軍基地の排他的管理権をめぐる問題の一つは、在沖基地をめぐる環境保全補足協定をめぐって現れている。

二〇一三年一二月、普天間飛行場の返還（同飛行場の全面返還自体は一九九六年四月に日米両政府で合意している）に関し、両政府が決めた名護市辺野古への移設計画にともなう埋め立て許可の判断が迫るなか、沖縄県側がもとめる振興策＋負担軽減策に対する日本政府の回答の一環として、地位協定を補完する環境保全補足協定の締結が提起された[16]。

毎年、沖縄県の米軍基地およびその周辺では、廃油や有害物質の流出や処分・廃棄による水域ならびに土壌の汚染事故が起きている。他方で、普天間飛行場の返還に代表されるような、負担軽減策としての基地返還と、その跡地利用が待望されている。そのさい、跡地の環境が汚染ないし破壊されていては利用もままならない。そのような状況を踏まえて、沖縄県では、米国が「軍隊の活動に伴って発生するばい煙、汚水、赤土、廃棄物等の処理その他の公害を防止し、又は自然環境を適正に保全するために必要な措置を講ずる」よう地位協定の改定を要請してきた[17]。

米国政府は地位協定の改定には応じない姿勢を堅持するいっぽうで、近年自国内で基地よりも環境を重視する声が高まってきたこと、他国との基地協定でも環境保全条項を設けることが趨勢となってきたことなどから、基地および周辺の環境保全に対して何らかの措置をとることには柔軟姿勢も示していた。そのような米国側と沖縄県とのあいだで、日本政府が沖縄県知事の埋め立て許可を促す一手として打ち出したのが、環境汚染事故発生基地と返還予定基地に沖縄県の自治体が立ち入り調査などを行えるようにすることなどを骨子とする環境保全補足協定だった[18]。

締結交渉は二〇一四年二月から始まった。交渉当時、争点は二つと報じられている。一つは、立ち入り調査によって環境破壊や汚染が判明した場合に、対策費用をどちらが持つかというおカネの問題である。米側は、日本が負担すべきだという立場だ。地位協定は、米国が基地を返還するときは、「提供された時の状態に回復し、又はその回復の代りに日本国に補償する義務を負わない」と規定していることが論拠と考えられる。(19)

米側が原状回復義務を負わないとどうなるのか。たとえば、二〇一三年六月、沖縄市サッカー場（嘉手納基地の一部跡地）から基地由来の環境汚染物質のはいったドラム缶多数が発見されたが、この一件に関わる調査や浄化作業にかかる経費を根気づよく調べた人がいる。沖縄で軍事基地に起因する環境汚染を調査・分析・監視しているIPP（The Informed-Public Project）の河村雅美代表が行った計算によれば、ドラム缶発見時から二〇一六年度までの総経費予測は、一万四〇〇〇平方メートルの土地になんと約九億八〇〇〇万円である。このなかには、汚染調査の透明性を確保しようと沖縄市が国に対して行った対抗調査（クロスチェック）の費用およそ七一〇〇万円、沖縄県が行った周辺環境調査費約三二〇〇万円が含まれる。河村さんは、総経費予測の意味するところは、負担をする日本の納税者には沖縄の人々が含まれているということであり、そのことは取りも直さず「土地を収奪され、長期間アクセスを禁じられた上に、〔汚染物質を〕投棄され、汚染されたあげく、原状回復の義務を日本政府が米国政府に課されないがゆえに、その尻拭いの費用まで沖縄の人々が負担させられているということ」だと指摘する。(20)

環境保全補足協定をめぐるもう一つの争点は、自治体の立ち入り調査を米側がどこまで容認するかということである。たとえば、返還予定基地について、沖縄県は返還の三年前から（そうでなくては返還後の跡地利用計策定に支障がでる）、実態把握が可能なように一回の立ち入り時間を充分にとり、発掘も含めた立ち入り調査権を自治体に与えるよう求めていた。ところが、その要望に立ちはだかったのが、基地の排他的管理権なのだ。補足協定締結が政治日程にのぼったさい、地元紙は米側が「基地運用の妨げになりかねないとして日本側の立ち入り調査を避けたい意向」であると伝えた。また、米側は「立ち入りが長時間に及ぶと、訓練や業務の障害になりかねない」と主張しているとも報じられている。[21]

交渉の結果、環境補足協定ならびに関連の日米合同委員会合意（環境に影響を及ぼす事故が発生した基地と、返還が予定されている基地に対して基地所在自治体が立ち入り調査を行うことなどを規定する）が二〇一五年九月に結ばれた。合同委員会合意「環境に関する協力について」は、事故発生基地に関して「日本国政府、都道府県又は市町村の関係当局は、……現地米軍司令官を介して在日米軍司令官又はその指名する者に対し、……現地視察を行うことを認めるよう申請することができる」とするいっぽう、「在日米軍司令官又はその指名する者は、……申請に対して全ての妥当な考慮を払う」と規定することとなった。[22]

これに対しては、「妥当な考慮を払う」だけでは、米軍の都合しだいで「いくらでも拒否できる仕組み」になっており、日本側の「要請があれば、米国はすみやかに認めるものとする」のように、「米側に裁量権を与えず、立ち入りを自動的に認める仕組み」にしない限り「問題は解決しない」と厳しい批判が提起された。また、返還予定基地をめぐって、沖縄県は返還の「3年前」から立ち入り調査が行えるよう求めていたが、「環境に関する協力について」は「当該調査は……返還日の150労働日前を超えない範囲で実施することができる」と述べるにとどまっている。「150労働日」とは七か月余りである(23)。

筆者は二〇一一年九月、普天間飛行場問題の実態と同飛行場を抱える自治体の行政について実地に話を聞くべく、ゼミ生数人と宜野湾市基地渉外課ならびに跡地利用課をたずねた。担当者の方々は、返還後の跡地利用について、跡地利用計画を立案するためにはやはり返還のある程度前から立ち入り調査が必要になるが、米軍側の許可を取り付けるのは簡単でないこと、短い調査時間では利用計画の基礎データを得るための測量もままならないこと、などの実態をお話しくださった。普天間飛行場は宜野湾市の面積のおよそ四分の一を占め、その返還後の跡地利用については、市民が「あそこは公園にしよう」「ここは住宅地域に」「商業地区もいい」と期待を寄せている。しかし、そのような基地返還後の跡地利用へむけた構想づくりを阻むものの一つこそ、基地の排他的管理権に他ならない。

米軍の排他的管理権 vs 沖縄県警の捜査権

沖縄では、基地の排他的管理権によって、被疑者が基地内で証拠隠滅をはかる可能性があるような場合でも、米軍の同意がないかぎり県警による迅速な捜査が行えない現状にも不満がつのっている。

二〇〇八年一二月に金武《きん》町で起こった流弾事件では、県警による現地調査にこぎつけるまでに約一年の時間が費やされた。二〇一六年五月の米軍属（元海兵隊員）による女性殺害事件でも、被疑者が遺体を運んだとされるスーツケースをキャンプ・ハンセン内で投棄した可能性が指摘された。県警が基地内へ迅速に立ち入り、捜査活動を行うことができれば、犯罪・事件の全容解明も進捗するはずであり、それを阻んでいるのが治外法権的な基地の排他的管理権だという声が高まっていった(24)。

しかし日本政府は、地位協定第三条の認める米軍の排他的管理権によって、日本の官憲の立ち入りもできない「事実上、米軍施設及び区域は治外法権にも等しい」という沖縄側の主張には「理由がない」と反論している。そのさい政府が論拠としているのが、地位協定第一七条一〇項(a)および(b)に関する公式議事録と「合衆国の施設及び区域への立入許可手続」（日米合同委員会合意、一九九六年一二月）である(25)。

前者、すなわち協定第一七条一〇項(a)および(b)に関する公式議事録は、米軍当局が「その権限に基づいて警備している施設及び区域内ですべての逮捕を行なう」とし、基地内における日本側の逮捕権については、「合衆国軍隊の権限のある当局が同意する場合又は重大な罪を犯した現行犯人を追跡している場合において日本国の当局が前記の施設又は区域内において逮捕を行なうことを妨げるものではない」と定めているにすぎない(26)。

また、後者の「立入許可手続」も、国会議員、日本国政府の職員、地方議会の議員または「地方公共団体の職員」が、公務遂行のため米軍基地への「即時の出入が必要であるとの理由により、公的な立入の許可申請を短期間の事前通知により行う」場合、米軍は立ち入りが「軍の運用を妨げることなく」「部隊防護を危うくすることなく」「かつ合衆国の施設及び区域の運営を妨げることなく」行われる限りにおいて、立ち入り申請に対してすべての「妥当な考慮を払う」（4　例外の(c)）としている。[27]

日本政府の反論に対して沖縄県側は、次のように再反論を行っている。

しかし、原告（＝日本政府）が挙げる例は、極めて例外的な場合に過ぎず（なお、ここでいう「重大な罪」は、死刑又は無期若しくは長期三年以上の懲役若しくは禁固にあたる罪を意味する（刑事特別法第10条第2項））、この唯一の例外を除けば、米軍の同意がなければ、日本の官憲は司法警察上の作用としても、あるいは環境保全のための調査等のためにも、一切立ち入ることすらできないのであって、事実上の治外法権に等しいことは明らかである。[28]

沖縄県側は、政府が「立入許可手続」を論拠として挙げたことについても、「日本国の官憲が米軍基地内への立入が認められている等と主張するが、これも結局、許可がなければ立入が認められないもので（米軍が「妥当な考慮を払うとされているだけ」で、やはり反論になっていない）」と非難している。[29]

この問題については日本弁護士連合会（日弁連）も、「条約法に関するウィーン条約」（日本も一九八一年に加盟）が裏づける領域主権の原則（一国はその領域内にあるすべての人と物に対して、原則として排他的にそれらを規制する立法管轄権、およびこれらの規制を適用する執行管轄権を有し、他国はそれらを尊重しなければならないという、基本的国際法原則）に拠りながら、海外の事例も参照しつつ、次のように指摘する。①日本にある米軍基地についても、原則として日本の法令が適用されると理解すべきである。②ボン補足協定第五三条は基地に対するドイツ法令の適用を規定し、同条に関する署名議定書はドイツ連邦・州・地方自治体の当局がその公務を遂行できるように基地への事前通告後の立ち入り、および緊急の場合および危険が差し迫っている場合には「事前通告なしの立入り」もできる。そして、以上に鑑みれば日米地位協定も、「日本及び地方公共団体の当局は、日本の法令の適用の確保その他の行政目的の実現、国民・住民の被害の防止、環境の保全等、その公務の遂行に必要な場合、事前に通知して、緊急な場合は事後の通知により、施設・区域内に立入り、調査し、必要な措置を執ることができるものとする」といった内容を規定すべきである、との改正意見を日弁連はまとめている。(30)

米軍財産の不可侵性と〝どこでも治外法権〟

以上、いわゆる基地にまつわる排他的管理権について話してきた。しかし実のところ、排他的管理権（または治外法権）は基地の他にも、米軍によりどこにでも設定することが地位協定上は可能である。そのことを端的に示したのが二〇〇四年八月一三日に沖縄国際大学へ普天間基地所属のへリコプターが墜落し、構内の建物に激突・炎上するという事故であった。同事故では、駆けつけた米軍が墜落したヘリを中心に付近一帯を占拠し、立ち入り禁止区域を設けて大学関係者を排除し、卒業生の植えた記念樹を伐採し、沖縄県警や消防との合同捜査・検証を拒否した。

米軍側の、「われわれは、これこれの規定を根拠に現場の封鎖をおこなっている／おこなった」

という趣旨の文書や記事を筆者は見つけられなかったが、当時の新聞は、日米地位協定について合意された議事録中の第一七条「第10(a)及び10(b)に関し」の「2」と地位協定の実施に伴う刑事特別法第一三条に言及している。[31] 前者は次のとおり規定する。

日本国の当局は、通常、合衆国が使用し、かつ、その権限に基づいて警備している施設若しくは区域内にあるすべての者若しくは財産について、又は所在地のいかんを問わず合衆国軍隊の財産について、捜査、差押え又は検証を行なう権利を行使しない。ただし、合衆国軍隊の権限のある当局が、日本国の当局によるこれらの捜査、差押え又は検証に同意した場合は、この限りでない。[32]

刑事特別法第一三条のほうは、「合衆国軍隊がその権限に基いて警備している合衆国軍隊の使用する施設若しくは区域内における、又は合衆国軍隊の財産についての捜査（捜査状の執行を含む。）、差押（差押状の執行を含む。）又は検証は、合衆国軍隊の権限ある者の同意を得て行」うと定めている。[33] 基地の内はむろん、その外であっても、日本の検察や警察は米軍の財産（沖縄国際大米軍ヘリ墜落事故の場合はヘリコプター）に、米軍側の同意がなければ指一本ふれることができないことになっているのである。

また、とくに米軍用機の事故現場での措置については「刑事裁判管轄権に関する〈日米合同委員会〉合意事項」（一九五三年一〇月。その後、六一年一月、六八年六月と改定）の「20」が、「合衆国軍用機が合衆国軍隊の使用する施設又は区域外にある公有若しくは私有の財産に墜落又は不時着した場合には、適当な合衆国軍隊の代表者は、必要な救助作業又は合衆国財産の保護をなすため事前の承認なくして公有又は私有の財産に立ち入ることが許されるものとする」と規定している。[34]

米軍は、これらの諸規定を法的な根拠と考え現場の封鎖を行っていたのではないかと推測される。また、当時の外務省地位協定室長も、「米軍が自らの機体の回収を優先してやらねばならないというのは予想される」と述べて、米軍による日本側警察ならびに消防の立ち入り禁止は「許されるとの認識を示した」と報じられている。[35] 少なくとも軍用機事故について言えば、米国（軍）財産の不可侵性は保証されるいっぽうで、日本国（民）の財産は侵犯されることもあり得るというわけである。

主客の転倒した国

かつて首相も務めた宮澤喜一は、講和後も日米安保条約に基づいて日本に配備されることになった米軍について、講和後はあくまで日本が「主」であり、米軍は「客」なのだから、米軍に勝手なことをしてもらっては困ると指摘したことがある。[36] また、前記の外務省内部文書「日米地位協定の考え方」も、その増補版も、地位協定第一七条一〇(b)について、「施設・区域外の警察権は、米軍人等の逮捕等を含めすべて日本側が行うのが当然であるところ」と、基地の外は日本なのだから、そこで日本が警察権を行使するのは当然だという原則的な〝考え方〟を示している（もっとも、同文書は「施設・区域外であっても米軍人間の規律及び秩序の維持のためにはむしろ米軍警察を用いた方が実際的であるという点を考慮しつつ、他方では、かかる米軍警察の行動が日本側の警察権と衝突したり、我が国の私人の権利等を侵害したりすることのないよう一定の条件を付することを目的としたもの」と微妙な〝考え方〟もしめしている[37]。

こうした指摘や考え方にもかかわらず、所在場所のいかんを問わず、米軍財産の不可侵性が、地位協定→合意議事録→合同委員会合意→刑事特別法によって、時に基地周辺住民の生活や安全以上に過剰なまでに手厚く保護され、当該財産の周囲に治外法権状態をいつでも設定しうる法的・政治的状況が形成されてきた――そして、そうしたことが沖縄では可能なのだという意識が、おそらく長年にわたって米軍側に形成されてきた――ことが二〇〇四年の封鎖状況を生みだしたのではなかっただろうか。

沖縄国際大への米軍ヘリ墜落事故の翌年四月、軍用機事故処理に関するガイドラインが日米合同委員会で合意された。そこでポイントになったのは、「安全性の観点から立ち入るべきではない距離により決定される、事故現場至近周辺の「内周規制線」」とその内域である。「特別の場合を除き」、日米共同で人員が配置され、内周規制線の制限区域への立ち入りは、「合衆国及び日本国の責任を有する職員の相互の同意に基づき」行われ、合衆国側が「すべての残骸、部分品、部品及び残滓物に対して、管理を保持する」ことが示されている[38]。

筆者は法律の専門家ではないので条文解釈は苦手だが、その〝門外漢〟から見ても、「「特別の場合」とはいったい誰が――米側か日本側か何れが――決定するのか」、日米「相互の同意」といちおう相互性がうたわれているが、結局は米側「拒否権」の別の表現ではないのか、現実に軍用機事故が起これば、その残骸・部分品・部品や燃料はかなり広範囲にばらまかれるから、広範な内周規制線制限区域設定の可能性は残るのではないのか、など素朴な疑問が湧いてくる。じっさい二〇〇四年の事故では、県警の調査により発生から二日後の時点で「沖国大周辺マンションなど建物十二カ所、車両二十四台、油の飛散など他三カ所、計三十九カ所」が被害を受けていたと報じられている[39]。そう考えると、二〇〇五年のガイドラインによっても、今後ふたたび、米軍財産の保護や安全性の確保を理由として、暫定的にせよ治外法権的地域が設定され、そこから日本の警察や消防が締めだされる可能性もなしとしない[40]。

二〇〇四年の事故のさいには、日本側警察も米軍と共同で事故調査にあたることができた一九六八年二月の九州大学ファントム戦闘機墜落事故、一九七七年九月の横浜市緑区ファントム偵察機墜落事故、一九八八年六月の愛媛県伊方町CH53Dヘリ墜落事故など、いわゆる本土で過去に起きた米軍機墜落事故への対応との差異も論じられた[41]。そうした〝差別扱い〟の問題、くわえて、基地問題をはじめとする日米関係、さらに重要なことに、世論や日本政府の態度といった政治状況が事故発生時にどうあるかによって、対応が左右されてくることもあると考えられる。

第三部

上毛新聞（日刊）昭和32年2月5日（火曜日）

上毛新聞

発行所 上毛新聞社

緊急調査を要請

相馬ヶ原事件

"犬猫の射殺同然"

西ヶ久保代議士 衆院内閣委で発言

人権無視も甚しい

野溝委員長談

政府に調査申入れ

社党 現地へも議員派遣

ジラード事件を報じる『上毛新聞』1957年2月5日トップ記事より（本書147ページ）

VI　日本側一次裁判権放棄密約交渉

基地は米側の意思に反する者の立ち入りや使用を拒むいっぽう、そこに駐屯する米兵らは、作戦展開、訓練・演習、基地間の移動、歓楽街での遊興など、さまざまな形態で基地より出で、周辺住民に影響を及ぼしてきた。その最も深刻なものの一つが米兵らの引きおこす犯罪・事件・事故と言えるだろう。この章では、米兵らの犯罪等を助長してきた一因と考えられる日本側刑事裁判権の最小化——表裏をなして米側裁判権の最大化——の過程を跡づける。

ある社会に、一定規模の外国軍隊が一定期間とどまった場合、同軍隊による一定数の犯罪・事件・事故の発生が避けられなくなる。たとえば、沖縄県の統計に拠って、沖縄の施政権が米国から日本へ返還された後の四十年をみると、沖縄の全刑法犯に占める「米軍構成員等事件比」は、返還から一〇年間が二・二%〜六・九%と高率で、以後はおおむね一%台だが、常にあるということは構造的な問題と言うことができる(1)。

二〇一六年までの四五年間の総計では全刑法犯三七万七一六六件に対して米軍人等が犯した事件

は五九一九件（一・六％）である（米兵三人による少女暴行事件が発生した一九九五年から六年間は連続して一％未満で、この間は〝綱紀粛正〟がある程度は効いていたようだ）[2]。しかし、私たちがほんとうに問題とすべきは比率や統計ではない。これらの事件によって、じっさいに存在していた尊い命、代え難い健康、穏やかな生活の一人一人、一つ一つが奪われたということ、それ自体が圧倒的な重みを持つ。その重みに照らせば、米兵等の犯罪率が一％だからといって問題を直視しない態度は欺瞞的だ。事件が一つでも少なくなるよう、起こらなくなるよう、抜本的な改善策がとられなければならない。

攻防の第一ラウンド

再三にわたり言及している、日本との講和過程において米陸軍省内でまとめられた安保協定草案や、同案を一つの原型とする米側「協定」案は、講和後も日本に駐屯する米軍人等に対する刑事裁判権について、①米国は、日本国内にある基地とその内にいる米軍人・軍属・その家族、および日本国民を除く他の者に対して、「排他的裁判管轄権」を有し、②日本国当局は、基地の外において罪を犯した米国軍人・軍属・その家族でも、裁判および処罰のために米国の当局に引き渡す、という規定を含んでいた。興味ぶかいことに、五一年劈頭の講和・安保東京会談において日本側は、米軍の特権を羅列しないようにとの見解は米側に伝えたが、個別具体的に刑事裁判権について、「これは完全に治外法権的な規定だから再考してほしい」といった見解を持ちだした形跡はない[3]。そのため、東京会談で仮調印《イニシアル》された行政協定案では、刑事裁判権は次のように規定されることになった。

米国は、米国安全保障軍が利用する日本国内のすべての施設・区域に対して排他的管理権を有し、かかる施設・区域内にある米国政府の軍人・軍属・その家族に対して、また、日本人を除く前記施設・区域内にあるすべての他の者に対して排他的裁判権を有する。……日本国の当局は、前記の区域外において罪を犯した米国の軍人・軍属・その家族を米国に引き渡すものとする。(4)

日本側が、米軍の使用する区域外で米軍人などが犯した犯罪について、それらが職務の実施中でなく被害者も米軍人でない場合には、日本側に裁判権がある旨を明記するよう米側に求めたのは三月半ばになってのことだった。(5) そして、一九五一年六月に締結されたＮＡＴＯ軍地位協定で、軍隊を受け入れる側の国にも一定の裁判管轄権が認められていることを知った日本側は、仮調印された行政協定の刑事裁判権規定に対して具体的な修正要求を米側に示すことになる。

米側に残された外交文書によれば、日本側修正要求の要点は次のとおりである。①米国は、日本国内において、米国の軍法に服するすべての者に対して刑事裁判権を行使する権利を有する。②日本国は、日本国内で犯罪を犯した軍隊の人員（Armed Forces personnel）に対して裁判権を有する。③米国は、日本国の法律によってではなく、軍法に服し米国の法律によって罰することのできる犯罪を犯した者に対し排他的裁判権（exclusive jurisdiction）を有する。④日本国は、米国の法律によってではなく、日本国の法律によって罰することのできる犯罪を犯した軍隊の人員に対して排他的裁判権を有する。(6)

しかし、①と②では、日米双方が裁判権を持つ場合が考えられる（これを裁判権の競合という）が、③と④はとくに説明を要しないと思う。

日本側は重点をそこに置き、次の案文をしめす。

裁判権が競合した場合、米国は、米国の財産、安全、または他の米国人員に対して犯された犯罪、および公務中に犯された犯罪に対し第一次裁判権（primary jurisdiction）を有する。他のすべての事件においては、日本国が第一次裁判権を有する。[7]

日本側の要求はNATO軍地位協定第七条に倣ったものだった。こうした〝NATO並み〟をもとめる理由について日本側は、日本が独自の軍隊を持たないということでは北大西洋条約による米国とNATO諸国との関係と異なるものの、一国の軍隊が「相互の安全保障のため」の手段として他国の領土内に配備されるという関係において北大西洋条約と基本的に相違はない、と説明している。[8]また、近代日本における開国以来の歴史とそれに基づく国民感情に由来するものであるとも説明している。日本人は「治外法権」に対しては、諸外国との対等な地位を達成するまで苦い経験を味わったがゆえに非常に敏感であり、日米両国のためにはこの国民感情を尊重することがきわめて重要であろうというのだ。

日本側の提案をみた米側のバッシン法務官はシーボルトGHQ政治顧問に対し、以上の理由にくわえて、日本の国内政治を「アシスト」するためにも日本側の修正要求は受諾可能だと伝えている。[9]ここでのアシストとは、吉田内閣が「治外法権」を認めることで、野党による攻撃にさらされないようにしてやるという意味である。吉田内閣が倒れることは米国政府にとっても得策ではないと判断されたのだ。

米国では統合参謀本部が、仮調印された行政協定案に対する検討、その後は日本側の修正案を検討していた。軍部は兵士の士気に対する影響、日本の法律制度や基準が米国のそれとは大きく隔たることなどを挙げて、米軍はその構成員に対して可能な限り広範囲の排他的裁判権を行使することが不可欠であり、NATO軍地位協定に沿った取り決めを日本と取り交わすことが不適当かつ受諾不可能であり、朝鮮戦争遂行に果たす日本の役割を考えれば、米国は戦時に必要とされる裁判権を平時においても保持すべきだと主張した。統合参謀本部の下部機関である統合戦略調査委員会などは、刑事裁判権条項を「未定」とし、米軍人・軍属・それらの家族は日本の裁判権から免除される趣旨の条項が採用されるべきだと、同本部に報告するほどであった。[10]

これに対して国務省側は、日本における米軍駐留とそれを規律する取り決めについて、次のように考えていた。①対日政策の目的の一つは、反共自由陣営への最大限の貢献を日本から引き出すことである。②この貢献を維持できるのは、自由世界の大義に日本人自ら同調しているあいだだけである。③日本に駐留する米軍が米国の安全という目的のために効果的に貢献する度合いは、日本が同軍を受け入れ、かつ、同軍に協力する度合いにかかっている。④治外法権という過去の歴史からみて、日本人は裁判権の問題にはことに敏感である。そして国務省は、このような検討結果から、裁判権問題について、「日本との安全保障取り決めに関する合意形成と履行は、とくに裁判権のような問題においては、北大西洋条約機構諸国または他の主権国家とのあいだの取り決めと同様に好意的でなければならない」とし、日本側にも一定の裁判権を賦与すべきだと結論づけた。[11]

国務省と国防省は鋭い対立関係におちいり、一九五二年早々に予定されていた行政協定締結交渉を目前にひかえても、なお裁判権条項をめぐって両者が対立をつづけるという事態となった。そこで国務省側は、両省実務者会談において、最終判断をトルーマン大統領に要請することを伝える。大統領による判断の主旨は、裁判権問題については日本とＮＡＴＯ諸国とを差別しない内容の条項を作成するように、というものだった[12]。

こうして、「ＮＡＴＯ軍地位協定が米国に対して効力を生じた時はただちに、米国は、日本国の選択により、日本国とのあいだにＮＡＴＯ軍地位協定と同様の刑事裁判権規定に関する協定を締結する」ことが米国政府の方針となった。ただ、米国政府がこのような方針を固めたのは、国務省の検討で述べられていたように、どうすれば最もよく日本の協力を取り付けることができるかを考えたからである。それでも、行政協定締結交渉では――さすがにＮＡＴＯ軍地位協定発効以前に同様の協定を敗戦国の日本と締結するという意味で、ＮＡＴＯ諸国より日本に有利な待遇を与えることはできないものの――同協定が米国について発効した後はその刑事裁判権と同様の規定を日本にも適用するという原則を米側が固めていたことで、比較的早期に合意が成立した。

ここまで見てきた論争は、日米行政協定の第一七条において次のように規定されることで決着する。

一　千九百五十一年六月十九日にロンドンで署名された「軍隊の地位に関する北大西洋条約当事国間の協定」が合衆国について効力を生じたときは、合衆国は、直ちに、日本国の選択により、日本国との間に前記の協定の相当規定と同様の刑事裁判権に関する協定を締結するものとする。

二　一に掲げる北大西洋条約協定が合衆国について効力を生ずるまでの間、合衆国の軍事裁判所及び当局は、合衆国軍隊の構成員及び軍属並びにそれらの家族（日本の国籍のみを有するそれらの家族を除く。）が日本国内で犯すすべての罪について、専属的裁判権を日本国内で行使する権利を有する。この裁判権は、いつでも合衆国が放棄することができる。

〔三および四は省略した〕

そして同条の五では、「日本国が一に掲げる選択をしなかつた」場合、二以下に定める裁判権は引き続き行われるが、「前記の北大西洋条約協定がこの協定の効力発生の日から一年以内に効力を生じなかつた場合」において、「日本国政府の要請があつたとき」は、米国は、同軍隊の軍人・軍属・それらの家族が日本国で犯した罪に対する裁判権の問題を「再考慮する」ことが定められた。

右の規定によれば、ＮＡＴＯ軍地位協定が米国について発効するか、または、行政協定発効から一年を経た時点で日本政府の要請があれば、同規定を最低でも「再考慮」できることになる。しかし、それまでの間は、米国の軍事裁判所および当局が、同国軍隊の軍人・軍属・それらの家族によって日本国内で犯されるすべての罪について、裁判権を行使すると定められていた。行政協定は講和・安保両条約と同時（五二年四月二八日）に発効したので――ＮＡＴＯ軍地位協定を米上院がよほど早く批准しないかぎり――講和・独立の回復から一年間の日本はまったくの治外法権状態に置かれることが確実な立場にあったということができる。

〝NATO並み〟を求めた日本側

協定発効から一年を目前に控え、日米間で行政協定刑事裁判権規定の再考が日程にのぼる。一九五三年三月一六日、新木栄吉駐米大使はジョン・アリソン国務次官補に対しNATO軍地位協定批准の見通しを質した。アリソンは「日本の行政協定改訂（ママ）期限前には是非実現するようにしたいと努力しておる」と回答したのに加えて、次のような重要な質問を行っている。

英国その他におけると同様、非公式の政府間了解により一定の犯人を米側に引渡すことは可能であらうか。(13)

ここにいう「非公式の政府間了解」とは、「受入国が法的には管轄権をもつている事件についても、事実上、マイナー、ケースについては、犯人を軍側に引渡して、受入国は裁判しないという了解」のことである。(14)

じつは、この時点で英国はそのような了解を米国に与えておらず、「英国をしてかくのごとき案を受諾せしむることは容易ならざる」ものと、当の米国側も見ている段階だった。(15) しかし新木大使は、「その話は政府間の話合として可能性があるものと思う」と答えている。(16) 正式交渉開始以前から、少なくとも駐米大使は日本側にある一次裁判権放棄の可能性を否定していなかったのだ。

一週間後の東京では、三宅喜二郎参事官から米大使館のバッシン法律顧問に対し、「わが方法制の建前として、国会の承認を経ない非公式の政府間了解により、裁判所その他の司法当局を拘束し条約を実質的に修正するがごとき取極をつくることはできないことになつており、従つてたとえかくのごときものを作成しても、厳格に右取極通りに司法当局の裁量を拘束することにはならないことがある」と伝えられる。その背景には、さきの新木大使の返答は踏み込みすぎていると本省が判断したのではないかということ、そして「第十七条を「軍隊の地位に関する北大西洋条約当事国間の協定」に相当する規定に改めること」を適当と主張する法務省の意向があったことが推測される。[17]

行政協定改定の必要性を唱えていたのは法務省ばかりではない。大蔵省も、行政協定はNATO軍地位協定よりも「免税関係については広くなつて」おり、国内産物品の生産にも「重大な影響を及ぼしている」ので「第三国からの輸入物品については、原則として課税する」こと、PX（米軍関係者用の売店）等は内国消費税の租税法規に服すること等の問題点を洗いだし、改定の要求ありとの立場をとっていた。[18] 今日から見れば大蔵省は、租税分野という限定付きながら、米軍および関係団体への国内法の適用という重要な論点を提起していたのである。

しかし外務省は、それらの改正の申し入れは規定自体ではなく、解釈または実施細目に関わるもので、合同委員会で処理すれば事足りるとの理由から、改定交渉のポイントを刑事裁判権関係に絞ることで「関係者との間に話合をつけた」。そして、協定発効から一年まで二週間となった四月一四日、岡崎勝男外相はマーフィー駐日大使に書簡を送り、協定第一七条の「再考」を「要請する」考えであることを正式に申し入れた。[19]

申し入れと同時に日本側が米側に示した刑事裁判権を改定する議定書案は、NATO軍地位協定第七条の規定に忠実に倣うものだった。すなわち米国の軍当局は、合衆国軍隊の構成員または軍属（それらの家族は含まない）に対し、「もつぱら合衆国の財産若しくは安全のみに対する犯罪、又はもっぱら合衆国軍隊の他の構成員若しくは他の軍属若しくは家族の身体又は財産のみに対する犯罪」と「公務執行中の作為又は不作為から生ずる犯罪」について管轄権を行使する第一次の権利を有し、「その他の犯罪については、日本国の当局が、管轄権を行使する第一次の権利を有する」という方式を採用していた。[20]

二日後、米大使館のバッシン法律顧問はＮＡＴＯ軍地位協定の相当規定と同様の規定を日本とのあいだに締結するために日本側の議定書案は「有用」であると伝える。米側は、日本側議定書案に「異議なく、内容は大体、そのまま受諾の意向」であり、ただ「附属議事録につき日本案に米上院附帯決議の趣旨に沿った項目（憲法上の人権保障等）を若干追加したい意向でこれも大したことはない」ものの、「極東軍とも協議し、その承認を得て最終的確定を見た上で」返事をすると外務省側に伝えてきた。[21]　しかし、米側の回答は大幅に遅れる。

他方で、五月一〇日頃から六月二四日頃まで、米連邦議会上院ではＮＡＴＯ軍地位協定をめぐる審議が予想外に紛糾していた。共和党のブリッカー議員から留保（米国軍隊派遣国として、軍人、軍属、家族に対し絶対的裁判管轄権を有すべし、とする内容）が出たのだ。外務省はこうした米議会上院の動きについて在米日本大使館および在日米国大使館に問い合わせる。[22]

米側の回答から、日本側は「楽観出来ぬ」との印象を持つ。ようやく七月一四日にいたり、上院本会議はブリッカー決議案を五三対二七で否決する――七月一五日、上院本会議は七二対一五でＮＡＴＯ軍地位協定を可決し、八月二三日に同協定は発効した。七月末までに在米日本大使館では、国務省係官との接触から、国務・国防両省間で討議が重ねられつつあるが、米側は「ＮＡＴＯ方式に多少の変更を加えた」提案を考慮しているとの感触を得る。[23]

「改訂の意義を没却」しようとした米側

月が改まっても米側の提案はいっこうに示されない。

その間、アリソン駐日大使は松平康東参与に対して、NATO方式の「原則」については米側も異論ないが、その「実際の運用について、双方互譲と良識とをもつてせざれば成果を挙ぐること」は困難であると伝えてくる。八月も半ばになると外務省は、行政協定改定文書の発効を何とかNATO軍地位協定発効と同日（八月二三日）にしたいので、米側提案の内容を早急に検討する必要があるうえに法務省も交渉開始を熱望しているとして、米側案の提示を督促した。日本側は、著しい遷延の背景には軍関係の事情による「束縛」があると見る。それゆえ、「国防省は、軍側の意見を東京にて代弁せしむるため Henderson なる国防省法律顧問を特派し、大使館内部の会議を牛耳らしめおる由」なのだろうというのも外務省の見立てであった。[24]

ようやく八月一七日にいたり、在日米大使館のパーソンズ参事官より外務省に電話があり、「米側回答公文」を翌一八日午前に外務省まで持参するとの連絡がはいる。一八日に示された米側の回答は議定書案とそれに関連する公式議事録案とから成っていた（以下、八・一八案などと略記することがある）。[25] 議定書案は、裁判権が競合する場合について次のとおり規定していた。

(a) 合衆国の軍当局は、次の罪については、合衆国軍隊の構成員及び軍属並びにそれらの家族に対して裁判権を行使する第一次の権利を有する。

(i) もっぱら合衆国の財産若しくは安全のみに対する罪又はもっぱら合衆国軍隊の他の構成員若しくは軍属若しくは合衆国軍隊の構成員若しくは軍属の家族の身体若しくは財産のみに対する罪

(ii) 公務執行中の作為又は不作為から生ずる罪

(b) その他の罪については、日本国の当局が、裁判権を行使する第一次の権利を有する。(26)

一見したところ、日本案と変わりないようだが、米軍当局の裁判権が軍人・軍属ばかりでなく、それらの家族にまで及ぶとしている。しかし、より問題を含んでいたのは公式議事録案の方であった。(27)

まず同案は、「罪が公務執行中に行われたかどうかを決定する」のは「軍当局」としていた。次いで、一次裁判権を有する国の同権行使について次の一文が含まれていた。

日本国政府は、日本国にとって特に重大である〔be of particular importance〕と認められる場合を除く外、合衆国軍隊の構成員若しくは軍属又はそれらの家族に対して裁判権を行使する第一次の権利を行使することを希望しないものとする。(28)

さらにこの一文に関連して、「日本国が合衆国軍隊の構成員若しくは軍属又はそれらの家族を逮捕したときは、日本国の当局は、合衆国の軍当局にその者の拘禁を移す」ものとし、「日本国が裁判権を行使する第一次の権利を有している場合には、合衆国は、日本国の当局がその事件を特に重大と認めて裁判権を行使することを希望する旨の通告がない限り、拘禁を継続する」とも書かれてあった。[29]

米側案を受けとった外務省は、一八日の午前と午後にわたって法務省当局と同案を検討する。そのうえで、夕方にはバッシンを招致し、①議定書については、家族の問題をのぞき特に問題なく、わが方として受諾して差支えない、②議事録については、第一次裁判権の放棄および身柄の取り扱いに関する米側主張は、NATO協定、したがって本件議定書の〝原則〟を根本からくつがえし、行政協定改定の趣旨と背馳するように見える、と伝えた。このとき外務省は、②の点は「米国防省及び軍側の無理押しなるやも知れず」と推測していた。[30]

外務省と法務省の検討作業は一九日午前も重ねられ、受諾困難な問題点が次の三つに絞り込まれた。

法務関係にて我方として受諾困難なる点は、(一)議定書については、米側が第一次裁判権を有する者の中に、NATO協定になき家族を包含せしめんとすること、(二)議事録については公務中に行われた犯罪なるか否かを何人が決定するか(米案は米軍のみが決定権を有するとするに対し、法務省は日本国裁判所が決定すべきものなりと主張す)の点、(三)NATO方式にては日本側が公務外に行われた米軍人の犯罪につき第一次裁判権を有することとなつているのに対し、米側議事録案は、日本国政府は、例外的場合を除き、右裁判権を行使しないものとし、右例外的に日本国政府が裁判権を行使する場合には、その希望を、米当局に通告することを示し、この通告の形式等については、特に規定せず、合同委員会が定めるものとしている点である。[31]

（三）について法務省は「行政協定改訂の意義を没却するもの」とまで言い切った。[32]

同日正午、松平参与、下田武三条約局長、三宅参事官が、パーソンズ参事官、ヘンダーソン国防省法律顧問、バッシン法律顧問と会見し、日本側の見解を伝えたうえで、「両者互譲の見地」より「双方にとつて満足できる解決案を案出するのでなければ交渉は打開困難なる難問に逢着す」るとの懸念を伝える。これに対して、パーソンズは日本側の立場について検討を加え、修正を希望する点につき研究することを約束した。しかしヘンダーソンは、「米側提案は国防省及び国務省にて多大の労作の後決定せられたるものなるをもつて、修正困難なることを力説する」有様であった。米側の対応をめぐって外務省では、法務省の態度も強硬なので、「もしこの点につき米国側がヘンダーソンの主張する如く一歩も譲歩し得ずとの立場を取るにおいては、交渉は決裂の外なく、従ってここに何等かの打開を計ること絶対に必要と認められ居る」との危機感が生まれる。[33]

さらに外務省にとって、米側との折衝内容の一部が報道に漏洩したことが追い討ちをかけた。同省は、そのことが「米軍側を著しく刺戟し」たと見て、①今後は正式会談を開き、交渉内容をそのつど限定的に公表することとし、②外務省記者クラブに抗議し、③今後、改定交渉関係の記事を書かないよう申し入れる、などの措置を講じなければならなくなった。[34]

内容重視の米国、形式重視の日本

交渉が行き詰まるなか、三宅参事官は前記の三項目に関して米側議事録案を「至急大修正ないし撤回せしめる」以外に打開策はないと判断し、バッシン法律顧問と個人的な「懇談」を持つことにする。三宅がそう考えるにいたったのは、協定を骨抜きにするような案は受諾できないという「わが方の立場を守る」ことに加えて、交渉の遷延や決裂が「わが国民の対米感情及び日米関係に及ぼす悪影響」に対する憂慮があった。[35] そのあたりを三宅は次のように記している。

……八月二十一日（金曜日）午後一時ごろから東京倶楽部においてバッシンと午さんを共にしたが、食事の前に、三宅より、「本日は交渉者としてでなく、米国の同盟国の国民の一人として、個人的に率直にお話したいと前提し、これまで米国は日本の利益になる多くのことをしてきたが、それにもかかわらず、日本国民の間に反米感情が相当はびこつている。従つて現在の日米関係において最も重要なことは、日本国民の対米感情を改善し、両国を結ぶ精神的ちゆう帯を強化することであると思う。それは、日米それぞれのためになるのみならず、自由世界のグレイト・コーズを守るため必要であると思う。今回の交渉もこの大局的見地に立つて考えられねばならぬ。この交渉は、ＮＡＴＯ方式に改めるための交渉で、簡単に、短時日のうちにまとまるものと国民は思つている。しかるに、若し長引けば、何ゆえであろうかということをだれでも疑うであろう。いくら新聞記事をとめて見ても、知識階級や新聞記者は、米側が何かＮＡＴＯ方式と違つた無理な要求をしているに相違ないと推測するであろう。そして、そのことは日米関係に好ましくない

影響を与えるにきまつている。私は、そのことを真に心配している。」と述べた。[36]……（傍点原文）

講和後も米兵犯罪が続発することに国民のあいだで反米感情が高まってきていることを憂慮した三宅は、行政協定の改定によって日米関係を強固なものにすれば、それは日米関係のみならず共産主義に対する自由世界の防衛という大義にも貢献することになるとの論拠でバッシンを説くのだ。そのためには、どうしても交渉をまとめる必要があった。

三宅に対してバッシンは「全く同感」であると述べたうえで、「それではどうすればよいと思うか」と一次裁判権放棄規定をどう書くかという具体的な方策を尋ねてきた。[37]

具体的方策をめぐる、その後の両者のやりとりは次のようなものだった。

……三宅から、「とにかく、日本の第一次裁判権行使の程度に関する米案（公式議事録案）の撤回を希望する」と答えたところ、バッシンは、「日本の第一次裁判権行使の程度に関する日本政府の方針を公式会議の席上日本側代表が陳述し、それを同会議の記録（両国代表が最後にイニシアルする）にとどめる方式はどうか」と私見を求めた。これに対し、三宅は、「これは、個人的意見であるが、その記録が極秘の扱いをされるならば、右の方式は、日本側としても考慮しうる余地があるように思う。しかし、その内容については、米案のように、日本側第一次裁判権の行使を特に重要なものに限ることは不可能であると思う。私見であるが、マイナー・ケースについては、通常、第一次裁判権を行使するつもりはないということ位ならば陳述できるのではないかと思う[38]（傍点は明田川）。

三宅から、一次裁判権を放棄する旨の文書が「極秘」扱いの陳述形式をとるのであれば一考の価値があると述べているのは、中身より体裁を重視する日本側の姿勢をよく表している。会談の後段は、陳述方式とすることを日米どちらから持ちだすかということに移っていく。

「とにかく、私が最初に述べた政治論には、貴官も同感とのことであるから、貴官の意見として、アリソン大使及び軍側に進言されたい。」と述べたところ、バッシンは、これを承諾するとともに、「日本側の第一次裁判権行使の問題については、前述の方式を日本案より提案されてはいかん。」と述べた。(39)

しかし三宅は、そもそも日本側一次裁判権放棄の問題は米側が希望してきたのであるから、米側から新提案を示すのが適当であろうと答えた。これに対してバッシンは、「パーソンス参事官とも相談の上、ワシントンに請訓して見よう」と述べるにとどまった。(40)

ふたたび二五日、午餐を共にしながらの会談で、バッシンは日本側一次裁判権放棄の方式に関する米側提案を記した次のメモを三宅に手渡した。

（一）形式について

米側は、日本側が第一次裁判権を放棄すべき場合を議事録に書くという形式には執着しない。

他の可能な形式としては、交換公文又は米大使館に対する一方的書簡でもよい。

（二）内容について

もし日本側が、米側の提案した放棄に関する議事録案の内容を含み且つ日本側の見地から適当と認められる放棄に関する方針のステートメントを大使館に示すならば、交渉は促進せられることと信ずる。(41)

バッシンから意見を求められた三宅は、私見と前置きして、交換公文や一方的書簡の方法は日本側として「不可能」であり「問題にならない」が、公式会談等の席上、第一次裁判権の実際的運用の方針ないし見透しを一方的に陳述する位のことならば法務省も同意するかもしれないと述べる。(42)あくまで外交上の正式文書としては約束できないことを念押ししたのである。

これに対してバッシンは、ワシントンは形式には重きを置いていないが、内容については原案（八・一八案）の実質を確保せよと強く言ってきていると述べる。さらに三宅から、米原案のように日本側一次裁判権の行使を日本にとって「特に重要な」事件に限定することは、ＮＡＴＯ方式の原則と例外とを転倒するもので、そのままでは、とうてい日本側としては受諾困難であるとの見解が伝えられた。(43)

しかし、この日の会談は三宅に一つの収穫をもたらしたようだった。それは「まず形式の点で米側の譲歩が明らかとなつた」ことである。三宅はこれで「氷は破られた」ものと見てよく、さっそく提案を上司に報告し、法務省とも研究したうえで、結果を知らせようと米側に約束して別れた。(44)

「密約」による決着

法務省では、津田實刑事局総務課長が、公式会議における口頭陳述案を内容の面で幾らかでも原則に近づけようと知恵を絞っていた。津田案は「日本側においていかなる事情にてらしても〔be of no importance to Japan in any respect〕重要であるとは認められない事件については、日本側として裁判権を行使する第一次的の権利を行使する意図を通常〔under ordinary circumstances〕有しない」というものだった。[45] 日本側にとって重要な事件を厳しく見定めようという趣旨である。

津田案は法務省側の「最終的譲歩案」と位置づけられ、二七日に米側へ示される。しかし米側は、形式はこれでよいが、「日本にとって「特に」重要な事件を除いては、日本は、第一次裁判権を行使することを望まないとする了解事項」をとりつけるべしと主張する本国からの強硬な訓電に接しているとして「応説の色を示さず、交渉は危機に逢着する」にいたった。[46]

二九日、今度は米側から、「日本国政府は、合衆国の軍法に服する合衆国軍隊構成員、軍属、またはそれらの家族に対して、日本国にとってきわめて重要である〔be of exceptional importance〕と思われる事件以外は第一次裁判権を行使する意図を有しない」ことを合同委員会（刑事裁判権分科会）日本側代表が陳述する案が示される。日本案の「いかなる事情にてらしても重要」が「きわめて重要」に変えられるいっぽう、「通常」の文言が削除され、日本による一次裁判権放棄の確度が高められていると読める内容であった。三一日にも再び米側から案文の提示があったが、合同委員会で日本側代表が行う予定の口頭陳述案に関しては二九日案の当該箇所に変更はなかった。[47]

米側の案文に対して日本側は、NATO協定の原則を厳格に実施する場合、実際上の見地から多少の弾力性のある了解事項を設けることは日本側としても希望するところだが、そのような実際上の考慮が原則にまで影響を及ぼすことは容認できないと、これまでの立場を繰り返す。そして、初めて米軍関係者も参加して行われた九月三日の会議において、「公務中」の認定、身柄引き渡し、裁判権放棄通告の方式などの問題で進展が見られる。日本側は、「先方〔米側〕の努力もあり、著しく歩み寄りを見た」との印象を持つ(48)。

八月二九日に米側案文が示されて以後、日本側では法務省が再度の「最后案」を作成し、外務省へ届けている。同案は、前回の「最終的譲歩案」が「いかなる事情にてらしても重要である」事件以外は放棄する趣旨であったのを「実質的に重要であると認める」事件以外は放棄すると改めたいっぽうで、「実質的に重要であるか否かの認定は日本国の当局の専権に属する」と重要性の決定権がもっぱら日本側にあることを明示する一文が加えられていた(49)。

この案に基づき、外務省は遅くとも四日までに、「日本政府は、日本にとって実質的に重要と認められる事件を除き、通常第一次の裁判権を行使する意図を有するものではない」(The Japanese Government does not normally intend to exercise its primary right to exercise jurisdiction except in cases considered to be substantially important to Japan) という案文を準備する（傍線は原文）(50)。案文の趣旨を、外務省（松平参与）は次のように説明している。

　この案は particular を substantial に改めるものにて、先方は、形容詞を欲するは文法的意味よりも政治的意味にて、内容はさまで重要ならずと申しおる関係もあり、先方に受諾せしめる可能性大なりと存ぜられる。しかしながら、問題の重要性にかんがみ、この問題だけは、最後まで残し、他の問題解決したる上、国内に与うる影響も十分勘案、慎重考慮の後（法務省、法制局及び検察庁はいずれもこの案程度ならば国会その他答弁に自信ありと申しおれり）、更めて、御許可を得て、先方に受諾の意思を表明し、交渉を完結いたしたく考えおる次第である。(51)

新たな日本側案文は八日に行われた会談で示されたものと推察される。同日の外務省文書には、「米側にてわが方立場を認めた結果わが方案にて解決の目途着いた」との記述が見られる。(52)

さらに九日、一〇日と折衝が続けられ、「先方原案（八・一八案）を撤回」し、日本側代表が第一次裁判権の原則的な放棄を趣旨とする一方的口頭陳述を合同委員会で行うことでまとまる。そのさい日本側から「最後的譲歩」として、陳述の「取扱を更に一段落し合同委員会の（正式会談ではなく）分科会で日本側代表が行う」こととして、その内容を記した文書は「（部外秘の取扱とす）」る「我方案」が提示され、米側もそれを受諾した。(53) 日本側代表による陳述とその内容を記す文書の性格について、外務省文書は次のように記している。

第一次裁判権抛棄に関する問題は、結局別紙（甲）のとおりの案文を、合同委員会刑事分科会にて、法務省津田総務課長が陳述し、その議事を合同委員会本会議に報告することとし、議定書本文、議定書議事録、正式会談議事録のいずれにものせず、従つて本件関係文書中より全く削除せらるることとなつた。なお、法務省総務課長の陳述は部外秘の取扱とされる。(54)

日本政府は、二〇一一年八月、一九五三年の行政協定刑事裁判権規定改定にからむ外交文書を公開するにあたり、日本側一次裁判権放棄の密約といったものは存在せず、同裁判権を行使するか否かは日本政府独自の判断で行ってきた／いる、との声明をわざわざ発している。[55] しかし当の日本側文書が、日本側一次裁判権の原則的放棄を内容とする日本側代表の陳述を「部外秘」とすることを日本側からオファし、米側もそれを受諾したことを示しているのである。文書公開時の政府声明は、はからずも密約の存在を逆証しているかのようだ。

以上が、日本側第一次裁判権放棄密約といわれるものの成立経緯のおおよそだが、その経緯をまとめるにあたって参照した日本側外交文書の束を見ながら、筆者はそのなかに「大臣内奏資料」および「内奏資料」が含まれていることに気づいた。内奏というのは、政治や外交について時の閣僚が天皇に行う状況報告のことである。前者には一九五三年五月一五日、後者には同九月一九日の日付がある。日本側が改定案を米側に示し、それに対する米側の反応を待つあいだと、「最大の難関」であった裁判権放棄問題に決着がつけられた後と言うことができる。以下は、じっさいに内奏が行われたと仮定しての話である。[56]

まず、いったい内奏を外務省側と宮廷側のどちらが提案したのかという問いが浮かんでくるが、残念ながら詳細はわからない。なぜ内奏の議題とされたのか、という疑問も湧いてくる。そちらのほうは、三宅・バッシン会談のなかに出てくる三宅の「政治論」が手掛かりとなる。[57]

前述のように、この頃の本土ではまだ米軍犯罪が頻発していた（ちなみに、刑事裁判権条項が改定された五三年一〇月二九日から一か月間の米軍人・軍属・家族による犯罪で、「日本側当局の取扱件数」は四一九件である)[58]。しかも、講和・独立の回復によって、国内にはナショナリズムが勃興しつつある頃だ。そこで、治外法権が維持されたという印象を国民が持てば、それは「無理な要求」をしている米国に対する反感となり、昂じて「日米関係に好ましくない影響」を与え、最悪の場合には米軍を日本から追い出し、「同盟」を吹き飛ばす事態を招来するのではないか。そのような「心配」が、日本の安全は米国（軍）に依存すべきだと考える昭和天皇にも共有されており、そのことが内奏──より正確には同資料の作成──につながったのではないかというのが筆者の推察である。すなわち、岡崎外相がマーフィー駐日大使に刑事裁判権規定の再考を要請した（五三年四月一四日）直後の四月二〇日、やはりマーフィー大使に「米軍の日本駐留が引き続き必要だ」との「確信」を伝え、また、のちには重光外相に対して「日米協力反共の必要、駐留軍の撤退は不可なり」と述べることになる昭和天皇の日米同盟の行く末に持つ強い関心が、内奏資料作成の背景にあったのではないか、という推察である[59]。

「もし公にされれば、それは恥ずべきこと」

ところで、二〇〇九年九月に発足した民主党を中心とする政府が、日米安保にかかわる「いわゆる密約」の調査を行い、その過程でかなりの未公開史料が公開された。六〇年安保改定時の第一回公式会談（一九五八年一〇月四日）の記録も含まれていた[60]。そのなかに次の記述がある。

〔ダグラス・マッカーサー二世駐日〕大使　……此の機会に一件お願し度きことあり。一九五三年十月二十八日刑事裁判権に関する分科委員会での合意議事録の中に日本側は或る場合裁判権の行使を譲る趣旨が記録されている。昨年〔一九五七年六月〕の〔岸信介〕総理訪米の際随員の方にお願したが適当ならずとのことで見送られた経緯あり。米側としては上院に対する海外派遣軍隊の地位に関する年次報告作成の為の、及び進行中の米比条約交渉の為、若し右を公にして差支ないなら甚だ好都合であるので、又お願する次第である。又議事録を其の儘公表すると云ふことではなく間接的に明にすることでも結構である。勿論米側は無理をお願する訳ではないが、若し出来れば甚だ有難いのである。[61]

つまり米国政府は、自国の議会対策上、またフィリピンとの外交対策上の都合で、日本側に一次裁判権放棄密約の公表を、一度ならず日本側に要請したということが書かれているのである。しかし日本側は「適当ならずとのことで見送」ったともある。

適当でないとはどういうことであろう。その問いには、同じ会談の米国側記録が示唆を与える。「日本政府は、もし機密協定が公にされれば、それは恥ずべきことであるし、〔米国〕軍隊の地位に関する協定をめぐって日本国内でさまざまな問題が作りだされることになるだろう、と回答した」というのだ。[62]「さまざまな問題」が起これば、はじまったばかりの安保改定交渉に影響が出ることは必至となる。こうして、岸内閣によって密約は封印を押されたのであった。

ところが、冷戦が終焉をむかえる一九九〇年代に入ってから状況が変わりはじめた。

まず、米国務省日本部長も務めたリチャード・B・フィン氏が、「発生した事件が日本にとって

「特別な重要性」を有する場合を除き、日本は刑事事件の一次裁判権を放棄するという非公式な合意」を「ほぼ四〇年間にわたって……誠実に実施している」と自著『マッカーサーと吉田茂　下』で書いたのだ。[63] ほぼ同時期に、前述の安保改定交渉第一回公式会談の記録を含んだ米国の外交史料集も刊行される。[64] さらに、各国の軍隊地位協定に関する『訪問軍法ハンドブック』も密約の存在に言及した。[65] また、「さしあたり、日本側において諸般の事情を勘案し実質的に重要であると認める事件についてのみ右の第一次の裁判権を行使するのが妥当である」という内容の、一九五三年一〇月七日付法務省刑事局長発検事長、検事正あて通達を含む検察資料が国会図書館において閲覧制限されるといったことも、むしろ密約の存在を暗示するような一件として記憶に新しい。[66]

そして二〇〇八年九月、新原昭治氏が、さまざまな文献や史料で言及されてきてはいても、それ自体は明らかにされてこなかった議事録にたどり着いたのだった。議事録当該箇所の、新原氏による日本語訳は以下のとおりである。

日本代表

1．議定書第三項の規定の実際的運用に関し、私は、方針上の問題として、日本の当局は通常、合衆国軍隊の構成員、軍属、あるいは米軍法下にあるそれらの家族に対し、日本にとっていちじるしく重要と考えられる事例以外については第一次裁判権を行使するつもりがないと述べることができる。この点について、日本の当局は、どの事例が日本にとっていちじるしく重要であるかの決定に関し裁量の自由を保持することを指摘したいと思う。[67]

新原氏が議事録の存在を知って以来「二〇年以上の時間」をかけた末のことであった。

今日まで続く密約の忠実な履行

じっさいのところ、この日本側一次裁判権放棄密約の影響はどうなのだろう。
二〇〇九年五月一五日付の『北海道新聞』は、米軍人等に対する刑事裁判権をめぐる最大の事件の一つであった「ジラード事件」（一九五七年一月三〇日、群馬県相馬ヶ原演習場で、米兵ウィリアム・S・ジラードが薬莢拾いをしていた農婦を射殺した事件）が起こり、同事件に外交決着がつけられる一九五七年半ばまでに、日本側は第一次の裁判権を有する約一万三〇〇〇件の事件のうち、じつに九七％を放棄したと報じた[68]。

また、数年前になるが、日本平和委員会が法務省に開示請求した「合衆国軍隊構成員等犯罪事件人員調」からまとめたところにより、二〇一一年に日本国内で発生した米軍人・軍属・それらの家族による「一般刑法犯」（自動車による過失致死傷を除く）の起訴率は一二％（沖縄県内は二二％）で、二〇一〇年の日本人も含めた全国の起訴率四二％に比べ大幅に低い、と報じられた。そのさい同委員会は、「日本にとって著しく重要と考えられる事件以外は第一次裁判権を行使しない」と米政府に秘密裏に約束した「裁判権放棄密約」を、日本の検察当局が忠実に実行している実態を示すものだ」と指摘している[69]。これが事実とすれば、日本政府による密約の誠実な履行ぶりは四〇年どころではない。

さらに、公務中の米軍人が起こす死亡・傷害事件・事故（ほとんどは交通事故）も、大半が懲戒処分か「処分なし」で済まされ、軍組織での裁判にあたる軍法会議にかけられていないという実態も明らかになっている。[70] こうなると、米軍関係者は日本で公務中であろうがなかろうが事件・事故を犯しても法によってほとんど裁かれないということになってしまう。

右のような実態を伝える沖縄の新聞は、これが「主権国家・日本の現実」としたうえで、次のように締めくくっている。

公務中であろうがなかろうが、米兵が起こす事件・事故は日本の法律で裁かれるべきだ。不平等、不公正がまかり通っている。

基地の過重な負担の軽減に手をこまねいて、日米地位協定が抱える不条理も放置している国は主権国家を掲げることをやめた方がいい。外務省は公務中の免罪を改める対米交渉に踏み出すべきだ。[71]

日本側一次裁判権放棄密約は、不平等、不公平、不条理を生みだす根拠の一つとなっているのだ。そして、日本政府による密約の履行が米国（軍隊）への「忠実」さと「誠実」さであるならば、それが同時に政府の自国民への不忠・不誠実になっているという事実は、国民にとって容認しがたいことであり、また皮肉なことと言わざるを得ない。

Ⅶ　「公務」の定義

前章で跡づけたように、日本は自らに第一次裁判権があっても自発的に放棄するという前提が存在してきた。それでも、そもそも一次裁判権が日米どちらにあるかを決定する「公務」の定義はしばしば日米間で重要な争点を形成した。

近年では、二〇一一年一月に沖縄市で、基地から帰宅途中の米軍属が起こした自動車事故で当時一九歳の青年が落命するという事態が生じ、通勤および帰宅途中も「公務」中であるという一九五六年三月の日米合同委員会合意に疑問と批判が集まった。そのさい、米軍人・軍属は、「その出席を要求されている公の催事における場合を除き、飲酒したときは、その往復の行為は、公務たるの性格を失うものとする」と規定されていることも明るみになり、日米合同委員会はさきの合意から「その出席を要求されている公の催事における場合を除き」の文言を削除することに合意せざるを得なかった。(1)

かつて筆者は「一九五五年の基地問題――基地問題の序論的考察」という論稿で、日米合同委員会の活動内容を跡づけようと試みたことがある。[2] しかし委員会の一年間の活動を俯瞰するに留まり——それでも管見の限り、当時そのような実証研究さえ皆無であった——個別の問題点にまで立ち入るにはいたらなかった。本章では、そのときの反省を踏まえ、改めて米軍人・軍属の「公務」に関する合同委員会合意の成立過程を検証したい。

日本政府による問題提起

「公務」の定義が合同委員会で議論されることになったきっかけは、一九五四年から五五年にかけて米軍人および軍属が通勤または帰宅途中に起こした四件の交通事故であった。五四年一二月一三日に都内で軍属の起こした事故では被害者が死亡している。また、同一一月二四および二六日には西宮市で米軍人（少佐）と軍属が相次いで重傷事故を起こしている。前者は、米兵が車で帰宅途中——制限速度四八キロメートルのところを六八キロメートルで走行中——乳母車を押す女性に衝突するという事件であった。米兵の宣誓供述書によれば、「甲子園ホテル」で開かれた「公のパーティー」に出席した帰り途での」事故だったという。さらに五五年一月二六日には小倉市において、キャンプ内でボウリングをしながらビール二本を含む飲食をとったあと帰宅途中の米軍人（大尉）が、歩行者をはねて重傷を負わせている。[3]

米軍関係者による事件・事故件数全体をみても、五二年から五六年まで、およそ六〇〇〇、七〇〇〇、一万一〇〇〇、一万一〇〇〇、一万三〇〇〇と増加の一途をたどっていた。[4]

こうした状況をうけ、日米合同委員会において日本側代表が、米軍人や軍属が基地への通勤または基地からの帰宅途中に、日本国民に対して過失により惹き起こした先の四件の交通事故に関連して、「公務」の決定を標題とするメモを提出したのは五五年四月二一日のことであった。

メモの骨子は次のようなものである。①関係の米軍指揮官は、当該事故が公務遂行中の作為または不作為から生じたものとする証明書を日本側当局に提出した。しかし日本政府は、それら公務の証明に反対する十分な理由があるものと考え、日米合同委員会刑事裁判管轄権分科委員会合意にしたがい、「公務」範囲の決定を取りあげるよう提案する。②行政協定付属議定書第三項(a)(ii)および公式議事録に言及のある「公務執行中」の語は「公務時間中」〔during the duty hours〕ではなく、「公務実施の過程において」〔in the process of executing official duty〕と解釈されるべきである。[5]

さらに日本側は、「公務」に関わる合意事項につき次のような見解をしめす。合意事項（第三九項）では、「公務」とは法令、規則、上官の命令または軍慣習によって、要求され、または権限づけられる一切の任務もしくは役務を指すと相互に合意している。たとえば、(a)歩哨に立っている合衆国軍隊の構成員が挙動不審者を発見・誰何《すいか》し、守則に従って威嚇のために銃を発射したところ誤ってその者に傷を負わせた、(b)上官から公務として甲地から乙地へ行くべき命令を受け自動車を運転中に誤って人を傷つけた、などは公務執行中の行為を構成するものと言ってよい。[6]

このように、日本側は「公務」に該当するとされるものを例示した後、反対に該当しないものとして次のようなケースを示した。合衆国軍隊構成員が昼食をとるために勤務場所から帰宅することは、その帰宅が公務時間中であっても、公務の範囲内の行動とは考えられない。そして、このような事案において、構成員が不注意にも過失運転により人を死傷させた場合、そのような罪は公務実

施の過程でなされたものとは解釈できない。構成員の通勤または帰宅途中に犯した罪については言うまでもない。(7)

これに対して米側は以下のように反論した。米軍構成員または軍属が米軍の施設・区域外に住居を持つことを認められている場合、それらの者は軍当局によって宿舎から指定された勤務場所へ出勤し、勤務終了後は帰宅することを命じられていると見なすべきであり、したがって、彼らは通勤または帰宅途中も、なお公務中にあると考えられる。(8)

この主張に対して日本側は、①合意事項（第三九項）に規定された「公務」の範囲は広義に解釈されるべきではなく、個々のケースごとに慎重に考慮すべきである、②東京・西宮・小倉で起きた四つの事案が軍命による通勤・帰宅途中のものと見なすのは合理的と思われない、③これらの理由にかんがみ四つの事案は「公務」の範囲外で犯された罪の範疇に入れるべきである、などと切り返した。(9)

通勤、寄り道、飲酒も公務？

七月二八日の委員会では、米側代表が「行政協定第一七条附属議定書の「公務」の解釈」（七月一八日付）という文書に基づいて反論を行った。(10)まず、小倉で米軍人が犯した事案を除く全ての事案で賠償が支払われ、請求権者からは赦免状を受領していることが述べられた。そして、合意事項第三九項が「「公務」とは、法令、規則、上官の命令又は軍慣習によつて要求され又は権限づけられるすべての任務若しくは役務を指すものとする」と規定していることを確認したうえで、次のような見解をしめした。

海外において、軍隊構成員または軍属が、その認められた住居または宿舎から勤務場所への通勤にさいして、また勤務場所から住居・宿舎への帰宅にさいして行う必要な移動は軍慣習により承認され、または必要とされる公務である。このように必要な移動の途中で生じ、異議を申し立てられた自動車の不適切な操作は、如何なるものといえども自動的に当該の個人から公務たるの地位を奪うものではない。(11)

この米側の見解によれば、国外に駐留する米軍人または軍属の通勤・帰宅途中も「公務」中であるという解釈の根拠は、突き詰めれば「軍慣習」(military usage)であり、そのことに受け入れ国も同意しているに過ぎないということになる。

このような原則に立って、小倉の事案については、当該軍人が軍慣習と規則により二四時間態勢で部隊内の消防任務に任じられており常に公務の地位にあったこと、および、任務遂行中は米国政府所有の自動車を使用することを認められていたことを理由に、当該軍人が公務の地位を奪われるものではないと主張した。最終的な米側の言い分は、したがって「四件ともが公務の範囲外でなされた作為または不作為であるという日本側の見解には同意できない」というものであった。(12)

一〇月二五日に開催された合同委員会刑事裁判権分科委員会の「非公式会談」では、日本側から、小倉の事案を他の三件とは別に議論すること、当該事案において検察は起訴しない意向なので公務問題の判断は不要であること、同事案でとる処置は公務に関わる今後のその他の事案の先例とは考えないこと、などが提案された。他の三件に比べて事情の複雑な小倉の事案を別扱いとして、「公務」の解釈一般で結論を得ようとしたようだ。米側も「同事案を公務に関わる問題の先例として考慮しないこと」に同意して議論がはじまる。[13]

最初に小倉以外の三事案につき「一般的な提案」を示したのは米側だった。当委員会に落ち度はないものの三事案の処置にはずいぶん遷延の感がある、西宮と小倉の事案の米軍人は帰国命令を受けており、残りの軍属も随時に命令に接する可能性がある、と日本側を牽制する。[14]

そのうえで米側が示した提案は以下の内容を含んでいた。①NATO諸国における勤務場所への移動および同所からの移動を米軍は公務と考えている。②問題の結論が出るあいだ、米軍人と軍属四人を日本に留めておくのはとても費用がかかる。また、当委員会が公務の定義について合意に達し得ないという理由だけで彼らを日本に留めおくのは公正でない。③すでに小倉の事案を除く三つの事案では被害者とのあいだに満足のいく解決がついていると思われる。米側は小倉の事案についても、いつ請求が提示されても解決に応じる用意がある。④これらの事案は、重大な過失を含むものではなく、日本にとって「実質的に重要なもの」とは考えられない。⑤すべての事案からほぼ一年が経過している。そして米側は、三つの事案が小倉の事案と同じ方法で処理されるべきこと、つまり日本側が「公務」中と認め裁判権を行使せず、分科委員会は勤務場所への移動および同所からの移動が公務かどうかという公務問題の検討を継続する、などの点を提案した。[15]

米側の提案に対して日本側は、「公務に関わる残りの〔三つの〕事案が日本にとって実質的に重要なものではないという見解には同意できない」としながらも、次のような対案をしめす。

日本の最高裁判所は公務をとても狭く解釈してきた。しかし、状況を考慮して、当方は最高裁よりも緩やかな見解を受けいれる用意がある。個人が、直接に、認められた宿舎から勤務場所へ通勤したり、同所から帰宅する場合には、かかる移動は公務とするが、同人が私用で何処かへ立ち寄った場合は公務ではないと提案する。飲酒のために立ち寄る場合は公務ではない。しかしながら、個人が「公の催事」に出席し、直接に帰宅した場合、その移動は公務と考慮されるものとする。(16)

通勤・帰宅途中も「公務」中であるとする米軍側の態度が固いとみた日本側は、それを認めたうえで直行直帰に限定しようという方針をとった。しかも、「公の催事」であれば飲酒も容認することに途を開くような提案である。筆者は、五六年三月の合同委員会で合意される「公務」の原型はこの日本側提案にあったと考えている。

その後は「寄り道」について次のような議論が交わされた。

（米）日本側は寄り道を公務とお考えだろうか。すなわち、勤務場所からの帰宅途中に、ＰＸ、ドライクリーニング工場、ガソリンスタンド、販売所に立ち寄り、その後に住居へ向うことは公務となろうか。米軍の考えでは、実質的な寄り道をのぞいて、ある程度の寄り途は許される。もちろん、個々の事案は各々の事実に基いて判断されなければならない。

（日）〔帰宅〕経路においてガソリン補給のためにガソリンスタンドに立ち寄ることはおそらく公

務となろうが、通常の経路からある程度の離れたところにある洗濯屋やドライクリーニング工場に立ち寄ることは公務にはならないであろう。当方は、通常の経路からの寄り道は最小限に抑えたい。[17]

「実質的な」とか「ある程度の」と、曖昧さの残る議論である。米側はつづけて、寄り道（立ち寄り）の決定方法について提案する。

（米）いやしくも立ち寄りがあった場合、時間的にまた距離的に、当該人物が公務執行中であったかどうかという疑問が生じる。この問題の決定には、おなじような状況における他の将校および下士官兵の慣習や慣行が考慮されるべきである。住居から勤務場所への移動および同所からの帰宅が、通常または正規の経路から実質的な寄り道をすることなく行われた場合は公務であるとの合意に達することができるならば、当方は十中八九そのような考えを支持する。[18]

米側は、またも軍の「慣習」や「慣行」を公務認定の基準として持ちだしてきた。これに対して日本側は、「公務の考えを「直行直帰」に限定したい。限定的な解釈が適用されるべきだ」と反論した。[19]

議論が重ねられた結果、①通勤および帰宅は公務同然と考慮する、②通常、飲酒はその者から公務たるの地位を奪う、③立ち寄りの問題は個々のケースごとに検討・決定する、④小倉の事案を除く三事案は本会議で妥結した合意によって処理される、⑤本会議は非公式会議なので、会議で合意に達した見解を盛り込んだメモを作成し、正式会議で承認を得る、などの点で意見の一致がみられた。なお日本側から、それまでの公務に関する日米合意（第三九項）はそのままにしておきたいが、「日本の検察方面には必要な指示を遺漏なく発する」意向が伝えられている。[20]

一一月二一日の刑事裁判権分科委員会では、「飲酒」について米側から次の新提案がしめされた。

もし、合衆国軍隊の構成員又は軍属が、公の催事以外で飲酒した後、その勤務の場所から宿舎又は住居に帰る途中で交通事故を起した場合において、その飲酒が、自動車を運転する場合における判断力を、感じられる程度にそこなわしめるに足りるものであったときは、その公務の性格は失われる。[21]

言い換えれば、「公の催事」以外で飲酒しても、その飲酒が「自動車を運転する場合における判断力を、感じられる程度にそこなわしめるに足りるもの」でなければ公務の性格は失われないということになる。運転に必要な判断力が損なわれていると感じられる程度とはいったいどれほどのものなのか。誰が感じるのか。疑問だらけだ。ところが、「このように了解するか」と米側に問われた日本側の態度は「然り」であった。[22]

さらに「公の催事」の決定者をめぐって日本側は、行政協定第一七条第三項(a)(ii)に関する公式議事録に掲げられている、当該米軍構成員または軍属の指揮官または指揮官に代わるべき者の発行する証明書には、特定の催事が公的なものであるか否かの決定が記載されていると思われ、その意味において「当該指揮官又は指揮官に代るべきものが一応の決定をする」こととなる、との見解もしめした。日本側が提示しえた規制と呼べるようなものは、「公の催事」という用語は、たとえば数名の者が飲酒のために任意に集合してもそれは公の催事ではないが、公の、かつ、社交上の慣習により一定の将兵または軍属が、一定の社交上の催事に出席することを実際上要求されることがあることは認める、と言うことぐらいである。(23)

これらを踏まえたうえで日本側がくだした結論は、「軍慣習によって、右のような出席が要求される場合には、このような催事を公務と認めることにやぶさかではない」というものであった。「軍慣習」によって「指揮官」が認めた「公の催事」で「飲酒」したのち、自動車を運転して帰宅する途中で事故を起こしても「運転する場合における判断力を、感じられる程度にそこなわしめるに足りるもの」でなければ、「公務」の性格は失われないということにもなり得るわけである。

こうして、一一月二一日の分科委員会では「飲酒」と「公の催事」をめぐって、一〇月二五日の非公式会談にはなかった議論も展開されたが、「公務」をめぐる五六年三月の以下の最終合意は、非公式会談で実質的に日本側が提案した「緩やかな見解」が原型になっていると了解してよいのではないか。

行政協定第一七条第三項ⓐⅱにいう「公務」とは、合衆国軍隊の構成員又は軍属が、その認められた宿舎又は住居から、直接、勤務の場所に至り、また、勤務の場所から、直接、その認められた宿舎又は住居に至る往復の行為を含むものと解釈される。ただし、合衆国軍隊の構成員又は軍属が、その出席を要求されている公の催事における場合を除き、飲酒したときは、その往復の行為は、公務たるの性格を失うものとする。[24]

そして、日本側が言明したように、上記の合意内容と一一月二一日の会議の正式議事録とは「日本の検察方面に……遺漏なく発」せられた。一九五六年四月一一日付で刑事局長事務代理から検事総長、検事長、検事正に宛てて発出された文書（刑事第八〇二六号）は次の内容を含むものである。

合衆国軍隊の構成員又は軍属のその認められた宿舎又は住居から勤務の場所への往復行為が、日本国とアメリカ合衆国との間の安全保障条約第三条に基く行政協定第一七条第三項(a)(ii)にいう「公務」に該当するかどうかについては、予てから、その調整に関し、日米合同委員会刑事裁判権分科委員会において協議を重ねてきたところ、去る昭和三一年三月二七日の同分科委員会において合衆国軍隊の構成員又は軍属が、その認められた宿舎又は住居からその勤務場所への往復の途中において起した交通事故に関する事件について、別添（一）〔前記の最終合意〕のような解釈をとることに両国の当局間の意見が一致し、同月二八日日米合同委員会においてその承認があったから、通知する。よって、今後事件処理に際しては右によることとせられたい。[25]

しかも、これまで見てきた「公務」や「飲酒」や「公の催事」に関わる行政協定の運用については、米軍ばかりでなく、国連軍の軍人・軍属についても「右に準じて取り扱うこととせられたい」と伝えられた。[26]

Ⅷ　沖縄米兵犯罪と裁判権移管問題

いわゆる本土における米兵等の犯罪は一九五六年をピークとして六一年までに急激に減少していった――もっとも、群馬県相馬ヶ原演習場での米兵による農婦射殺事件のように、痛ましく、また米兵に対する裁判権を争って日米双方のナショナリズムが沸騰するような事件がなくなったわけではない。急激な減少の要因は陸軍の撤退と海兵隊の沖縄移駐である。

本章では、ベトナム戦争下の沖縄において米兵犯罪が住民生活を侵していく要因を、裁判権、逮捕権・捜査権、蔑視と偏見と差別、暴力における沖縄とベトナムの接続、に着目して跡づける。また、六四年から六八年までの米兵犯罪件数が復帰後のおよそ四〇年間に匹敵する状況に、潜在主権保有国の政府がどう対応したのか――また、しなかったのか――も検討する。

沖縄米軍犯罪の急増

対照的に、沖縄における米兵犯罪は次のように五七年から六一年まで前年比一・一～一・五倍の

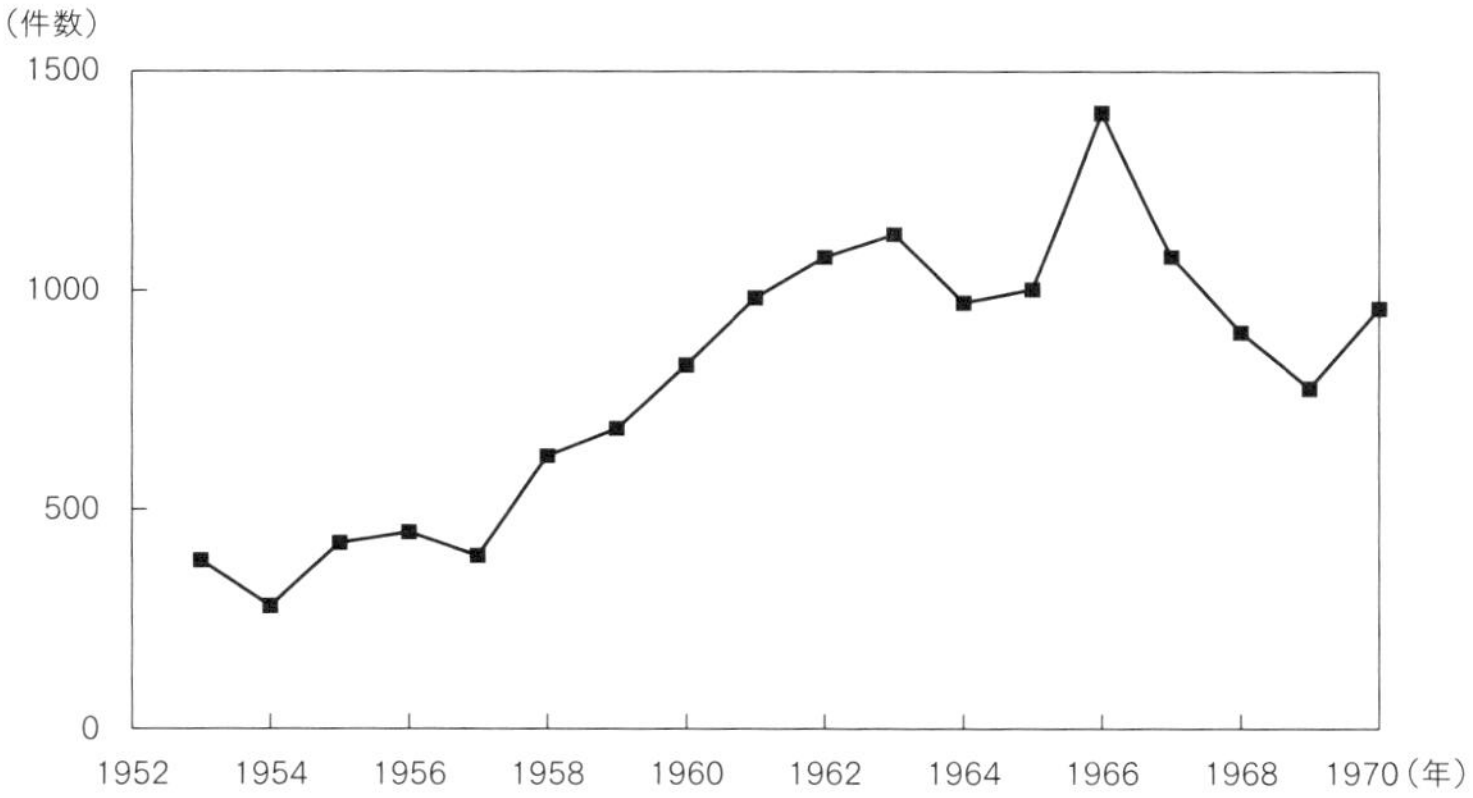

沖縄米兵犯罪件数

割合で増加した[1]。その少し前の五五年には、六歳の少女が米兵に強かん・殺害される事件や、移駐したばかりの海兵隊員による少女暴行事件が相ついで発生し、米兵犯罪は、一時、軍用地問題とならんで沖縄をゆさぶる大きな問題となった[2]。

この状況に沖縄の人々は、沖縄は米兵等に対する刑事裁判権を持たない行政協定改定前の本土と同じだから、せめて同協定改定後の本土と同様に公務外の犯罪など一定のケースについては沖縄の民裁判所に裁判権を移管するよう求めた[3]。

その次に沖縄で米軍人・軍属による多くの犯罪を記録するのは、六五年以降に同地がベトナム戦争の兵站・出撃基地としてフル稼働した時期である[4]。

個々にみても、那覇でタクシー運転手がカミソリで首を切られ死亡した事件（六六年五月）、金武《きん》でホステスが全裸死体で発見された事件（同七月）、おなじくホステスがハンマーで殴殺された事件（六七年一一月）、浦添の米軍属宿舎でハウスメイドが勤務時間中に浴室で殺害された事件（六八年三月）、具志川《ぐしかわ》での女子高生強かん未遂・刺傷事件（七〇年五月）、など陰惨な事件があとを絶たない。また、七〇年五月に瑞慶覧《ずけらん》でタクシー料金を踏み倒した米兵に運転手が耳タブの下半分を噛み切られた事件のように、猟奇性を帯びたものもあった。

裁判権・捜査権のない琉球政府

まず確認すべきは、そもそも琉球政府の裁判所には米軍人・軍属に対する裁判権がまったくなかったことだ。

米民政府布告第一二号「琉球民裁判所制」は、「琉球民裁判所は、副長官が発布する布令の定めるところに従つて、琉球列島におけるすべての者に対して民事の裁判権を有し、国際連合国民を除くすべての者に対して刑事の裁判権を有する」（第一条二項）と規定していた。また、おなじく布令第一四四号「刑法並びに訴訟手続法典」は、「各民政府裁判所の裁判権は琉球列島におけるすべての人に及ぶ」としながらも、「但し、左記の者を除く」として、「A　聯合国の軍事法典又は陸軍若しくは海軍軍法の適用を受ける者」（二・二・五）を挙げている[5]。

さらに、米国政府が一九五七年六月に琉球の統治を民政長官制から高等弁務官制に転換したさいに発布した「琉球列島の管理に関する行政命令」（行政命令第一〇七一三号）でも、「合衆国軍隊の構成員又は軍属」「合衆国国民で合衆国政府被雇者である者」「上記の者の家族」は、琉球政府裁判所の刑事裁判権から「除く」ものとされていた（第一〇節(a)[6]）。琉球では、米軍人・軍属・その家族が琉球側裁判権のまったくの埒外にあり、五三年一〇月における行政協定刑事裁判権規定改定以前の本土と実質的におなじ状態に置かれていたことになる。せめて、米軍人・軍属が「公務」外にあるときなど一定の条件では日本側の裁判権を――協定上は――認めている本土なみに裁判権を移管すべきだという要求が出てくる背景である。

琉球警察の逮捕権および捜査権も布令第八七号「琉球民警察官の逮捕権」によって著しく制限されたものだった。(7)

前者は、警察の近くに米官憲が居あわせない場合の現行犯逮捕に限られた。また、そのような条件があって琉球警察が被疑者・犯人を逮捕しても同警察には捜査権もなかった。六七年四月には、「在琉球各軍の憲兵、陸軍憲兵、島軍CID〔米軍犯罪捜査部〕、民政府公安局及び琉球警察のより良い理解と協力を奨励する必要」から、琉球警察本部長と米軍各憲兵司令官との間に「捜査共助協定覚え書」が交わされるが、いぜん「米国軍要員によって犯された犯罪は、原則として米国軍捜査官が捜査を担当するものとし、米国軍捜査官より要請がある場合は、琉球警察は援助を与えるものとする」（第三条）というにとどまった。(8)

六六年一一月の地元紙記事によって、ある日のタクシー強盗事件を例にとれば、捜査権行使の運用は次のように行われている。(9)

①米兵によるタクシー強盗傷害事件の発生

②数人の当直刑事のうち二人がタクシー運転手をともない現場へ急行。事件を憲兵本部に連絡

③犯行現場に刑事が到着して付近一帯を調べるが、犯人は見つからず。数分後にサイレンを鳴ら

しながら憲兵の車が現場に到着
④刑事が犯人は逃亡したことを憲兵に話し、被害者の運転手と憲兵は普天間署に同行
⑤署では刑事が被害者から当時の状況を聞き、調書をまとめ、調書を憲兵に渡す。受け取った憲兵はサインをする
⑥憲兵は直ちに憲兵隊本部に無線で事件を報告し、本部がチェックした事件受理番号を聞き、普天間署側に伝える

これで、事件は普天間署から米憲兵隊に引き継がれて犯人捜査は憲兵隊が行い、事件も犯人も琉球警察の手の届かないところへ行ってしまうのだ。

蔑視と偏見と差別

米軍統治下の琉球で米兵犯罪の嵐が吹き荒れる理由として、住民に対する蔑視と偏見を挙げることも忘れてはならない。

六六年一〇月に、米軍人らの犯罪を捜査する立場であるはずのＣＩＤが住民に向けて発砲する事件が起きたあと、沖縄県原水協理事長・瑞慶覧長輝氏は、そうした事件は「沖縄人をべっ視しておこるものだ」と語っている。同氏は、とりわけ「米兵の多くが沖縄を植民地的に考え、まだ戦勝者気どりでいること」に犯罪原因をもとめている。そして、その証拠として「私たちが会ったことのある米人たちが、ことばのはしばしに「君たちは負けたのではないか。だれが君たちに食わせてい

るか」などという」ことを挙げたのだった[10]。

また、糸満町で米軍人が起こした女性轢殺事件に対する軍事裁判で無罪判決が下されたあとの七〇年一二月、地元紙の投書欄には二九歳の男性から「沖縄人は野ネズミじゃない」と題する次のような〝声〟が寄せられた。

酔っぱらって車を運転し、スピード違反まで犯して人をひき殺した結果が無罪ではでたらめもはなはだしい。米人の沖縄人に対する人種差別がこんどの判決を生んだのである。

もし沖縄人が米人をひき殺したら米人は無罪という判決を認めるか。認めないはずである。裁判権がどうあろうとこんなでたらめ判決は認めてはならない。このような不法判決をおしつけられることは大きな屈辱であるが、人のうわさも七十五日式にずるずると認めてしまうことはさらに大きな屈辱である。

沖縄人は米国における人種差別に対して黒人がかわいそうだという気持ちを抱きながら自分たちは黒人よりはましであると思っている。ところが、こんどの事件で黒人以下どころか野ねずみ同然の人種として扱われていることを認識すべきである[11]。

この若者は「全県民の怒りを不当判決撤回に向けて爆発させよう」と結んでいるが[12]、数日後、怒りの爆発は「コザ騒動」という形をとって現実のものとなる。

ただし、偏見は沖縄の人々に対する米兵らによるものとのみ見なすことはできないという議論も散見される。七〇年七月の雑誌に掲載された論稿は、米兵犯罪の起こる条件として、「同じ日本人でありながら、本土の人びとの心のなかにさえ、沖縄の人びとに対するそれ〔人種的偏見〕がないとは言い切れぬ」と指摘している。そして、それ以上に「先進大国の米国民という優越感」が「支配者意識」と混交して犯罪の遂行を容易にしていると分析している。[13]

また、作家の佐木隆三氏は、七一年五月に那覇の国際通りで見かけた「物腰が洗練されすぎていて「綺麗なアクセント」で話す「紳士たち」の話していたことを想起する。

あのね、さくら丸が着いたところなの。東南アジア視察の帰り途でね……。え？　生産性本部から派遣されたのよ。ところでキミ、沖縄はどうなると思う？　いやあまずいな、どうなる？　じゃなくて、どうする？　とたずねるべきだったかな。そうでしょ、これからはそうでなきゃあ。[14]

沖縄は「どうする」の主語か、目的語か。作家はそこに、これからは米国に代わって本土が沖縄の生殺与奪を握るのだとでも言うかのような、傲慢さや目線の高さといったものを感受したのではなかっただろうか。

ベトナムから持ち帰られた戦争の狂気

六六年一〇月に地元紙が「「キャンプ・ハンセン」は、ベトナム作戦に参加する全海兵隊の送り出しをうけもっている[15]」と書いたように、ベトナムと沖縄とは米兵を媒介として接続していた。ジャングルでの姿の見えない敵との激しい戦闘がもたらすものは、自暴自棄、絶望、恐怖、正気の喪失である。

六五年一〇月二四日、米本国から南ベトナムの戦場へ輸送途中、沖縄に立ち寄った米兵が起こした兵同士の大規模な喧嘩さわぎに居あわせた米軍将校は、「兵隊たちは米本国で南ベトナム要員として訓練されたものばかりで、いつ死ぬかわからないという不安があるので、やけくそになっている」とコメントしている。(16) 前出の七〇年七月の雑誌掲載論稿も、米兵犯罪続発のまた別の条件として「ベトナム戦争による精神的荒廃」、すなわち「戦場に赴くという絶望感、さらに、戦場での恐怖と狂気をそのまま持ち帰った異常心理」を、沖縄で軍人犯罪が頻発する大きな原因に挙げている。(17)

正気の喪失については、六八年五月の雑誌に掲載された一黒人兵の手記がなまなましい。

三月一日　私はどうも死ということに不感症になってきたようだ。……今朝、南ベトナム政府軍部隊とパトロールに出かけたところ、林のなかに四十歳ほどの男が腰をおろしているのを発見した。南ベトナム軍の軍曹がこの男を尋問しようとすると逃げようとした。するとこの軍曹はカービン銃ですぐこの男を射殺してしまった。軍曹がこの男に「止まれ」と命じたようには思われなかった。

この男の死体からは腸が地上にはみ出し、両脚は引っちぎれたようになっていた。あまりにもむごたらしくて私は声も出なかった。この南ベトナム政府軍軍曹は気が狂ったのだろう。人間の命などどうでもいいと思っているようだ。長い間戦ってばかりいるからこうなるのだろう。数分ほどして私はカンヅメの食糧をむしゃむしゃやっている自分に気がついた。自分も気が狂ってきたのではなかろうか。だが、とにかくカンヅメだけは食べてしまった。(18)

黒人兵は、「声も出な」い惨状の傍らで、いつしか食糧のカンヅメを完食できる我れに気づき、「自分も気が狂ってきたのではなかろうか」と少し醒めた気持ちで自問する。

この他にも、手記には米兵が「ベトコン・ゲリラの遺体を切り取った」という記述や「ベトコンの遺体から切りとった耳を乾燥させてネックレスのようにくびから下げている者も見受けられた」という記述が出てくるが、(19) これもまたベトナムと沖縄が暴力で繋がれていたことを示す証左なのだ。コザあたりでは、米兵から「ベトナムのみやげだ」と言って、ベトナム人の耳を切り取り、乾燥させた「異様な物」を見せられたホステスがいたというエピソードも残されている。(20) また前述のように、「タクシー運転手が料金を踏み倒した米兵に、耳タブの下半分をカミ取られる事件」も起きていた。(21)

ベトナムと繋がる暴力ということでは、「ベトナムで汚れた手」をめぐり、紙上でのちょっとした〝論争〟があった。六五年一〇月、那覇市内在住の男性は、自分の学校に軍楽隊が模範演奏に来たことについて次のような一文を地元紙に投稿した。

……なんでも、その軍楽隊は以前、サイゴンに駐留していたそうです。大部分の学生はこの軍楽隊の演奏を聞いて拍手をおくりました。僕は拍手をおくる気にはなれませんでした。なぜなら、楽器をかなでる彼らの手がベトナム人民の血で汚れているからです。その手が、ベトナム人民の家をやきはらい、ベトナム人民の土地をあらしまわっているからです。

沖縄県の一学校で、平和的音楽を演奏することにより、彼らは、ベトナムにおけるあらゆる行動を、ごまかすことができると思っているのでしょうか。[22]

投書は、批判を米国（軍）が沖縄にプレゼンスしていることに向けていく。

そもそも、沖縄に、米国人が存在していることじたい、矛盾している。その演奏を、きくことは、矛盾を肯定していることになると思う。そのような軍楽隊の演奏は、ボイコットするのが当然だと思う。軍楽隊にかぎらず、沖縄県に不当に存在するあらゆる米国人のわれわれにたいする、あらゆる援助、行為を、拒否することが、行動でもって、米国の沖縄支配を否定することだと思う。[23]

最後に投書は、「僕たちは彼らの手が、ベトナム人民の血でもってよごれていることを忘れてはならない」し、「さらに、彼らの手が、沖縄人民の血でもって汚れる可能性のあることも考える必要がある」と警鐘を鳴らしていた。[24]

「ベトナムで汚れた手」に対しては、「純粋な学生の平和を求める声」であることはわかるものの、「ベトナム戦争がいかなる原因で起こりまたなぜ平和を求める世界の声の中でいまなお続けられているか」ということを、また、「アメリカは自らの侵略のために戦っているのではなくベトナムの自由を守る人々のため共産側からの侵略を防いでいるのではないか」ということを考えなければならない、という批判が寄せられた。批判は、「中共の宣伝をそのままのみこんだような一方的な考え方」や「軍楽隊がベトナムの血で汚れているからボイコットしようなどという考え方」には賛成できないと結ばれている。[25]

ベトナム戦争は――それ以前にも、たとえば新川明氏が「異郷の黒人兵」と題する歌のなかで、「キミたちを圧しつぶそうとする全てを焼きつくせ!」とエールを贈っているが[26]――白人の命令で過酷な任務につかざるを得なくなった黒人兵と沖縄の人々との連携も生みだしていた。

いわゆるコザ騒動の直後には、米軍基地内にいる黒人兵から、「オキナワ人と同様、黒人たちは差別されてきた」という点において「私たちは同じ状況、同じ問題をかかえて」おり、「抑圧された人々が連携してより良い関係を作るために、喜んでオキナワ人と話し合」い、「共に集まり、問題をぶち壊すために、解決法をみつけよう」と呼びかけるビラが大量に撒かれている[27]。コザ騒動では、騒動参加者の側からも黒人兵に対して、「われわれと同じじゃないのかな」ということで「黒人だから許してや」り、「あれがもし白人兵だったらどうなったかわからない」状況が生じていたという証言もある[28]。

もちろん、沖縄の黒人米兵は犯罪を犯さなかった、などと言うつもりは毛頭ない。しかし、かつて米国の歴史学者ジョン・W・ダワーが引いた「全米黒人向上協会」会長ウォルター・ホワイトにならえば、ベトナム戦争は黒人に他の抑圧された人々との親近感を与えた、と言い得るような状況が現出していたのではないだろうか[29]。

「潜在主権」者日本と施政権者米国の対応

沖縄における米軍人・軍属等に対する刑事裁判権移管問題に、「潜在主権」保有者とされる日本の政府はどう対応した/しなかったのか。これを考えることは、現在の日米地位協定改定問題を考えるうえでも何らか示唆を与えるかもしれない。

六六年一〇月にコザでＣＩＤが起こした発砲事件によって市民二名が重傷を負い沖縄の世論が沸騰したことをうけて、また六七年一一月の佐藤栄作首相訪米を見すえ、同年一〇月、三木武夫外相はジョンソン駐日大使に「沖縄に関する当面の問題について」と題する文書を手交した。同文書は、問題を１本土との経済的、社会的格差是正の問題を含む（本土との）一体化の促進、２沖縄住民の自治権の拡大と琉球政府の強化、３米軍と住民との摩擦の問題、４上記問題の解決を促進し、日米琉の協力体制を強化するための機構整備ならびに沖縄住民の国政への参加、という四つに大別する。(30)

裁判権問題については３の「米軍と住民との摩擦の問題」のなかで、「米軍基地の存在に伴う軍要員による犯罪……等の問題については、米側としても、防犯措置の強化、軍事裁判の結果のある程度の公表……等をはじめ、住民の福祉に対する配慮を行っている」ことが認められるから、「米側が今後ともこの方向で実施運用面での努力を行なうとともに、制度的な面でも琉球政府裁判所の管轄権及び琉球政府警察の権限の拡大、並びに住民の請求権の司法的救済の方法についても、十分検討することを希望する」との考えを示していた。(31)しかし、裁判権の移管という〝抜本改正〟までを求める考えとは読めない。

このように消極的な考えは、外務省内でまとめられた次のような対処方針が反映していたと考えられる。

沖縄住民と軍要員との摩擦の問題については、沖縄が米国の包括的な施政権下にあり、沖縄住民は自らの民政に関する範囲内で自治権を有するという建前からすれば、米軍要員についての裁判及び警察の管轄権を琉球政府に委ねる等は政治的にも、法理上も無理がある。政府としては、沖縄住民の権利の著るしい侵害が発生した場合には、その都度日本国民たる沖縄住民の保護のため、必要な申し入れを米側に行なうと同時に、有効な防犯措置と、この面での米琉協力の強化等について米側の配慮を求めることとする。(32)

現実には米国が「包括的な施政権」(立法権・行政権・司法権)を握っており、その米国の権利に容喙《ようかい》することは政治的、法理的、いずれにしても「無理」であるから、日本政府としては米国の「配慮」に期待するしかないというのである。「政治的」というのは、裁判権問題における米国の政策・方針を容認せざるを得ないということだ。「法理的」というのは、裁判権移管が沖縄に日本の司法権を創設することになり、米国の裁判権を毀損してしまうという考えである。このような方針は、他でもなく、日本の沖縄に対する「主権」の実際は名ばかりのもの、形式的なものにすぎないという考え方=「潜在主権」論と表裏一体をなして成り立つ。

ただし、当時は外務省内のこのような考えばかりでもなかった。たとえば、日本弁護士連合会は次のような見解を示している。米兵犯罪に対する刑事裁判権の一部を琉球政府裁判所へ移管したとしても、それは沖縄に日本の裁判権を創設するものではなく、同地における米国の司法権の一部返還を意味するものでもない。法理論的にいえば米国施政権内部の分掌事項の変更=大統領行政命令の改定にすぎず、米国の沖縄に対する施政権の根幹に触れる問題ではない。また裁判権の移管は、復帰時までに出来るだけ本土の諸制度との一体化を図るという復帰準備施策の基本方針にも合致する[33]。このような日弁連の見解は、裁判権の移管は政治的にも法理のうえでも可能であるという点で外務省北米局の考えと正反対をなすが、両者とも沖縄に対する米国の包括的な施政権を前提とする点で共通しているのは興味ぶかい。

他方、米国側も裁判権を日本に移すことについては難色を示しつづける。

六八年一一月、米国務省スナイダー日本部長は木内昭胤在米日本大使館一等書記官に対して、「軍人犯罪の問題はこれをキメ細かく論ずる必要があるとしてもリュウキュウ政府になんらかの形で裁判管轄権を移じようとすることであれば米施政権下では先例もないし、実際的な解決は難しいのではないか」との見透しを述べた。そのうえで、「管かつ権の問題はそれをとりまく個々のかん境をこえて一般論として難解であり、軍当局としても合理的配分には容いに取り組めないのではないかと思う」と、軍部も消極的に対応せざるを得ないことを伝えた[34]。

また、本土において――少なくとも条文上は――公務外の犯罪など一定のケースについて日本側に一次裁判権を認めている地位協定の適用についても、ジョンソン駐日大使が「沖縄の基地と一般住民地域とは、きわめて錯綜しており、現在の沖縄に現在の地位協定を適用することは不可能とは言わないが、きわめて複雑なこととなり、基地の有効性を減殺することになろう」と否定的な姿勢をみせている。本土よりもはるかに高い密度で存在する米軍基地に対して、米兵に対して〝本土並み〟に地位協定を適用すれば、自由に使えるはずの在沖基地が有する軍事的な有効性を殺すことになるというのだ。[35]

コザ騒動でも動かなかった裁判権

硬直した裁判権移管問題を揺さぶったのは一九七〇年一二月二〇日のコザ騒動であった。騒動発生直後、外務省の「特別の要請」によりマイヤー駐日大使は、西銘順治、國場幸昌、稲嶺一郎ら沖縄選出国会議員を含む六名の自民党メンバーと会談している。自民党側から、米側は在沖米軍に対する刑事裁判権の移管を、少なくともその提案を検討することに同意すべきだと迫った。しかしマイヤーは、建設的な意図は歓迎するが、事態を鎮静化させる必要を強調し、「裁判権の移管は、かりに不可能でないにしても、最も複雑な問題である。どのような場合でも議会が関係してくるであろうから、そうなれば返還自体よりも長い時日を要することになってしまうだろう」と説いて、裁判権移管の提案を検討すべきだという要請を退けた。[36]

また、自民党メンバーのあとにマイヤーと会談した愛知揆一外相は、佐藤首相はじめ内閣は事態を鎮静化するための措置を双方が執ることを望んでおり、米側が沖縄の「特殊な感情」に留意すべきであり、後味の悪さを残さない事態解決を望む、と語った。これに対してマイヤーは、米軍の人員が所有する車を破壊し火をつけるといった行動は沖縄の人々の不満を斟酌しても絶対に正当化できるものではない、米側は沖縄の人々の感情について前向きに議論する意思を有するが、暴力は許されるべきではない、と力説する。そしてマイヤーは、自民党メンバーとの会談にふれながら、日米双方がお互いの司法制度を公明正大なものと見るべきだと述べ、自民党議員らに告げたのと同じ

理由を挙げて、「刑事裁判権を琉球政府の裁判所に移管することは極めて困難である」ことを強調した。(37)

ワシントンでは、一二月二一日（現地時間）に木内書記官が国務省のエリクソン日本部長と会談する。エリクソンは、まず事件について次のような所感を述べる。①米側は事件およびその成りゆきを極めて重視している。②本事件に関連してランパート高等弁務官が毒ガス撤去は見送らざるを得なくなるかもしれないと発言したことについて、日琉ではこれを脅迫であるとか時宜に適さないとか種々曲解する向きがあるようだが、これはランパートの人柄から見て不穏当である。ランパートは脅迫するときは言動で行わず行動でしめす人柄である。③裁判権問題については、「裁判権の移管を望む声が日琉側にあることは承知しているが、返還が実現しない流動的な現段階においては移管は論外であることを日本側においてもつとに承知しておいてもらいたい」（傍点原文）。裁判権移管についてはゼロ回答という厳しい対応ぶりである。(38)

またエリクソンは、④糸満事件およびコザ騒動のきっかけとなった自動車事故の詳細は承知していないが、この種の事件を感情的に利用したら際限なく、とにかく鎮静化させて曙光を見出すほかない、とつづけた。さらにエリクソンは、⑤屋良主席の米側との関係は私的にはよいが、公的には同主席の革新的立場からして、いたく反米的であり、この事実は沖縄の雰囲気改善に悪く作用している、⑥ランパートは沖縄の米軍関係者に住民への報復に出ないよう警告を発しているが、日米双方が自重して事態をエスカレートしないようひたすら努力すべきである、などと警告した。(39)

また木内は同日、陸軍省のフレイマス沖縄担当官から、①「本事件は、〔米国が〕オキナワの施政を担当して以来最悪のもの」であり、陸軍省としては当面は高等弁務官にすべてを任せておいてよいと判断している、②糸満での交通事故が騒動のきっかけの一つと見られているが、その処理が不手際であったかどうか、また、本土におけるこの種の事件の取り扱いに較べて沖縄では手ぬるいかどうか比較する術がないが、「公正にやっていると信じている」などと伝えられる。そのさいフレイマスは裁判権移管について、「現地側に移譲される能力を欠いて」おり、「本土の如く地位協定に基づき名実共に責任ある体制が整つて」いない限り、米軍としては到底これに応じられないうえに、議会との関係でも応じられない問題であると告げたのだった。(40) ここでの「名実共に責任ある体制」とは、米軍人等に対する米側裁判権の最大化を、日本政府が責任をもって保証する体制という意味であろうか。

こうして沖縄の米軍人・軍属等に対する裁判権は沖縄の側に寸毫も動くことなく、一九七二年五月の「本土並み」施政権返還によって——フレイマスの言を借りれば——「本土の如く地位協定に基づき名実共に責任ある体制」が同地をも呑みこんでいくこととなった。

第四部

日本案で近く妥結

防衛分担金　減らす方式

政府はかねて防衛分担金について従来米側と交渉するわずらわしさを避けるため、自動的に分担金の額をはじき出せる方式を米国側と交渉中であったが、最近にいたって妥結の見通しを得た模様で、今月末ないし来月初めに発表される予定の防衛分担金交渉妥結についての日米共同声明の中でどの削減方式がうたわれるものと政府筋では見ている。

日米行政協定によると、日本に駐在する米軍の費用は一部を日本政府が負担することになっており、その額を決めるため政府は毎年米側と交渉していたが、重光外相はこの交渉を毎年行うという手続きを避けるため分担金額を自動的にはじき出せる方式を作ることを昨年度初来の懸案として米側に提唱し、米側もこれに賛成して、それ以来外務省と在日米大使館の間でそれについて交渉を行っていた。ところが、最近その方式について外務省と米大使館との間ではほぼ意見の一致を見、あとは米政府の承認を得るだけの段階になったようである。

このように出来上った一般方式は、日本案を認めたもので昭和三十年度予算案（防衛庁費八百六十八億円、対米施設等提供費八十億円、防衛分担金三百八十億円）を基準として、毎年、防衛庁費と施設等提供費の合計が前年度のそれよりふえた額の約半分に相当する額だけ分担金を減らすというもののようである。

三十一年度予算案は防衛庁費が千二億円、施設等提供費が百五億円で、その合計は前年度に比べ百五十九億円増であり、分担金の削減額は約八十億円なので大体右の方式にあてはまるわけである。これによると、防衛分担金は卅一年度以降三年ないし五年でゼロになる、と政府の関係筋は計算している。つまり、現在の分担金が三百億円だから、それをゼロにするためには、防衛庁費と施設費を三十一年度より六百億円増の約千七百億円にせねばならない、それには三年ないし五年かかるというのである。

重光外相　　アリソン大使

○金丸国務大臣　爆弾一万トン、新聞の記事で私は見ましたが、私が考えていることではございません。

なお、今回アメリカを訪ねるということ、あるいはＮＡＴＯ、ベルギー、ドイツ、そちらを視察いたしまして、アメリカへ行きたいという、その目的は、特定の目的ではありませんが、日米関係は不可欠だ。不可決である以上、いわゆる日米関係の首脳ができるだけ話し合いの機会というものをつくるということは、日米関係を一層緊密にするということでございます。

なお、分担金三百億という問題は、戦闘機五、六機と言ったから三百億という計算を記者諸君がいたしたと思うのですが、戦闘機は高いのもありますし、安いのもあるということですから、その辺は、私は金額的な考え方で言ったのではないのですが、ただ、日米関係が不可欠である以上、円高ドル安というこの状況の中で、アメリカから要求されるのでなくて、信頼性を高めるということであれば、思いやりというものがあってもいいじゃないか、ひとつ施設庁長官、考えてみろ、ことに大平答弁等もあるわけでありますから、そういうようなことについても考えてみてくださいというような話をいたしたわけでありまして、私は、その交渉で向こうへ出かけるわけじゃありません。

なお、その分担金等の問題について、いろいろ私も施設庁長官にも指示いたしておりますので、施設庁長官からも御説明を申し上げるようにいたしたいと思います。

（上）防衛分担金減額の「一般方式」を定めた日米共同声明の見通しを報じる『朝日新聞』一面記事（1956年1月26日）（本書190-191ページ）

（下）1978年6月6日、衆議院内閣委員会（午前）での金丸信「思いやり」発言（同日の「内閣委員会議録」第22号より）（本書203ページ以下）

IX　負担分担の論理

日米地位協定、そして前身である行政協定のもとで、日本は米軍駐留に関わる多大の財政支出も行ってきた。まず、行政協定に基づいて行われていた「防衛分担金」（米国側史料ではYen Contribution〔円による貢献〕と表現される）制度の概要と、同制度を貫く〝論理〟について見ていきたい。

駐留経費は「米国側が原則的に負担」

一九五〇年の秋に米陸軍省内で日米安保協定案が作成されていたのと同じ頃、国務省でも米英基地貸与協定や米比軍事基地協定などを参考にしながら、米軍の駐留に関する日米二国間協定案が作成されていた。そのなかに、一九五二年から三年をめどに鉄道輸送その他の役務を日本側に負担させる旨の条項が見られる。基地提供の他にも、のちの防衛分担金制度の目的となる「合衆国が輸送その他の必要な役務及び需品を日本で調達するのに充てる」（行政協定第二五条二(b)）といった、何らかの役割分担を日本にさせる考えが早くも現れていた。(1)

他方で、一九五一年劈頭の東京会談で日本側が示した「構想」は、「日本に駐留する合衆国軍隊の経費は合衆国が負担する」（第六項、経費）と、軍用地提供やそれに必要な補償などをのぞけば、原則として米軍駐留経費は米国持ちであるとしていた。(2)

米側では、米軍駐留経費をめぐって見解の相違があった。マッカーサーは、米軍が駐屯している他の国々と等しく日本を扱い、講和後における米軍の駐屯経費は全額を米側が負担すべきだと考えていた（ただしマッカーサーは、次年度に限っては国際法にしたがい占領経費として日本が負担すべきであるが、その負担を半分にしてやれば日本中がその行いを寛大で紳士的な振る舞いと見なすであろうとも語っている）。これに対して、陸軍省の安保協定案起草者であったマグルーダー少将は、講和後は米軍の駐屯経費の五〇パーセントを日本が支払うべきだとする国務・国防・財務三省（財務省は一部）の合意はマッカーサー元帥も同意したはずなのに、変節したと非難する。このときマグルーダーは、「国務省は、日本には米軍が日本に安全を提供していることを認識させ、何らかの貢献をさせることが心理的な面で有用だ」と言いつづけてきたと指摘した。指摘は、日本は米軍の存在《プレゼンス》によって自国の安全を享受するのであるから、講和後も日本に駐屯する米軍の経費について一定の負担をすべきだとする考えが米国政府内である程度共有されていたことを窺わせる。ダレスは、マッカーサーの言うことも一理あるが、折半か米側の全額負担かといった態度決定やオファは、基地使用権の獲得や再軍備要求といった米国の包括的な提案を日本が受け入れることを確実にするために必要か見きわめるまで待つべきである、と慎重な態度をとっていた。(3)

すでに見たように、日米会談の初めに日本側は、「わが方見解」によって、対外的安全保障を米軍の駐留によって確保したいと「希望」していた。そのいっぽうで、日本側の「構想」は「日本は、合衆国軍隊が……日本領域内に駐留することに同意する」とうたっていたが、日本側の「見解」をみた米側の対案である「協定」は、米軍の日本駐留を「日本国は要請し……合衆国は同意する」と、日本の要請による米軍駐留であることを明確に打ちだしていた。こうした米軍駐留の論拠と経費負担問題に関わる米側の議論とを重ねあわせると、米軍の駐留は日本の要請（希望）によるのだから、応分の経費を日本は負担すべきであるという論理構築が見えてくる。しかし、この日本の要請（希望）による米軍駐留の「反対給付」としての経費負担こそ、日本側がもっとも避けたい駐留条件の一つであった[4]。

以上のような米政府内の、また、日米間という二重の見解相違に加えて、日本側の経費で提供する施設・便益・役務の規模や詳細も明らかになっていなかったため、五一年劈頭の日米会談で仮調印された行政協定案は、米軍経費について、「日本が負担することのある場所、便益〔施設〕または役務に関する経費を除く外、合衆国が負担する」（第二章、経費）と米国側の原則的負担を述べるにとどまった[5]。

「防衛分担金」の登場

その後、経費規定を検討した国務省は、五一年七月には「総額で約五〇パーセントの施設・役務を提供することに日本は合意すべきである」との見解を確認する。「五〇パーセント」という数字は、五月の時点で国防省と在日米軍が検討していた「一九五二会計年度国防――占領軍予算」が、同会計年度の在日占領軍経費は日米が折半するとしていたことを受けたものと推測される。一〇月になると国務省は、部隊（米軍人および軍属など）の給与、装備など基本的な経費は米側負担とし、日本側は施設・区域提供のための不動産賃借料と年一億五五〇〇万ドル（一ドル＝三六〇円で換算して約五五八億円）に相当する円を負担することを行政協定の経費関係規定に盛り込むよう提案する。(6)

ここに、基地提供に必要とされる財政負担以外にも日本側が行わなければならない定額の財政負担、いわゆる防衛分担金（運輸費、通信費、用益費、役務費、需品費、設備機器費などを含む）が登場した。国務省の担当官は、「日本側が負担すべき一億五五〇〇万ドルという額と不動産賃借料は、おおむね、今会計年度において行われている円による支出を折半したものの継続〔continuation〕である」と説明している。(7)五五八億円は一九五一年度終戦処理費（＝占領軍経費）九九九億円に物価上昇率を勘案した一三〇〇億円を五二年度在日米軍関係経費と見積もり、その半分の六五〇億円から施設・区域の借料など九二億円を控除した金額に相当した。(8)

国務・国防・財務の三省は、一九五一年一〇月半ばには、以下の点を含む行政協定経費条項案をまとめていく。①駐屯米軍に対する日米の貢献は、安全保障という目的のために各々が負担する経費負担の総体を考慮して随時に再検討されることがある。②駐屯米軍の基本的経費は米国が負担し、日本は基地提供のための不動産賃借料などを負担する。そして、③として、日本は一億五五〇〇万ドルに等しい額の円＝防衛分担金を提供する。(9)

分担金の額は諸条件の変化にともなって再交渉の対象となるが、支払いの期間については特に限定されないことが合意された。(10)「諸条件」の変化で減額されることはあるかもしれないが、日本がいつまで米国に払いつづけるかは、日本の努力しだいということだ。この点に関連しては、在日米軍をその麾下にいれる極東軍司令官と国務省とのあいだに見解の相違があった。前者は、日本が自らの防衛責任の漸増に見合う額を年ごとに削減する、ともっぱら日本の再軍備の進捗という観点から考えていた。これに対して国務省は、日本の防衛力増強努力、日米両国の経済状態、日本の収支バランスといった諸要素にてらして負担額を再交渉すべきだとの立場をとった。[11]

まとめられた行政協定案（一二月二一日付）は五二年初めの行政協定交渉のタタキ台となる。その経費規定は、まず日米双方が踏まえるべき原則について、「各自の相対的負担は、各自が安全保障に与えることができ、かつ、現にあてる総資源に照らして決定されるべきもの」であり、「両国は、前記に照らし、かつ、合衆国が他の諸国と締結した集団的安全保障の比較可能な取極に照らして、随時各自の負担を再検討する」と述べる（「経費」条項・一）。[12]

次いで米国側の負担分については、「ある種の基礎的経費、たとえば給料および手当て、配給物資、軍事的装備ならびに日本国へのまたは日本国からの輸送」は合衆国が負担し、かつ、「日本国における右の軍隊の維持に附随する現地の負担は、合衆国および日本国により折半の原則により負担される」ことが盛り込まれた（同・二）。米軍人の給与など基礎的経費は米国が負担し、軍隊の維持に附随する負担は両国が折半するとされている。[13]

そして、日本側の負担分は次のように想定された（同・三）。

(a) この協定の存続期間中、合衆国に負担をかけないでこの協定の目的のため合衆国が使用するすべての施設および区域（たとえば飛行場および港湾の場合のような共用の施設および区域を含む。）ならびにこの協定の効力発生の日に合衆国が使用している備品、設備および定着物を提供し、かつ、必要な場合には、これらのものの所有者および提供者に補償を払うこと。

(b) 一の規定による再検討の結果として締結される新しい取り極めの効力発生日まで、平和条約の実施に始まる一年およびその後毎年年額一億五千五百万ドルに相当する日本国通貨の額を、合衆国に負担をかけないで日本国における輸送その他の必要な役務および需品の調達のために提供すること。[14] ……

日本側の経費負担は基地提供と関連の補償費に防衛分担金を含むということである。そのうえで、「合衆国は三により日本国が負担するものを除き、日本国内における合衆国軍隊の維持に伴うすべての現地における費用を、二に規定される基礎的経費のほか日本国に負担をかけることなく負担することが合意される」（同・四）と、米軍の維持に関わる経費は米国持ちであるとされた[15]（資金取引の経理に関する第五および第六項は省略した）。米軍の維持に「附随する」経費と同軍の維持に「伴う」費用はどう異なるのか、「折半」の算定基準はいかなるものかなど、米側案はなお曖昧な点を残すものであった。

経費負担をめぐる交渉

行政協定交渉において経費問題は、まず専門家委員会――交渉は全体会議・非公式会議・専門家委員会の三段構え――での検討に付された。そこで日本側は、第二項にいう「折半」がどのように計算され実現されるのかが明らかでないと指摘する。同委員会では、第二項を落とし、第三項の実質のみを残せば充分ではないかということになり、その旨を暫定的な提案として全体会議へ報告することとなった[16]。

米側代表のラスクは、原案が曖昧でよく練られていないという印象を持っていた。日本側からは第一項の「相対的負担」「総資源」などの語についても、論議を呼びそうで非実際的であり、また不必要であるとの意見が出されていた。そこでラスクは、原案を簡潔で明確な内容にする方向で米側使節団の内部作業を、そして、日本側との作業をまとめていく[17]。

またラスクは、この協定を「合衆国が他の諸国と締結した集団的安全保障の比較可能な取極」と結びつけることは、日本側がそれらの取り決めにならって、最恵国待遇を理由に、米国が他の諸国に許与しているのと同じ譲歩を求めてくることも懸念していた。その結果、第一項は削除される。第二項に関しては、専門家委員会でも議論されたように「折半の原則」は削除され、それ以外は残された。ラスクは、もともと第一項と第二項の後段は日本人の目に「体裁よく映るもの」として意図されたのであるから、この文言に対して日本側から抵抗が表明されていることを考慮すれば削除するのが望ましいと判断した[18]。

こうしてラスクは原案の第一項と第四項の内容をまとめて、在日米軍関係基礎経費は米国が負担することを定めた新案文第一項とし、次いで原案の第三項を、日本側は「定期的再検討の結果締結される新たな取極の効力発生の日までの間、この協定によって、年額一億五千五百万ドルに相当する額の日本国通貨を合衆国に負担をかけないでその使用に供すること」を趣旨とする新案文第二項に改めた。さらに、原案の第五および第六項にあった内容は、協定から生ずる資金取引をあつかう取り決めづくりに日米双方が合意するという内容に一本化し、あわせて三項からなる簡潔な経費規定を作成した。[19]

このラスク私案とでも呼ぶべき一案に対してワシントンは、日本側が提供し、また、その所有者および提供者に対し補償を行う対象に、施設・区域ばかりでなく路線権を含めること、一億五五〇〇万ドルに相当する円が米国の期待しないもののために使われないよう、輸送その他の役務調達を目的として充当される趣旨の表現に戻すべきことなどを訓令してきた。[20] 経費規定の詳細は「大蔵省当局と総司令部財政当局との間で交渉され」たというので、同規定をめぐる交渉の全容は外交当局者間による交渉の分析だけでは解明できないものの、[21] 占領経費の半額に相当する額を日本に持たせることを含む日米の経費分担関係は、ラスク私案を土台に、ワシントンからの修正をいれ、最終的に行政協定の第二五条で次のように規定されることとなった。

1　日本国に合衆国軍隊を維持することに伴うすべての経費は、2に規定するところにより日本が負担すべきものを除く外、この協定の存続期間中日本国に負担をかけないで合衆国が負担することが合意される。

2　日本国は、次のことを行うことが合意される。

(a)　第二条及び第三条に定めるすべての施設、区域及び路線権（飛行場及び港における施設及び区域のように共同に使用される施設及び区域を含む。）をこの協定の存続期間中合衆国に負担をかけないで提供し、且つ、相当の場合には、施設、区域及び路線権の所有者及び提供者に補償を行うこと。

日本側の負担は基地およびその出入に必要な路線権、ならびに相当の場合の補償だけであり、「日本国に合衆国軍隊を維持することに伴うすべての経費」は米国側の負担であるという原則をまず確認しておかなければならない。

防衛分担金については「定期的再検討の結果締結される新たな取極の効力発生の日までの間、合衆国が輸送その他の必要な役務及び需品を日本国で調達するのに充てるため、年額一億五千五百万ドルに相当する額の日本国通貨を合衆国に負担をかけないでその使用に供すること」と規定された（協定に基づいて生じる資金上の取引に適用すべき経理に関する第三項は省略した）。

そして、米軍の配備条件を行政協定に委任する安保条約との関連で、合同会議公式議事録に次の内容が盛り込まれた。(22) まず日本側代表の岡崎が「日本国とアメリカ合衆国との間の安全保障条約に示されているように、日本国が漸増的に「自国の防衛のため自ら責任を負う」ことあるべきに応じ、そのような防衛のための経費が増加するということにかんがみて、日本国にある合衆国軍隊の維持のための2に規定する経費（防衛分担金）の減額に考慮が払われるよう要請する」と述べる。これに対してラスクが、「合衆国は、そのような考慮を払おう。しかし、当方としては、日本国が、そのような要望をするに当って、共同及び相互的の防衛の努力のため必要とされる合衆国の経費も増加することについて妥当な考慮を払われるよう希望する」と回答する内容である。

安保条約は、「無責任な軍国主義」——もともとはポツダム宣言で日本軍国主義を指した語が、同条約ではソ連の国際共産主義を指すよう読み換えられている——が世界から駆逐されていないにもかかわらず、「武装を解除され」て「固有の自衛権を行使する有効な手段をもたない」日本は「その防衛のための暫定措置として……日本国内及びその附近にアメリカ合衆国がその軍隊を維持すること」を「希望する」と謳っている。そのような日本側の意向で米国は軍隊を日本に駐留させるのであるから、できるだけ早く防衛力を整備すべきであり、それまでのあいだは米軍駐留に関わる経費の相当部分を日本は分担すべきである。したがって防衛分担金の減額は、防衛力整備の努力に見合ってなされなければならない、というのだ。

またラスクが、「合衆国の経費も増加すること」に言及しているのは、米軍駐留経費に占める日本側負担の割合や防衛努力（再軍備）に占める日本側負担の割合が軽減されれば、その分だけ米側の負担は増加すると言っているわけである。じつは、この岡崎とラスクとのあいだのやりとりは、その後、日本の防衛努力↓米軍駐留経費に占める日本側負担の軽減↓同経費に占める米側の負担増↓在日米軍の削減といった要素が複雑な、そして、構造的な関係をもって連繫《リンク》してくることを示唆していた。

右の連繫関係は、現実の政治過程では防衛分担金削減問題において鮮明になるのだが、その点に関しては吉次公介氏が考察している。(23) 吉次氏は、とくに防衛分担金問題、再軍備問題、そしてMSA援助（日米相互防衛援助協定などに基づく）とのあいだにはたらく論理的連関の解明を試みた。同氏は、米側には「日本の軍事的増強と防衛支出金〔行政協定第二五条二に基づく施設提供費などの諸費と防衛分担金の総体を指すが、後者が約九割を占める〕削減はリンクしており、日本側の軍事力増強が米国の要求を下回る場合は、防衛支出金の削減は認められない」という考えが、また、防衛支出金の削減を「正当化」する権利は自らにあるという考えがあり、そうした考えの基底に米軍の駐留は日本側の「希望」に応えるものだという安保条約の論理が伏流していると分析する。

かくて、「占領の論理」「冷戦の論理」「安保条約の論理」が重層するかたちで防衛分担金制度は成立することとなった。

防衛分担金削減への動き

一九五〇年代の前半において一億五五〇〇万ドル（＝五五八億円）の負担は、当時の日本の予算規模を考慮すれば軽いものではなかったはずだ。大蔵省などは、「施設区域の提供は明らかに日本側の消極的財政負担であるがこれらの使用料相当額は予算上支出面に出ていない」ので、その使用料相当額は「防衛分担金の日本側負担金の一部に含め在日合衆国軍隊交付金の減額を図るよう取り極むるものとする。（昭和二八年度防衛分担金の交渉の際実現することを希望）」という削減要求案をまとめていた。[24] さらに、防衛分担金は安保体制における日本の対米従属性を象徴するものの一つだという議論と相まって、[25] じきに減額を求める。

一九五四年一二月に成立した日本民主党の鳩山一郎内閣は、日ソ国交回復、憲法第九条の改定、再軍備を政治目標に掲げる。改憲と再軍備についていえば、軽軍備で米軍の指揮下に置かれ、しかも米国のMSA援助による技術と装備からなる吉田内閣の防衛力増強に民主党は批判的だった。反吉田を唱導する民主党の鳩山、重光、岸らが一貫して主張してきた自前軍隊の保持、独立国家の体面を保つための自主防衛体制の確立は、在日米軍の撤退問題、そして防衛分担金削減問題と絡みあう。

また、当時の日本の財政事情は鳩山政権に緊縮財政を余儀なくさせていた。財政のパイの大きさが限られているなかで自主防衛力整備の衝動をかかえる内閣が選択したのが、防衛分担金の減額要求であった。政権発足直後の一二月一八日、一万田《いちまた》尚登蔵相はアリソン駐日大使と会談し、「昭和三十年度は日本経済の地固めの時期で、防衛力増強のための費用は他から出せないから、分担金を削減してほしい」と要請する。以後、日米間で事務折衝が続けられるが、五五年二月の総選挙、その後の組閣といった国内事情のために、本格折衝は三月二五日からはじまる交渉に持ち込まれた。最終的に、米側は条件つきで一七八億円の防衛分担金削減に同意を与える。そのさいの条件の一つが、分担金削減分を防衛庁予算増額にあてることであった[26]。

安保条約上は米軍による日本防衛義務が曖昧であるにもかかわらず、十分な防衛力を持たないとされた日本は、それを備えるまでは自国の安全を米国に依存しているのだから、米国に対してモノ（基地）とカネ（防衛支出金）で「貢献」しなければならないという論理に絡め取られていた。この論理から、日本の安全のために駐屯している米軍経費の減額を言うのであれば、減額分を防衛力の拡充に充てるべきだという議論が押しだされてくるのだ。

そして米側が防衛分担金削減に同意したもう一つの条件が、当時、日米間で政治日程にのぼっていた、日本にある米軍飛行場の滑走路拡張計画を日程どおり履行することであった。すでに吉田政権末期、米統合参謀本部は日本の防衛分担金削減要求に対する見返りの一つとして、米極東空軍の五つの飛行場（小牧、新潟、木更津、立川、横田）の滑走路を延長するのに必要な土地の提供を求めていた。[27] 当の米極東軍司令官は、「滑走路拡張計画が達成されるまでは、米極東空軍が新型ジェット機に移行する計画は完了せず、同計画が完遂されなければ、地理的に極東の重心にあって日本に重大な脅威を与える、近代化されたソ連空軍力の脅威に対する米極東空軍の戦闘能力を重大な危機にさらすことになる」と主張する。五五年当時、ジェット機の離着陸には九〇〇〇フィートの長さの滑走路が必要とされていたが、そのような条件を満たすとされた日本の基地は千歳、三沢、板付しかなかった。米極東空軍近代化のため、最終的には先の五飛行場に伊丹をくわえた六飛行場の滑走路拡張が必要とされた。

五五年四月一九日、日米交渉の妥結により、鳩山政権は防衛分担金一七八億円減額、飛行場拡張、五六年度以降の防衛予算増額を骨子とする共同声明を発表する。「占領の論理」「安保条約の論理」、さらには米ソ「冷戦の論理」が交錯しあうなかで成立した防衛分担金は、その削減もまた「冷戦の論理」「安保条約の論理」が絡み合うなかで決定されたのだった。[28]

防衛分担金規定の廃止

その後、「その都度両国政府が交渉して」決められていた防衛分担金減額の金額は、五六年一月の共同声明によって、「今後……防衛庁予算と米軍施設関係経費（米軍使用の施設区域の所有者に対する地代家賃その他の補償経費並に米軍軍事顧問団の経費）の合計額の前年度比増額分の半額に相当する金額を、前年度の防衛分担金額より減額した額とする」方式に改められる。これを、防衛分担金減額の「一般方式」の成立と呼ぶことがある。[29]

防衛分担金をめぐっては、そもそも軍備不保持を謳った憲法下での再軍備を条件とする削減、また、なぜ削減額が防衛庁予算増額分ではなく増額の半分なのか、等々の問題はあろう。しかし日米双方が、安全保障分野に日本の投下可能な総資源を考慮し、日本再軍備と防衛分担金を関連づけ、前者の増額に見合って後者は減額されるべきだという〝論理〟に基づいて「一般方式」を案出し、その方式にのっとって防衛分担金の漸減を実行していこうとしたことは――論理性というものが一応は存在したという限りにおいて――留意されるべきである。

そして、防衛分担金は五〇年代後半には漸減し、六〇年の行政協定改定交渉においては早期の段階でその廃止が合意された。すなわち、日本政府が防衛力増強のための持続的な計画の実行を保証することを条件として、防衛分担金制度を規定していた協定第二五条二(b)の削除が正式に合意されたのである。[30]

X 「思いやり」と思考停止の負担分担

一九六〇年の改定を経て日米安保は、防衛分担金制度が廃止されたこともあり、日本の施政権下にある領域に対して武力攻撃があった場合に米国は日本と共同行動をとる（＝ヒトによる貢献）いっぽう、日本は自国の安全のためだけでなく、極東における平和・安全に寄与するため引き続き米国に基地を提供する（＝モノによる貢献）という体制の特徴を明確にした。

地位協定における経費分担規定

基地提供を規定した新条約第六条に基づく地位協定において、負担の分担は第二四条で次のように規定されることとなった。

1 日本国に合衆国軍隊を維持することに伴うすべての経費は、2に規定するところにより日本国が負担すべきものを除くほか、この協定の存続期間中日本国に負担をかけないで合衆国が負担することが合意される。

2　日本国は、第二条及び第三条に定めるすべての施設及び区域並びに路線権（飛行場及び港における施設及び区域のように共同に使用される施設及び区域を含む。）をこの協定の存続期間中合衆国に負担をかけないで提供し、かつ、相当の場合には、施設及び区域並びに路線権の所有者及び提供者に補償を行うことが合意される。

〔協定に基いて生ずる資金上の取引に関する3は省略した〕

在日米軍を「維持することに伴うすべての経費」は米国持ちであるというところに改めて留意しよう。防衛分担金制度はなくなったので、日本が負担するのは原則として、基地とその出入に必要な路線権とそれらに関わる補償だけである。

しかし、このような経費分担の在り方も、沖縄施政権返還交渉で転機を迎える。

「その他の費用」負担

沖縄の施政権返還交渉というと一般の関心は、重大緊急時の核兵器再持ち込み問題、ベトナム出兵を一例とする米軍の域外出撃行動に関わる事前協議の問題、さらに、返還協定第四条三に基づいて米側が「自発的に」支払うはずの補償費四〇〇万ドルを日本政府が肩代わりする密約の問題に向きがちであった。しかし我部政明氏は、それらの問題ばかりでなく、早い時期から返還にからむ財政取り決め交渉の全容解明に挑み、その過程で、従来の研究では「ほとんど言及されたことのなかった新しい事実」を掘り起こした。一九六九年一二月二日付で、柏木雄介大蔵省財務官とアンソニー・ジューリック財務長官特別補佐官のイニシャルがされた三ページ、六項目からなる覚書（柏木・ジューリック秘密覚書）の存在である。[1]

覚書には次の内容が含まれている。①民生用および共同使用の米資産買い取りは現金支払いとすること。②返還後の在沖基地にある不動産資産は地位協定によって扱われること。③日本銀行は通貨交換後の米ドル六〇〇〇万ドル以上をニューヨーク連邦準備銀行に二五年間無利子で預金すること。④軍雇用員の社会保障を本土並みにする費用として日本政府は三〇〇〇万ドルを支出すること。⑤返還後も沖縄で行われる米国企業の活動については両政府間でさらに交渉すること。ただし、本書の問題関心からは次の一項（覚書では第二項）が最も重要となる。

返還に関連する基地移転費及びその他の費用――二億ドル。日本政府は、この取決においてとくに定めないかぎり、返還された日から五年以内に、基地の移転費及び返還にともなって米政府の予算支出を必要とするすべての項目について、合意された物品と役務によって二億ドル相当を提供する義務を負う。ある特定の軍事施設を沖縄外へ移転することが合意されたので、一億五千万ドルに減額されずに、このカテゴリーの金額は二億ドルとなる。こうした活動によって生じる費用は、返還の実施される以前にも、以後にも起こりうると理解される。日米両政府は、那覇軍港や那覇空港のような現存する施設に比肩する新しい施設について協議する。支払いについては、必要と判断されるときには日本政府の予算に数年にわたり分割されることとする。この取決で言及していないものは、地位協定にて定められているそれぞれの権利及び義務を阻害しない[2]（傍点は明田川）。

ポイントは、「基地移転費及びその他の費用」の「その他の費用」だ。覚書の発見者である我部氏は、この文言について、「「その他の費用」を加えたのは、将来にわたり沖縄だけでなく日本本土にある基地の改善、修理、維持のためにも使用できるようにするため」だったと分析する[3]。

一九七一年六月はじめまでに、「その他の費用」をめぐる議論は、六五〇〇万ドル（米側が沖縄にも本土にも二億ドル分の基地建設を必要としなかったため、結局、この額となった）の日本側財政支出に収斂していく[4]。四月後半に国務省から在日大使館に送られた電文が、国防省の考える「その他の費用」の使い途をやや詳かにしている。

> 米国政府は、米軍が管理する沖縄および日本の施設において請負工事を完工するため、沖縄返還後の五年間にわたり、六千四百五十万ドル〔この時点では、この額が見積もられていた〕を物品および役務のかたちで日本政府から受け取ることに同意する。この工事は国防省によって決定され、米軍施設に必要とされる修理、保守、修繕、改造、拡張、増築、修正〔repair, maintenance, improvement, alteration, extension, addition and modification〕、および米国が許可した施設の建設〔construction〕を含む[5]。

この広範な資金の用途は、米軍の「維持に伴う経費」を含むだけでなく、基地に関わるものであれば如何ようにでも使い得ると言ってよいものである。しかも、「沖縄および日本」の基地に関わっても資金の使用を可能にするというのだ。

くわえて国防省は、①六〇〇〇万ドルあまりの金額を支出するための手続を日米両政府の代表者で作成すること、②国防省の組織が完工すべき作業を決定し、日本政府とともに監理・運営すること、③年ごとの金額割当は相互に合意され、預託されること、④最終的に預託口座に資金が残っている場合、その資金は米国政府に現金で提供されること、などを検討していた。(6)

地位協定を拡大解釈

さらに米側は、最終的に六五〇〇万ドルと示された資金を、日本側が地位協定第二四条の解釈に幅を持たせることで支出するよう求めた。というのも、あらためて確認すれば、同条は日本側の負担を「施設及び区域並びに路線権」と、相当な場合における「施設及び区域並びに路線権の所有者及び提供者」への「補償」とするいっぽう、日本に米軍を「維持することに伴うすべての経費」は米国が支出すると規定していたからである。

さきにみた「軍施設に必要とされる修理、保守、修繕、改造、拡張、増築、修正」は、どう考えても米軍を「維持することに伴う」ので、米側が持つべきであろう。また、「米国が許可した施設の建設」は――のち、実際に野党が批判したように――代替関係のない新たな基地の提供（＝日本側の負担増）をもたらし、「原則として代替の範囲を超える新築を含むことのないようにする」という政府見解（七三年三月一三日の衆議院予算委員会における、いわゆる「大平〔正芳外相〕答弁」）をも超えることになる。国防省の企図した「その他の費用」の使途が包括的なため、いずれにしても〝地位協定違反〟と批判されることを懸念する日本側が費用の支出へ踏み切る糸口が地位協定第二四条のより柔軟な解釈であった。

この件では、日本側が遅くとも四月二九日までに米側に対案を提出したことを示唆する資料がある[7]。その対案自体を筆者は未見だが、同案に対する在日米大使館の評価は、「〔一九七一年四月後半の〕ジューリック・柏木会談から、日本政府の対案は地位協定との矛盾を示すことなく、できる限り柔軟であろうとする同政府の努力を表わして」おり、同案は「米国政府の提案ほど詳細でないが、米国政府の提案と合致しない何ものも含んでいない」というものであった[8]。すでに四月後半の時点で、日本側は地位協定の「できる限り柔軟な」解釈を行おうとしていたことがうかがわれる。

この問題に決着がつけられるのは、六月九日にパリで行われた愛知外相とロジャース国務長官との会談であった。前日の会談で日本側事務当局が、地位協定第二四条に抵触する合意には大蔵省が反対する、合意が漏洩した場合の政治的なリスクは大きい等の理由を挙げて、基地の維持・改善経費負担を交渉記録にとどめることに抵抗していたことを受け、ロジャースが地位協定の「リベラルな解釈」を日本側に求める[9]。そのときの様子を日本側の交渉記録は次のように記している。

「ロ」長官より、65〔六五〇〇万ドル〕の使途につき日本政府のリベラルな解釈を期待するとの発言があり、これに対し、本大臣よりできる限りのリベラルな解釈をASSUREする旨述べた[10]。

「ＡＳＳＵＲＥする」とは、「保証する」「請け負う」といったくらいの意味であろう。さらに米側の史料からは、外相が同席した部下の反対を退け、「了解します」「責任をもって」などと答えたことが確認されている。(11)

こうして日本側は、七二年から七七年までのあいだ六五〇〇万ドルを、沖縄ばかりでなく日本本土にある米軍基地の「修理、保守、修繕、改造、拡張、増築、修正」および「建設」に供するため、地位協定第二四条の「リベラルな解釈」を根拠として支出することとなった。

日本の要請に応じる「見返り」論

在沖米軍基地に関する近年でもっともすぐれた研究の一つに、野添文彬氏の『沖縄返還後の日米安保』がある。同研究は、沖縄施政権返還からまもない時期に、日本政府が米軍のプレゼンスを求めたさまを克明に実証している。以下、野添氏の研究に拠りつつ、その概要を確認しておく。

沖縄施政権返還前後、日本政府は在沖米軍基地の縮小を模索するが、基地返還は「小規模」なものにとどまり、そのうえ政府内には在沖米軍基地の整理縮小が「一段落した」との判断が生まれる。この間も日本政府内には「ベトナム戦争後、米国のアジア関与が縮小されること」への懸念が根強かったという。(12)

外務省では日米安保がアジアにおける勢力均衡を維持するうえで重要な要素だとの議論が、また、防衛庁内でも米国によるアジア関与の証拠として第七艦隊・空軍・海兵隊から構成される「機動戦力」の存在《プレゼンス》は必要だとの議論がなされていた。このような議論に基づいて両省庁は、米国政府内で沖縄からの撤退も検討されていた海兵隊の維持を米国側に「直接要請し」ていく。七四年四月には、リチャード・ニクソン大統領との会談で田中角栄首相が、韓国・日本・沖縄・フィリピンにおける米国の軍事的プレゼンスは不可欠として、アジアからの米軍撤退に反対してもいた[13]。

このような日本側の「直接要請」や米軍撤退への「反対」が「米国政府内で……最終的には海兵隊など主要な軍事機能を〔日本に〕維持する方針が固められる」うえで重要な役割を果たす。七四年の九月から一一月にいたる頃までには、国務省および大統領府ならびに軍部といった、米国政府内で外交・軍事の枢要な地位にある人々によって、この方針が確認されていく。日本側が米軍のプレゼンスを求めていることを認識した米国政府は、その日本側の態度を政治的なテコとして利用しながら、沖縄をはじめとするアジアに米軍を維持し、さらに、日本側から何らかの協力を引きだしていくことが得策だという意向を固めるのだった[14]。

日本政府によってその存在《プレゼンス》を請われた当の米軍は、一九七〇年代の駐留条件について、「インフレと日本円の急激な再評価〔＝円高〕によって、日本における米軍の運営費は著しく増大した」と振り返っている。とりわけ、七三年から七九年までの七年間に「全体で二万四千名以上……を削減した」にもかかわらず三割ちかくも増えた、米軍基地で働く日本人従業員の「労務費」が重要な問題としてクローズアップされることになった[15]。

在日米軍は検討のすえ、七三年八月には、議会承認済み予算と退職金を含む五年で三〇億ドルの労務費を日本側に負担させるよう、同軍を指揮下におさめる太平洋軍司令官に勧告する。勧告は同司令官から国防長官に提出され、国防省内では勧告の有用性が認められたものの、経済的にも政治的にも「時宜を得ない」として、じっさいに日本側へ提起することは当面見送られた[16]。

国務省内でも、米国の軍事的プレゼンスは軍事的重要性ばかりでなく、アジアにおいて有する政治的・心理的重要性にかんがみて維持されるべきであるにもかかわらず、在日米軍基地削減の要因が米国の「財政的制約」「予算上の決定」にあるとの考えから、基地従業員の労務費を日本に分担させるべきだという議論が現れる[17]。

おなじ時期、日本の外務省は、米軍が直接雇用している従業員の場合はもちろん、間接雇用――直接的には防衛施設庁長官によって代表される日本政府が雇用するかたちで働く（防衛庁設置法第四七条）――の場合も「米軍の日本人労務者に要する経費は、米軍の維持に伴う経費として当然米側に負担される」との考えをとっていた。雇用形態にかかわらず在日米軍基地で働く日本人従業員の労務費は、米軍を「維持することに伴う……経費」に他ならず米国側が持つべきものである、と明快だった[18]。

当面のあいだ見送られた米軍基地日本人従業員労務費分担交渉は、七六年七月の日米安全保障協議委員会で主要な討議項目となる。ここで米太平洋軍司令官ゲイラー提督は、日本人従業員に関わる経費が七一年以降の五年間で「倍増」したこと、また、そのような経費増が「日本に米軍を維持する能力に影響を及ぼしている」ことを強調した。さらに、この年には、在日米軍と防衛施設庁が労務費分担を含む労務問題を検討する実務者討議に着手することで意見の一致をみた[19]。

こうして開始される労務費分担交渉だが、はじめに合意内容を整理しておこう。交渉は二段階で決着がつけられることになった。まず七七年一二月、①日本側は法定・任意福利費および労務管理費を引き受けること、②米側は七七年賃上げを四月一日にさかのぼって円滑に履行し、以後も同様の履行に努めること、の二点を骨子とする合意にいたる（一二日、合同委員会で承認）[20]。①に基づき、七八年四月一日より、日本政府は六二億円（初年、歳出ベース）を負担する措置をとることとなった[21]。当時、総額でざっと一〇〇〇億円と見積もられた在日米軍基地従業員労務費のうち、この額は約六％に相当した。

米国側はこれを日本側労務費分担の「第一歩」と位置づけ、七八年を通してさらなる日本側分担を求める。その結果、同年一二月二八日の日米合同委員会において、日本政府が以下の支払いを引き受けることを内容とする第二ラウンドの合意が成立する[22]。

①〈習慣や言語の異なる米軍基地で働くという特殊事情を考慮して給料に上乗せされている〉一〇％の格差給
②語学手当
③退職手当のうち、国家公務員の水準を上まわる分
④格差給および語学手当の他の諸手当への算入分

交渉の概略を記している「米太平洋軍の歴史」は、この合意の背景と要因について、「日本の高官たちにとって、在沖米陸軍で働く余剰日本人労働者を解雇するという米軍の提案が主要な関心事となっ」ており、「追加的な分担を引き受ける見返りに――とりわけ失業率の高い沖縄県での――雇用の安定をはかろうとする日本政府のイニシアチブに従ったもの」であったとしている[23]。

翌年四月には右の内容が国会で承認され、これで「日本の国家公務員に認められている給与・手当を超える労務費のすべてを日本側が引き受ける」こととなった[24]――米軍基地における日本人従業員は「国家公務員」ではないものの、その給与は国家公務員水準と決められていた。第二ラウンドの合意によって、労務費の七%が負担分に追加されて、日本側の分担はしめて一三%となった。ところで、前出の「米太平洋軍の歴史」や「在日米軍の歴史」を一読すると、米側にとっての主要な交渉窓口が防衛施設庁であったという書きぶりであることに気づく。米軍基地で働く日本人従業員の雇用・労務管理を主管するのが同庁であったということだけが理由ではないようだ。

野添文彬氏が明らかにしているように、労務費分担に、地位協定の条文・解釈に則って対応しようとする外務省は「消極的」であった[25]。他方、基地従業員の雇用を安定的に維持することで混乱を回避しようとする防衛施設庁、そして〝庁内の庁〟として防衛施設庁を従えつつ、米国側の要請に前向きに対処することで政府内における影響力と対米発言権を強化しようともくろむ防衛庁の両庁は「前向き」だった[26]。一九八〇年版「米太平洋軍の歴史」が、同年三月にブラウン国防長官が訪日したさい、「日本の外務大臣は長官に対して、現行の地位協定のもとで労務費分担は最大限のところまで拡大されている」と「日本政府の公式な立場」を述べたにもかかわらず、「さらなる労務費分担措置が追求されている」ところであり、在日米軍当局と防衛施設庁で「実務レベルで対話を維持している」と記しているのは、そのような事情が継続したことを物語っている[27]。その労務費分担積極論の先頭に立っていたのが金丸信防衛庁長官であった。

他国へ向く「思いやり」

こんにち、米軍駐留経費の一部負担を象徴的に示す「思いやり」予算という呼称は、金丸長官が七八年六月二九日に国会（参議院内閣委員会）で行った次の答弁に由来すると言われている。

なお、駐留軍経費の問題については、私から思いやりの立場で地位協定の範囲内でできる限りの努力を払いたいと考えており、現在具体的数字を挙げて約束することはできないが、ブラウン〔米国防〕長官の訪日までに防衛庁の考え方をより詳細に説明できるよう努力する旨述べたところ、ブラウン長官はこれを高く評価し、特に米側から要望はありませんでした。

さらに、沖縄の日本人従業員の雇用の確保についてブラウン長官に米側の配慮を要望したところ、これに対して同長官はできるだけの努力をする旨約しました。(28)

この答弁は、六月一三日から二六日まで金丸長官が行った欧米視察の報告として行われたものである。ブラウン国防長官とは二〇日に会談した。もともとは、米国カーター政権が計画していた在韓地上軍撤退計画にからむ朝鮮半島情勢、さらにアジア情勢をめぐる意見交換が会談の主題だったが、直前（六月九日）に米側から在沖米陸軍で働く日本人従業員の大量解雇――牧港補給地区の管理責任等が陸軍から海兵隊に移管されるのにともない、賃金・福祉手当を日本政府が支払わなければ九月末までに八〇〇人を解雇――計画が伝えられたため、労務費の日本側分担も議題とされた。(29)この答弁の前後に表明された金丸長官の発言などから、「思いやり」の深層をさぐってみたい。

金丸防衛庁長官は、労務費分担について「沖縄海兵隊が引くようなことになれば」基地従業員の雇用問題など「大変なことになる。撤退しないよう駐留費負担でも前向きに配慮すべきだ」と述べていた。また、悲惨な戦災をこうむった沖縄県に多くの失業者が出るとなれば「大きな社会・政治問題にな」るなどとも述べていた。(30)それらの言葉は基地従業員の失業問題、あるいは大規模解雇に対するストの頻発といった保安問題への懸念から出たものだったのだろうか。「思いやり」の深層をさぐるには、むしろ視野を拡げる必要がありそうなのだ。

金丸長官が欧米視察へ出かける直前（六月一日）に掲載された西島良知・読売新聞記者との対談記事は、長官の「防衛」観、日米関係観、日米安保観、米軍駐留経費分担に対する考え方などを分りやすく示しており、興味ぶかい。西島記者が、ベトナム戦争の終結とニクソン・ドクトリンによってアジアにおける米国の軍事的存在《プレゼンス》は大幅に縮小し、世論調査も日本国民のあいだに「アメリカは頼りにならない」という考えが広まりつつあることを、また、「日米安保に対する信頼性が何となく……もやもやしている」ことを示しているのではないかと質したのに対し、金丸長官は次のように応じている。

……自分の国は自分の力で守るという最大の努力をすることが防衛の基本であると私は考えています。しかし、現在の国際社会では、自分の国を自分の力だけで守れるというのはアメリカとソ連にすぎず、残りの国々は集団安全保障によって国を防衛するという状況です。幸いに日本は、日米安全保障条約があり、アメリカの強大な抑止力によって、日本の政治や経済、あるいは防衛などすべてが安定しているわけで、そのことを国民は十分に認識しておかなければならないと思

います。(31)

米ソ冷戦という国際環境のもとでは、日米安保と米軍の抑止力によってもたらされる「安定」の重要性を国民は十分に認識すべきだというのだ――金丸長官は、べつの対談でも、「アメリカ軍帰れ、基地を返せということを言っている人もいるけれども、全くはき違えた考え方であって、もしアメリカがきょう日本から去ったら、日本の安全も独立もきょうからグラグラしてくる」との議論を展開している。(32)

そのうえで長官は、防衛面ばかりでなく経済関係も含めて「現在の日米関係をあくまで堅持していくことが必要だ」と言う。さらに、「その場合、日本にとってアメリカが不可欠であると同様に、アメリカにとっても日本が不可欠であるとの関係」を維持していく必要があると説く。(33)

しかし長官は、信頼性を高めなければならないはずの日米関係には「困ったことが一つある」るとの懸念をしめす。すなわち、「円高ドル安の影響でアメリカ軍の、一〇億ドルだった日本駐留経費がドル安分だけ支出増となり、相当の問題になってきてい」るという懸念である。そこで長官の議論は、「日米関係の信頼性を高めるには、アメリカの逼迫している財政面をこのさい日本がすすんで、あるていど分担してもいい」「向こうが困るときには助け、こっちが困るときは向こうが助ける」「それが人間と人間のおつき合いでしょう」というふうに展開していく。(34)

こうして、当時の新聞記者たちが名づけた「信ちゃんの思いやり論」として、日本も「応分の犠牲」を払い「代償」を提供すべきであるという議論、具体的には「いわゆる防衛分担金（＝労務費分担〕」の議論が政治の前面に押し出てくることになったのである。[35]

労務費分担について金丸長官は、「地位協定の範囲内において出せるものは出すべきだ」と主張する。論拠は二つである。一つは、「アメリカが〔日本〕国内に核兵器を持ち込むというようなことではないわけですから、アメリカの日本離れがないように、日本としてはやるべきことはやるという態度でなければいけない」というものだ。[36] ここで核の持ち込みについて言及されているのは些か唐突の感があるが、広島・長崎・ビキニを経験した国民の感情の機微に触れることを米側に許すわけではないのだから、労務費の負担ぐらいは「やるという態度でなければならない」ということなのだろう。しかし、すでに七四年一〇月にはジーン・ラロック米海軍退役中将が、米国の核搭載可能艦船は同盟国への寄港時にいちいち核を取り外さないという趣旨の証言を米連邦議会で行っていた。日本は非核三原則の国是にもかかわらず同盟国に核を持ち込まれている可能性が濃厚なうえに、金も出さなければいけないということになり、論拠の説得力は乏しい。

二つめの論拠は、「大平答弁」――一九七三年三月、衆院予算委員会において当時の大平外相が行った、地位協定第二四条の運用に関し、原則として代替の範囲を超える新築を含むことのないよう措置するとの答弁――など「過去のいろいろの歯止めを全然無視するわけにはいきませんが、現実の要請を判断しながら現実の政治を行う必要があ」り、したがって「過去の歯止めに対しても弾力的に解釈できるものはそのように解釈して、できるだけの便宜を図るべき」であるというものである。[37] 労務費問題に関する「歯止め」は、直接雇用・間接雇用のいかんにかかわらず、「米軍の日本人労務者に要する経費は、米軍の維持に伴う経費として当然米側に負担される」という考え方だったはずだ。米側の示す「現実の要請」はその歯止めを超えるものであり、「弾力的に解釈」し「できるだけの便宜を図るべき」とする議論には、当初から地位協定の規定と解釈を「現実」の政治に従属させる意図が感じられる。

防衛庁長官が、アメリカが去ったらグラグラしてくると考えたのは日本の安全や独立だけではなかった。対中政策における〝台湾派〟として知られる金丸長官は、米国が台湾に対する安全保障のコミットメントを放棄することを大いに懸念していた。

米中接近の動きが活発化し、日中平和友好条約締結交渉も再開されようとするなかで、長官は「台湾を見捨てることは情けにおいて忍びない」と台湾への〝思いやり〟を示したと報じられる（六月一二日）[38]。六九年一一月の日米共同声明で、日本側は台湾の安全が日本の安全にとって「極めて重要」との認識を示したが、七二年九月の日中国交正常化いらい日米安保条約第六条にいう「極東」の範囲のうち台湾については実質的に棚上げするのが日本政府の公式な態度になっていた。その状況で金丸長官は「台湾の安全」に言及したのである。

さらに長官は、米中接近が本格化した場合には台湾がソ連と結ぶこともありうると指摘する――他日、長官は、中ソ全面戦争が起こるとすれば、それは「アメリカがアジアを去ったとき」あるいは「日本とさよならしたときだ」とも語っている。台湾がソ連太平洋海軍に寄港地を提供するようなことにでもなれば、東シナ海はおろかインド洋への海上交通路への脅威が増大することになるので、少なくとも米国が台湾の安全に対するコミットメントを放棄しないよう、米側に要請する意向を長官は固めたのだと報じられている。また報道は、長官が個人的に台湾派というだけでなく、防衛庁内にも、北東アジアにおいて在韓米軍撤退や第七艦隊の相対的な弱化に対してソ連側が極東海軍を増強していることを懸念する声があるとも伝えた[39]。

それにしても、金丸長官や防衛庁の官僚が、日本の安全と独立がグラつかないようにと言い、台湾の安全・独立がグラつかないようにと言って、米軍が駐留経費の逼迫を理由に撤退しないよう労務費分担を申し出るとき、そこには引き続き長期にわたる――米ソ、中台間の緊張状態がなくなるといったときまで――米軍の沖縄駐留が前提されていると思われるのだが、同軍（とりわけ海兵隊）の惹き起こす犯罪・事件・事故・騒音・環境破壊が県民の生命・財産・安寧な生活を揺るがすことはどれほど考慮されていたのだろう。

この頃、沖縄県内ではF４ファントム機墜落事故や廃弾処理事故が相次いで発生していた。そのことに関し、防衛庁長官は、再発防止と安全対策の米側への申し入れを約したに止まり、防衛施設庁長官は、安保は「日本防衛のために不可欠」であり「米軍の駐留はその核心を成」し、米軍が訓練をするのは当然であって、県民が不安を募らせる演習そのものに対して「政府として中止を求めることは考えていない」と地元紙に語った[40]。

こうして、金丸防衛庁長官を船頭役として、日本政府は地位協定第二四条の規定と解釈を超える経費分担を負う方向へ歩みだして行く。そのさい、日本や台湾の安全・独立がグラつかないためにはアジア――とりわけ沖縄における――米軍のプレゼンスが不可欠であり、そのためには安全保障分野において、より広くは経済関係をも含めた日米関係全般において、米国側の日本に対する「信頼性」の醸成が不可欠だ、という考えが背景をなしていた。その信頼性をめぐっては、興味ぶかいエピソードがある。

ブレジンスキー大統領補佐官夫妻が北京を訪れた（六月二〇日）帰途、東京で金丸長官らが歓待のパーティーを開いた。そこで補佐官夫人と金丸長官は酒好き同士で意気投合し、二人で乾杯するうち、婦人がテーブルに飾ってあった花を米国へ持ち帰りたいと言いだす。すると長官が、「それはダメです。すぐに枯れてしまいますから、あとで根のついたものを送ります」と約束し、その後、防衛局長が渡米のおり、植え方や育て方の説明書までつけて夫人のもとへ根のついた花を持たせてやった。夫人は「大感激」し、ブレジンスキー補佐官も「よろこ」んだという。[41]

このエピソードを紹介した記者は、「大統領補佐官夫人を感激させておけば、日本防衛問題のための何かに役立ってもらえる」ときがあるやもしれず、そうなれば、「花を山ほどくれてやっても安いもんだ」という「戦略」が金丸長官の胸中にあった可能性を示唆している。[42] しかし、「将を射んとすれば馬を射よ」のたとえで、婦人以上に影響力をもつと思われる補佐官自身の対日〝信頼〟感は、長官の「思いやり」や「戦略」によって高まったのだろうか。

警戒と不信に基づく米軍プレゼンス

大統領補佐官に就任する以前のブレジンスキーが書いたものに『ひよわな花・日本』がある。その第五章は日本の「軍事大国化の可能性」、とりわけ核兵器保有の可能性を検討するものだった。[43]

そこでブレジンスキーは、結局、今後の日本の安全保障計画は――太平洋地域の防衛責任をもう少し日本が肩代わりするという米国の期待を受けつつ――これまでと同じく慎重かつ内密に拡充をつづけながら、しかもそのペースを、一九七五年になっても軍事大国の域に達しない程度に抑えるというパターンに落ち着く可能性が最も強いと述べている。ただしブレジンスキーは、「それは将来日本が急速かつ大規模な軍備拡充計画に取り組むにしても、あるいは漸進的な拡充をつづけるにしても、そのいずれの場合にも必要な跳躍台は用意してくれるはずである」と警戒感を捨てていない。そして、この〝一九七五年〟までに日本は「かの防衛上の根本問題――核武装問題」に取り組める地点に立つことになると指摘した。(44)

日本核武装の可能性に関するブレジンスキーの見立ては次のようなものである。すなわち、日本の一般大衆の核アレルギーは――若年層が高年齢層を上まわるかたちで――消えたようである。また、核拡散防止条約の批准を要求する世論も高まっていない。しかし、核武装の決定は、激しい国際的抗議と国内の反発の渦を巻き起こし、日本にとって死活的な重要性を持つ国際的関係の多くを麻痺させてしまうおそれがある。したがって、対米依存関係を崩壊させたり、故意に米国の反発を挑発したくなるような何らかの「衝撃的事態」でも生じないかぎり、同情的な国との共同開発といった構想さえも実現に移されることはあるまい。以上がブレジンスキーの見立てなのだが、何らかの「衝撃的事態」とは、中国ないしソ連の核の脅威をうけて米国がある地域から急遽離脱する場合や、米国の国防計画が大幅に削減されて左翼孤立主義に急転換する場合であり、そのいずれの場合にも「日本国内には抗し難い不安感が高まり、すでに日本の歴史ではおなじみの劇的な行動転換をひき起すことになるだろう」と予測している。(45)

すなわちブレジンスキーには、安全保障をめぐる日本の行動に対して、予測できないという印象と、払拭しがたい不信感がある。そして、その文脈において、米国による日本へのコミットメントや軍事的プレゼンスは必要だということになる。

右の点については、ポーランド出身のブレジンスキーと同じく、ヨーロッパ（ドイツ）出身で米国大統領補佐官を務めたキッシンジャーやニクソン大統領も、「日本における米軍のプレゼンスが日本人を抑止することになるのであって、彼らをその逆〔日本軍国主義復活〕に向かわせないことに役立つ」「〔日米防衛関係の維持が〕経済的膨張とそれにともなう軍事的膨張といった事態へ日本が向かうことを抑えるのであり……もしわれわれ米国がそのような緊密な関係を持たなければ、彼ら〔日本人〕は米国を無視するようになる」と語っていたことが想起される。(46)

後述するように、日本による米軍基地日本人従業員の労務費分担は八〇年代後半から日米協定によって制度化されていき、九〇年代に入ると米軍人・軍属等の使う光熱水費まで日本が持つことになる。このような「思いやり」によってブレジンスキーの日本に対する〝不信感〟は払拭されたのだろうか。

一九九八年に日本語版が刊行された『ブレジンスキーの　世界はこう動く』は、日本を地政上の「アメリカの勢力圏の一部」、日米安保条約上の「アメリカの保護国」と規定していたので、感情的に反発した読者も少なくなかった。しかし、同書が提起したより大きく深刻な問題は、日本外交に現実的な「戦略」が欠如しているということであった。(47)

世界の「準大国」であり「アメリカの保護国」でもある状況に矛盾を感じているが、その矛盾から容易に抜けだせない日本人は「現状を大幅に変えようとしても、現実的な戦略があるわけではない」と、ブレジンスキーは言うのだ。反面、中国の目標は全体としてほぼ明確であるのに対し、「日本の地政戦略はかなり不透明であり、世論の動向もはるかに不鮮明である」とも見ている。[48]そして、その不透明さや不鮮明さは、方向性の喪失と一体をなす。

ブレジンスキーは、「方向を見失ったときの日本は浜に乗り上げたクジラのよう」だと言う。「なす術《すべ》なく暴れまわり、周囲に危険を及ぼ」し、「そうなれば、アジアの安定が脅かされかねず、地域の安定を維持するための戦略として、日米中三国の均衡に代わる現実的な方針を編み出すことはでき」ず、他方で、「アメリカは、日本との緊密な同盟があってはじめて、アジアで大国の地位を追求する中国の動きを取り込み、その野心の暴走を防ぐことができる」と観察している。[49]

そのうえでブレジンスキーは、日本における米国の軍事的プレゼンスについて次のように述べる。

したがって、近い将来、現在の在日米軍の規模を縮小するのは望ましくない（在韓米軍についても同様である）。しかし、日本の軍事力の地政上の対象範囲や実際の規模を、大幅に拡大させるのも望ましくない。アメリカが軍事力を引き揚げていけば、日本は戦略の方向性を見失って動揺し、大規模な軍事拡張に走るだろう。また、アメリカがこれまで以上の軍事的役割を日本に要求しても、アジア安定の見通しが暗くなるだけだ。大中華圏をアジア地域の安定のなかに取り込むことができなくなり、日本が国際社会で建設的な使命を果たすこともできなくなり、ユーラシア全体に、地政上の安定した多元性を生み出そうという努力も暗礁に乗り上げる。[50]

つまるところ、ブレジンスキーにとって在日米軍は、日本が戦略の方向性を見失ったクジラとなって大規模な軍拡に走らないための〝網〟なのだ。

金丸防衛庁長官は日米の信頼関係を象徴するものとして日米安保条約をとらえ、その根幹をなす米軍のプレゼンスが縮小しないよう「思いやり」予算負担の音頭をとった。それに対し、ブレジンスキーにとって日本の外交はいぜんとして戦略を欠き、不透明さと不鮮明さを残すものと映っていた。そして在日米軍は、そうした戦略の欠如からくる方向性の喪失を制禦する力なのだった。

地位協定からの逸脱――特別協定の締結

第一ラウンドの合意にしたがって一九七八年度に六二億円を、第二ラウンドの合意にしたがって七九年度に一四〇億円を負担したところで（いずれも歳出ベース）、日本政府は国会において、「労務費については、これまでとつた措置が地位協定の解釈の限界であるとの考え方」を表明した。[51] また、八〇年三月にブラウン国防長官が訪日したさいには、外相が長官に対し、「現行の地位協定のもとで労務費分担は最大限のところまで拡大されている」という「日本政府の公式な立場」を述べたことは先にふれた。

興味ぶかいのは、増補版「日米地位協定の考え方」が、「なお、米側が地位協定の解釈につき右と同一の認識であるかどうかについては疑問なしとしない」と、ずいぶん突き放した書き方をしていることだ。[52] 米側資料（「米太平洋軍の歴史」一九八〇年版）が、在日米軍当局と防衛施設庁で「さらなる労務費分担措置」のため、「実務レベルでの対話を維持している」と記していたことも重ね合わせると、外務省が「同一の認識であるかどうかについては疑問なしとしない」と言いたかったのは、「米側」だけではなかったのかもしれない。

その後も日本側による分担額は、八〇年度・一四七億円、八一年度・一五九億円、八二年度・一六四億円、八三年度・一六九億円、八四年度・一八〇億円、八五年度・一九三億円、八六年度・一九一億円とほぼ増加の一途をたどる（いずれも歳出ベース）。そして八七年一月には、米軍基地で働く日本人従業員に対する調整手当・扶養手当・通勤手当・住居手当・夏季手当・年末手当・年度末手当・退職手当の支払いに要する経費の一部を――その二分の一に相当する金額を限度として――負担する特別協定が日米間で締結される。[53] 同協定の前文には、日本に維持されている合衆国軍隊が「日本国の安全並びに極東における国際の平和及び安全の維持に寄与している」ことを確認し、日本国が雇用し米軍基地等で働く労働者の「安定的な雇用は、合衆国軍隊の効果的な活動に資する」ものであるいっぽう、「両国を取り巻く最近の経済情勢の変化〔＝円高ドル安の進展〕が、労働者の安定的な雇用を損なうおそれがある」ことに留意し、「労働者の安定的な雇用の維持を図り、もって合衆国軍隊の効果的な活動を確保するため」といったことが並べ立ててある。しかし、結局のところ協定の根拠は「合衆国軍隊を維持することに伴う経費の負担の原則を定める地位協定第二十四条についての特別の措置を講ずること」に求められることとなった。これから日本側が行う経費分担は、もはや地位協定の規定をいかに拡大解釈しても正当化し得ないので「特別」扱いするしかない、というわけだ。

さらに九一年には、八七年一月に「特別の措置が定められたことを想起し」――つまり、先の特別協定を〝突破口〟としてという意味――「新たな特別の措置」に関する協定が結ばれる。[54] その第一条は、協定発効期間、米軍基地で働く日本人従業員に対する以下の支払いに要する経費の全部または一部を、日本側が負担するというものである。

(a) 基本給、日雇従業員の日給、特殊期間従業員の給与、時給制臨時従業員の時給及び劇場従業員の給与

(b) 調整手当、解雇手当、扶養手当、隔遠地手当、特殊作業手当、夏季手当、年末手当、寒冷地手当、退職手当（人員整理のため合衆国軍隊又は地位協定第十五条1(a)に定める諸機関により解職される労働者及び業務上の就労不能又は業務上の傷病による死亡により雇用が終了する労働者に対する退職手当を含む。）、人員整理退職手当、人員整理あん分手当、通勤手当、転換手当、職位転換手当、年度末手当、夜間勤務手当、住居手当、単身赴任手当、時間調整給、時間外勤務給、時給制臨時従業員の割増給、祝日給、夜勤給、休業手当及び時給制臨時従業員の業務上の傷病に対して認められる日給

(c) 船員の有給休暇末付与手当、危険貨物手当、乗船手当、機関部手当、機関作業手当、消火手当、外国船手当、外国航路手当、労務手当、出勤手当、小型船手当、油送船手当、引き船手当及び船長・機関長手当(55)

そして同協定の第二条では、協定発効中、米軍または米軍の公認調達機関が適当な証明書を付して日本国で公用のため調達する「公益事業によって使用に供される電気、ガス、水道及び下水道」、前記のものを除く「暖房用、調理用又は給湯用の燃料」に関わる料金または代金の支払に要する経

費の全部または一部を負担することが規定された(56)。いわゆる、米軍の使用する光熱水料の負担である。この負担について、外務省は次のような「考え方」を示している。

1　第二十四〔二四〕条1項は、日本〔我が国〕に米軍を〔以下増補＝「〕維持することに伴うすべての経費〔以下増補＝」〕は、2項に規定するところにより日本側が負担すべきものを除くほか、この協定の存続期間中日本側に負担をかけないで米側が負担することが合意される旨規定する。この規定により米側は、施設・区域及び路線権の提供に要する経費以外の米軍隊の通常の維持のため必要なすべての経費を負担することとなる。従って、施設・区域との関連では、協定第三条に関する合意議事録に例示されている措置を米側が自ら執る場合には、その措置に要する経費は、当然のことながら米側によって負担される。〔以下増補＝この規定の文言は相当程度概括的なものであるので、具体的に何が米軍を「維持することに伴うすべての経費」であるかについては協定の規定から直ちに明らかではなく、一般論として右に該当する経費を網羅的に列挙することは困難である（注203）が、例えば光熱水料は右に該当する典型的な経費と考えられる（注204）〕。

〔（注203）〔略〕

（注204）一般論としては、個々の経費の項目が米軍を維持することに伴う経費に該当するか否かにつき断定的な判断を下すことは適当ではないとのラインにて対処すべきであるが、光熱水料については、「純粋の維持経費のように私ども受け取つております。したがいま

して、二四条1項で米側の負担するものと当然に考えております。」という政府答弁がある（第九一回国会・衆・決・一五号・一〇頁[57]）。」

（以上、外務省「昭和四八年四月　日米地位協定の考え方」より。なお、一〇年後の「昭和五八年一二月」に、やはり外務省によって同文書の増補版が作成されているが、引用中の波線と、その直後にある〔　〕内の記述、あるいは〔以下増補＝　〕などと示した箇所は、昭和四八年版と同増補版との違いを示す。）（傍点は明田川）

光熱水料は、米側が負担すべき米軍を「維持することに伴うすべての経費」の〝典型的な〟もの、「米側の負担するものと当然に考え」るべき経費であるという見解を外務省（と政府）は示している。日本政府は、最も負担すべきではない経費であるとわかっていながらも、それを分担しつづけているということになる。

特別協定は随時に更新され、二〇一五年度までに労務費二兆八六六三億円、光熱水料等六一五三億円にのぼる経費分担がそれらの特別協定によって予算化されてきた（なお、一九九六年からは訓練移転費が特別協定の対象に加わり、二〇一五年までの同費用として八四億円が予算化されている）。

その間、二〇〇七年には、翌〇八年三月末で期限切れをむかえる特別協定をめぐって自民党政権も「思いやり予算」の削減を米側に提起するにいたる。〇四年の時点で、同盟国における米軍駐留経費負担率は、ドイツが約三割、韓国・イタリアが約四割なのに比べて、日本は七割超と突出していた。また、光熱水料をそれら三国は負担していなかった。そのような状況で、自民党国防族のあいだにも「日本は米軍の駐留経費を負担しすぎ」ているとの声があがっていたのである。[58] しかし、日本側の削減要求に対してゲーツ米国防長官は、「思いやり予算」が同盟の継続に熱心か否かを示す「象徴」であること、日本が自国および同盟の防衛義務をGDPの一％で済ますのは困難であることなどを理由に、同予算の据え置きを求めた。さらに長官は、日本が日米同盟から受ける「恩恵」は絶大だと注意を促しながら応分の負担を迫ったという。[59] こと米軍駐留経費負担について、米側は日米安保条約や行政協定の締結から半世紀以上たっても、ダレスが構築したかの〝恩恵〟論をチラつかせたのだ。

また、緊密で対等な日米関係の構築、日米地位協定の改定提起、米軍再編や在日米軍基地の様態見直し、東アジア共同体の構築など、一定の〝自主〟外交路線を標榜しつつ、二〇〇九年九月に誕生した民主党を中心とする連立政権も、「思いやり予算」の削減を含む米軍駐留経費負担の抜本的見直しに切り込むことはなかった。

基地の受容をカードにして金を引き出そうとする「沖縄の人は日本政府に対するごまかしとゆすりの名人だ」との内容を含む元米沖縄総領事の舌禍事件（いわゆるメア発言事件）と東日本大震災直後の二〇一一年三月三一日、国会で「思いやり予算」に関する新協定が民主・自民両党などの多数で可決され、同予算は二〇一一年度から五年間「現行水準」（二〇一〇年度は一八八一億円）で維持されることとなった。その直接的な要因は、韓国哨戒艦沈没事故（二〇一〇年三月）および北朝鮮による韓国延坪島砲撃により北東アジア安全保障環境が〝悪化〟したという認識と、前回（二〇〇八年）は自党（民主党のこと）の反対で同予算に空白期間を生じさせた二の舞を避けたいという意識であった。加えて、ピーク時に在沖海兵隊を含む二万人の米軍を動員した被災地支援作戦＝「トモダチ作戦」敢行後にあらわれた同軍の沖縄・日本本土駐留の有用性や地理的優位性を強調する議論も「思いやり予算」継続決定の最後のひと押しとなった。[60]

「思考停止」の予算措置

そして最近では二〇一六年一二月、二〇一六年度から二〇二〇年度までを有効期間とし、同期間中の各年度の日本側負担額が平均で約一八九三億円となる新たな特別協定（等）が日米間で合意された。[61]協定が合意される頃、一般には「二〇二〇年東京オリンピック」のメイン会場となる新国立競技場の建設費用が高騰しすぎたので一五〇〇億円程度に収めるべきだといった議論が盛んに行われていたが、一年当たりにそれを上回る額を五年にわたって負担しつづける協定をめぐる議論はそれほどではなかった。

日米安保体制というものが基地（モノ）・駐留経費（カネ）・派兵（ヒト）によって成り立っているということを考えたときに、日本政府の立場に立てば、安全保障関連法案を成立させて自衛隊の活動範囲を広げることにするのだから（＝ヒトによる「貢献」の拡大）、基地負担や思いやり予算は相当に軽減されるはずだと米側に要望すべきではなかっただろうか。政府内には思いやり予算大幅削減の声もあったようだが、毎年予算規模は一八八一億円（二一年〜一五年度）から一八九三億円とむしろ微増している。[62]

その安保関連法が必要な理由を安倍晋三首相は、「抑止力はさらに高まり、日本が攻撃を受ける可能性は一層なくなる」（一五年五月一四日記者会見）などと、説明していた。そのように、集団的自衛権の行使に踏み切ることで「抑止力」が高まるのであれば、基地負担や思いやり予算を縮小しても「抑止力」は機能するという理屈になるはずだ。

個別項目について見れば、政府は光熱水料の負担率を七二％（一一年～一五年度）から六一％に引き下げたことを強調したが、そもそも同費用は最も負担すべきでないものだった。同費用負担額は上限で二四九億円とされているが、一一～一五年度は上限金額をそのまま予算化し負担してきた。(63) 米側に光熱水料の〝節約〟は求められないものだろうか。

また、この協定では労務費負担の上限人数が一一年～一五年の二万二六二五から二万三一七八となっているが、それは福利厚生施設労働者を五一五人削減する一方で装備品の維持・整備関係の労働者を一〇六八人増やすためだ。一一年の改定によって沖縄では四三〇人の労働者が削減され、基地内の食堂などで働く労働者には、定年退職後の再雇用の意思に反してフルタイムからパートに変更される人たちが出たと聞く。さらに、提供施設整備費は二〇六億円を「下回らない」とされているが、「米側の要望に応じて予算規模が拡大する可能性」も指摘される。(64)

何より問題なのは、やはり〝なぜこのような巨額負担をしつづけなければならないのか〟という論拠であろう。これについては、沖縄の地元紙による次の指摘が示唆にとむ。

思いやり予算の開始は、米国内で「日本は米国に防衛を依存し、軍事費に金を回さないで経済成長に注力した」との批判が高まったこと、いわゆるフリーライド（安保ただ乗り）論が背景にあった。だが集団的自衛権行使を可能にする安保関連法を成立させ、自衛隊の活動範囲を地球の裏側にまで広げて米国の戦争にお付き合いすると決めたばかりだ。安保関連法は日本を危険にするが、これを成立させながら思いやり予算を増やし、辺野古で新基地を建設するのではつじつまが合っていない。これが「思考停止」の結果でなくて何であろう。[65]

前章、そして本章では、日本による米軍駐留経費の分担が、安保条約の論理→地位協定の「リベラルな」解釈→「思いやり」の感情に基づくことを見てきた。しかし、それは今や「思考停止」――頭が働かない――の域に達しているというのである。だとすれば、それは日米安保の〝体制疲労〟をしめす一つの証左と言わざるを得ない。

第五部

2017年（平成29年）9月12日 火曜日 1版 総合（2）

「日本主導で捜査を」

知事 政府に地位協定改定案

【東京】翁長雄志知事は11日、防衛省や在日米国大使館を訪れ、県が17年ぶりに作成した日米地位協定の改定案を提出した。昨年12月の名護市安部でのオスプレイ墜落事故で日本側が捜査できなかったことなどを踏まえ、米軍機の事故時に日本側が捜査し財産を差し押さえられることや、現場統制を主導できるようにする内容などを盛り込んだ。

県が改定案をまとめるのは、2000年に稲嶺恵一知事（当時）が改定に関する11の要求項目を示して以来、17年ぶり。環境捕捉協定に関し県が要望した返還の3年以上前からの立ち入り調査を可能とすることや、昨年の米軍属女性暴行殺人事件を受けて締結された軍属の範囲を狭める補足協定について、軍属と認定した請負業者の情報などを公表することなども求めた。

翁長知事は防衛省で、これまでの運用改善や補足協定の締結といった政府の対応では「実効性は十分とは言いがたい」として「環境問題や事件事故を抜本的に解決するためには改定は必要だ」と語った。

小野寺五典防衛相に日米地位協定見直し案を手渡す翁長雄志知事（右）＝11日、防衛省

小野寺防衛相に日米地位協定見直し案を手渡す翁長沖縄県知事
（2017年9月12日『琉球新報』）（琉球新報社提供）

XI 「密約製造マシーン」の作られ方

日米地位協定第二五条（改定前の行政協定では第二六条）は、日米「合同委員会」という組織について規定している。その「合同委員会」とはどのような経緯を経て設けられ、その実態はいかなるもので、今日その組織がはらむ問題とはどのようなものだろう。

限定的だった役割

一九五〇年一〇月上旬、講和交渉の近いことを想定しながら外務省がまとめた「安全保障に関する日米条約案」は、講和後の米軍駐留を前提にした一二条で構成される「文字どおり条約案のかたちをとったもの」だった。本章の問題関心から指摘すべきは、すでにこの時点で、北大西洋条約第九条にある「理事会」を手本にした、「この条約の実施に関する事項を審議する」ための「委員会」設立が構想されていたことである。(1)

「委員会」は「両国の同数の代表者」（日本側＝外務大臣、米国側＝駐日大使）をもって構成され、いつでも迅速に会合でき、必要な補助機関を設置できるものと想定されていた。当初、同案が想定する「委員会」の任務は次のようなものであった。すなわち、①在日米軍の駐屯地点およびその数の決定、②米軍が日本国内で享受すべき特権および免除の取り決め、③米軍またはこれに属する個人の行為により日本国民の身体・財産に損害が発生した場合に、即時かつ公正な補償を行うための共同調査および補償額の査定（ただし、これは委員会の下部機関による）、④条約の実施に関する事項の決議、などであった。この委員会の任務は「重大」と位置づけられる。しかし、翌五一年冒頭の講和・安保会談で米側に示された日米安保協力の「構想」でも、「両国は、委員会の決定を遂行する」という追加規定が目をひくものの、当初想定されていた委員会の任務は比較的に限定的だったと言うことができる。(2)

再軍備構想に伴う役割の拡大・機密化

日本側「構想」を見て、米側もこの「委員会」は有用だと考えた。ダレスが米国から携えてきた安保協定案にはなかった「委員会」という章――否、語句すらなかった――を、日本側に示した対案では、わざわざ立てている。その役割は、「両国は〔基地の〕場所、施設、経費、駐屯軍の地位に関する諸問題を審議するため、双方の同数の構成員からなる委員会を設置する」と、日本側の「構想」よりもさらに限定的で、「構想」にあった委員会決定の遂行についても規定がなかった。(3)

ところが、この米側の安保協定案には日本側のとうてい呑めない条項が含まれており、そのことが委員会のあり方を大きく変えることになる。その条項は「集団的防衛措置」（Collective Defense

Measures）というもので、かいつまんで言えば、日本が五〇年七月にマッカーサーの命令で設けた警察予備隊とは別に軍組織を創設し、それらの軍事力が有事には米国人司令官による「統合的指揮」の下に入るという内容である。(4)

日本側は反発した。安保協定は早急に締結しなければならないが、日本が武装国や交戦国になることを想定する規定は内外で問題を惹き起こし、協定の早期締結を阻害するから、当該条項は削除するのが賢明であろう、と。(5)

当時、吉田内閣が相当規模の再軍備に踏み切り、それが明らかになれば、近隣諸国は〝日本軍国主義の復活〟と警戒感を強め、講和にも影響したことだろう。他方、国内政治では社会党などの野党勢力が憲法違反だと激しく非難することは必至だった。さらに、朝鮮戦争の戦局しだいでは、再軍備の結果できる日本の軍事力が朝鮮戦争に投入されることも考えられた——正確には、旧海軍関係者を中心に結成された特別掃海隊が朝鮮半島沿岸の機雷除去作業に駆りだされ、事故で一名が命を落としてもいたが——そのようなことが表沙汰になれば、吉田内閣は倒れるかもしれない。(6)

ただし、この「集団的防衛措置」条項削除要請の最後には、「このことは、日本政府が再軍備や日本が交戦国となることに反対することを意味するものではない」と書かれている。(7)要するに、再軍備に応じる意思はあるが、国民や野党には秘密にしたいということなのだ。問題は、そこで吉田内閣はどうしたか、ということになる。

米側から安保協定案が提示された翌日（五一年二月三日）、日本側は「再軍備計画のための当初措置」と「日本側提案」（Japanese Proposal）という二つの文書を米側にわたす。前者は、①日本は既存の警察や警察予備隊とは別に陸海総計五万人規模の再軍備を行い、②「国家安全保障省」のなかに「安全保障計画本部」（Security Planning Headquarters）を設けることを骨子としていた。[8] そのうえで、米英の軍事に精通した同本部の専門家が安保協定の下に設置される合同委員会の諸活動に参画するというのが後者の趣旨である。[9] この時点で、それまでは主として基地の設定、米軍の特権等に関わる準則の設定といった役割を想定されていた委員会組織が、再軍備や「安全保障」計画の策定という役割と結びつけられることになった。

こうして委員会は、役割と性格を大きく変更されて「合同委員会」になるとされた。具体的には、「日本側提案」は次のように説明している。

安保協定実施のための中心機関〔委員会〕が設置され、日米相互の安全保障のための協力に関するすべての業務（all affairs）を担当する。そして、再軍備、非常事態、戦争などの、起こり得るすべての事態に対応するあらゆる計画と措置を研究・作成する。また、日本が米国に提供する場所、施設、経費、駐屯軍の地位などを審議する。委員会の創設は、協定を明確・簡素で日本側にとって受けいれやすいものとし、委員会によって作成される再軍備計画および措置は秘密にされ、かつ、緊急の使用に備えておかれるべきである。安全保障協力という問題に関して、このような了解を取り決めておくことは、正式な協定に詳細な規定を書き込むよりも政治的に賢明であり有効であろう。[10]

こうして委員会の役割と性格は、「集団的防衛措置」規定を転回点として、日本が提供する基地の設定などから、再軍備・非常事態への対処をも含む、日米安保協力に関わる「すべての業務」へと拡大化、機密化することとなった。

そして、「日本側提案」は次のような吉田首相の「述べられた趣意」と「下命」を忠実に文書化したものであったことを確認しておかなければならない。

> 同委員会に日米の相互安全のための協力に関する一切の事項とくに再軍備計画や緊急事態または戦争の場合に対処するための措置について徹底的に研究して計画を立てさせるとともに駐屯軍の場所・施設・経費・ステータスについても考究させることとする。こうすることによって……〔安保〕協定自体をスッキリしたものとなしたい。さすれば、協定は、日本国民にとって、はなはだうけいれられやすくなるであろう。
>
> 前記の再軍備に計画や非常事態または戦時において両国によってとられるべき措置は、共〔ママ〕同委員会によって詳細作成された機密としておかるべきである。こうすることが政治的に賢明であるとともに協定案よりさらに徹底した了解を両国間に用意しておくことができて、必要な事態がおこった場合に対処しやすいであろう。[11]

国民が受け入れやすい政治的賢明さと言うべきか、国民に受け入れさせやすい政治家的賢明さと言うべきか。後者とすれば、俗に言う「民依らしむべし、知らしむべからず」である。いずれにしても、今日、議事録は公開されず、合意内容もすべてが公表されるわけでもなく、その秘密性から――地位協定問題に詳しい前泊博盛・沖縄国際大学教授の巧みな表現を借りれば――「密約製造マシーン」[12]と批判される組織の〝考え方〟は、こうして日米間の取り決めへと制度化されていったのだった。

最終的に合同委員会の設置は、行政協定第二六条一において、次のように規定されることとなった。

　この協定の実施に関して相互の協議を必要とするすべての事項に関する日本国と合衆国との間の協議機関として、合同委員会を設置する。合同委員会は、特に、合衆国が安全保障条約第一条に掲げる目的の遂行に当って使用するため必要とされる日本国内の施設又は区域を決定する協議機関として、任務を行う。

なお、改定後の地位協定では、「相互」が「相互間」に、「日本国と合衆国」が「日本国政府と合衆国政府」に、「安全保障条約第一条に掲げる目的」が「相互協力及び安全保障条約の目的」に、それぞれ改められているだけである。

合同委員会の組織構成

行政協定の署名（一九五二年二月二八日）から、同協定が発効する（同四月二八日）までのあいだは、協定発効をもって合同委員会となる「予備作業班」が、三月四日以降九回にわたって基地設定へ向けた会合を重ねた[13]。そして五月七日、合同委員会は初会合を開き、予備作業班の作業結果を承認した。以後、「一九六〇年からの地位協定下でも、一四〇〇〇回以上……〔六〇年以前も含めれば〕

合計で一六〇〇回以上」[14]ともいわれる合同委員会会合の始まりである。

発足当初、合同委員会と「必要な補助機関及び事務機関」の構成は、本会議および同会議と「同等の比重をもつ調停委員会」に、気象分科・裁判管轄権分科・財務分科・商港分科・陸上演習場分科・海上演習場分科・飛行場分科・道路分科・周波数分科・出入国分科・調達調整分科・通信分科・民間航空分科・労務分科・工場分科・機械分科・住宅分科・郵便分科・税分科の一九常設委員会、それに、労務基本契約・労務調達資金・風紀・病院施設・建設の五特別委員会から成っていた。[15]

その後、六〇年安保改定、沖縄の施政権返還、軍用機騒音対策、環境保全、米軍再編といった基地をめぐる状況の変化や新たに対応すべき課題が生じたことにより、二〇一六年一〇月時点では本会議と一六分科委員会、一〇の部会、四つの特別分科委員会、委員会・小委員会・特別専門家委員会・特別作業部会・特別作業班が各一という合計三六組織による構成となっている。[16]

大まかな構成は以上のとおりだが、では、そのメンバーはどのような者たちだろう。合同委員会発足からまもない一九五四年の時点で、米側は参加者七〇名中、米極東軍関係者が三三名と約半数を占めていた。日本側はどうか。本会議代表の外務省国際協力局長（米側は統合司令部参謀次長・少将）をはじめ、商港分科委員会・日本側代表＝運輸省港湾課長、陸上演習場分科委員会・同＝農林省農地局長、海上演習場分科委員会・同＝水産庁漁政部長……と、ズラリとならぶ官僚が主要メンバーである。[17]

六〇年後も、日本側は外務省北米局長が本会議代表を務め（米側は在日米軍副司令官）、以下「エリート官僚」（米側は在日米軍高官）が各委員会の代表を務めている。なお、米側における合同委員会メンバーの〝軍事化〟は顕著で、吉田敏浩氏によれば、「在日アメリカ大使館公使ひとりをのぞいて、すべて米軍人で占められて」いる[18]。合同委員会とは、日米双方における政軍の――軍を〝物理的な力をもってするもう一つの政治〟を生業とする官僚組織と考えれば――エリート官僚たちによる協議機関と言うことができそうである。

以上のような組織構成をもつ合同委員会会合の頻度と開催場所については、定例会議が毎月二ないし三回、外務省内や都内にある米軍施設等を使って日米持ちまわりで行われてきた[19]。

米側史料から密室を透かし見る

なにしろ、合同委員会の議事というのは肝腎の内容ではなく表題だけが一般に開示されているという実態があり、そこでの合意内容には発表されない部分もあるという。そのため、同委員会の活動の全容を抉りだすのは至難のわざとなっている。地位協定下の合同委員会活動一般については、前出の吉田敏浩氏が『「日米合同委員会」の研究』という著書――とくに「PART1　日米合同委員会とは何か」――のなかで詳細に検証している。

ここでは、かつて筆者が分析した、一九五五年――重光外相による安保改定提起、「55年体制」の成立、米空軍基地拡張計画と反対運動（砂川闘争）の対抗をみた戦後日本政治史の間違いなく画期であった――に開催された合同委員会（第一〇六～第一二五回）での討議内容を紹介したい。議事録を含む米国の公文書からその内容の幾許かを示すことができるはずだ。

あくまで筆者の分類なのだが、五五年に合同委員会で行われた討議は、大きく、①空軍基地滑走路拡張問題、②演習場その他の基地をめぐる紛争、③米軍の法的地位・特権をめぐる問題、④米軍に雇用されている日本人労働者をめぐる問題、⑤その他の問題、といった範疇に分類することができる。[20]

①では、東京都下の立川空軍基地などの滑走路拡張に必要な土地取得や測量の進捗状況が日本側からたびたび報告されている。土地の取得等が既定の日程どおりに進んでいないことに対して、米軍側は早急な計画の達成を督促している。

②では、(a)大高根射撃場（山形県）における新砲台建設とそれに対する反対運動、(b)豊海高射砲射撃演習場（千葉県）において一二〇ミリ高射砲弾の破片や標的用無人機が周辺民家などに落下する事件、(c)東京湾口に設営され、しばしば船舶の航行に足止めをもたらしていた防潜網の撤去問題、などが話し合われている。また、地域社会に外国軍隊という大規模組織が入ってくることから惹き起こされる水資源への影響も話題となっている。米軍基地からもれたガソリンが原因とみられる井戸水の汚染とそれに対する補償、限りある水資源を住民と軍が分け合わねばならないことから生じる水資源の枯渇といった問題である。

③では、特記しなければならないことが二点ある。一つは、米軍人等による刑事犯統計の報告である。報告は、国会で野党議員が行った質問に対する政府答弁を取りあげたものとなっている。それによれば、五三年一〇月（いわゆる日本側一次裁判権放棄密約が作成された時期）〜五五年三月までに米軍人等が日本国内で犯した刑事犯の総数は九四一六件で、そのうち起訴は二一五件（起訴率二・二八%）にすぎない。いわゆる日本側一次裁判権放棄密約の〝効果〟をうかがわせる数字であ

る。また、そもそも日米いずれに一次裁判権があるかを決定する根拠となる米軍人等の「公務」の定義に関する議論もたびたび行われている。この一連の討議から、本書「Ⅶ 「公務」の定義」で見た、基地への通勤や基地からの帰宅途中も「公務」であるとか、公の催事で求められれば飲酒も「公務」であるという、およそ一般市民の感覚からかけ離れているとしか思えない「公務」も定義されることになった。

④では、「保安解雇」問題がかなりの回数討議されている。米側が日本人従業員を基地で働かせる場合に最も神経を使ったことは、労働組合活動などが基地機能・基地運営に支障を及ぼすことであった。米側は、そのような事態を、「在日米軍の戦闘能力に対する重大な脅威」の一因であるとし、それを防止するために保安解雇という手段に訴えることがあった。なかでも、労組加入運動をしていた労働者が職場投票により委員長に決定したのち、その仕事上の能力を理由に米軍が当該労働者を懲戒解雇した「三沢駐留軍事件」は最も討議されている。

また、この年の六月には、軍用車両の組立・修理などを請け負っていた自動車会社の大量解雇、一部工場閉鎖、労働時間の切り下げなどが発表されたが、これも（直接の基地労働者問題ではないにもかかわらず）討議されている。そうした事態は、米国の軍事予算削減のあおりを受けた結果であった。そこで合同委員会において日本側は、労組をバックに持つ社会党や財界の圧力が強いことを理由に、契約削減は段階的に行うなどの措置をとれないかと米側に訴えたのだった。

最後に、その他の議題である。日本政府は、行政協定締結当時から、東京・横浜・名古屋などに在る米軍を都市外へ移転させたいと考えていた。しかし、移転先代替施設の設営、経費の問題などで、小規模な無電中継施設ひとつ移すのも容易でない実態が浮き彫りになる。また、王城寺原演習場（宮城県）などで米軍が行っていた国民党政府軍将校への軍事訓練問題、あるいは、「第六あけぼの丸事件」といった、軍事的性格の濃い問題も合同委員会では議論されている。「第六あけぼの丸事件」というのは、五五年二月一四日、日本で修理をうけるため米軍監視のもと長崎沖を航行していた韓国軍のフリゲート艦と日本のトロール船が衝突し、後者が沈没して乗組員二一名が行方不明になった惨事である。

以上は、わずか一年間、二〇回分の会合を概観したにすぎない。それでも、多種多様なかたちで米軍の軍事的プレゼンスが、そして、それを根幹とする日米安保が基地周辺住民の日常生活に浸透していったことが理解できる。

「非公開」の高い壁

合同委員会という組織がはらむ問題の一つは、その秘密性にある。そもそも合同委員会は、講和交渉時に、米側の安保取り決め案に明記されていた「集団的防衛措置」規定を国民の眼に触れさせないために、安保取り決めの運用全般を秘密裡に協議する機関として成立した。その秘密性は今日も存続し、基地の周辺で生活せざるを得ない住民から問題視されている。

たとえば、一九七二年五月一五日の沖縄施政権返還時、同地に残置されることになった八七にのぼる米軍基地個々の使用条件を定めた文書（いわゆる「五・一五メモ」）が合同委員会（通算第二五一回）で承認された。沖縄県はその公表を求めつづけてきたが、鳥島射爆撃場での劣化ウラン弾使用問題をきっかけとして実際に公表されたのは、メモの承認から四半世紀後となる一九九七年三月のことである。一例をあげたに過ぎないが、そのようなこともあって沖縄県は、地位協定改定要求のなかに「日米合同委員会の合意事項を速やかに公表する旨を明記すること」を盛り込むにいたっている。(21)

また、政府の情報・公文書公開を求めるNPO法人も、そもそも「〔合同〕委員会の公式議事録は……双方の同意がない限り公表できない」ことを記した地位協定下の第一回合同委員会議事録(六〇年六月)を国が公表しないのはおかしいとして、同議事録の公開を求めている。しかし、議事録の当該箇所は、沖縄にある米軍演習場を通る県道の共同使用をめぐる裁判過程で証拠として裁判所に提出され、誰でも閲覧可能であるにもかかわらず、国は情報公開を拒否したのだ。(22)

国(外務省)が挙げる拒否の理由は次の二つである。①合同委員会では、協議等の内容が非公表であることを前提にしているからこそ、協定実施に関して協議を必要とする全事項にわたって「忌たんのない」協議や意見交換を行っている。②基地をめぐる諸問題には日米両国の国家全体、日本国内の諸勢力、それに基地が所在する地域社会といったさまざまなアクターの利害が複雑に絡みあっており、公表を前提とした協議では、それら複雑な利害関係の調整をはかることはきわめて困難である。(23) だから、双方の合意がない限り合同委員会での協議・意見交換などの内容は公表できないというのだ。さらに、合同委員会議事録が公表されるようなことになれば、「日米間の信頼関係を損ない」「今後、米側との間で忌たんのない協議を行えなくなるおそれがあ」り、米軍基地をめぐる諸問題に対する「日米両政府の対処能力を低下させ」、日本における米軍の「安定的駐留と円滑な活動を阻害するおそれがある」とも言う。[24]

「合同委員会議事録の公開なんて請求すると、かえって基地問題が解決しませんよ」「日本の安全を脅かすことにもなりますよ」。こうなると、もう恫喝である。「米側」と忌憚のない話し合いができなくなると言うが、その「米側」の実態は米軍人（米軍部）だった。とすれば、「日米間の信頼関係」も日本と米国の政軍エリート官僚のあいだの信頼関係ということになってしまう。基地が所在する「地域社会」の幅ひろい人々を含む忌憚のない声に耳を傾け、それらの人々と話し合うことこそ日米間の信頼関係を築くことにつながると考えるのは筆者だけだろうか。

もう一つの問題点は、合意の内容じたいである。さきほど、五五年に開かれた一連の会合の結果、「一般市民の感覚からかけ離れているとしか思えない「公務」が定義されたのではないかと書いたが、その一つと思われるのが、前出の合同委員会合意（五六年三月二八日）である（合意にいたる経緯は、本書「Ⅶ「公務」の定義」を参照のこと）。

……「公務」とは、合衆国軍隊の構成員又は軍属が、その認められた宿舎又は住居から、直接、勤務の場所に至り、また、勤務の場所から、直接、その認められた宿舎又は住居に至る往復の行為を含むものと解釈される。ただし、合衆国軍隊の構成員又は軍属が、その出席を要求されている公の催事における場合を除き、飲酒したときは、その往復の行為は、公務たるの性格を失うものとする。[25]

通勤・帰宅途中も公務であり、そこには「出席を要求されている公の催事における場合」の飲酒もふくまれる。この定義は六〇年の安保条約・行政協定改定のさいにも引き継がれ、二〇一一年一月に沖縄県で米軍属が起こした交通死亡事故をきっかけに、ようやく同年一二月一六日、「その出席を要求されている公の催事における場合を除き」を削除するよう改定された[26]。それも、合同委員会自らが「この定義はおかしかった」と気づき、自らのイニシアチブで改めたわけではない。事故が軍属の帰宅という「公務」中に起きたということになれば、協定上その軍属に対する一次裁判権は米側ということになる。亡くなった若者のお母さんと友人らの、日本側の法と法廷で裁けないのは「おかしい」「納得できない」という声と行動がきっかけとなって、この改定は行われた[27]。

騒音・飛行ルール問題に見る合同委員会内のパワーバランス

嘉手納基地・普天間飛行場にとどまらず、いわゆる本土の厚木などでも軍用機騒音は深刻な問題だが、一九九六年三月二八日に、それまで何も規制のなかった嘉手納・普天間両基地の騒音に対して、当時日米両政府が取り組まざるを得なくなっていた負担軽減プログラムの一環として、次の「合同委員会合意」が交わされている（なお、引用は「普天間飛行場における航空機騒音規制措置」）。

a　進入及び出発経路を含む飛行場の場周経路は、できる限り学校、病院を含む人口稠密地域上空を避けるよう設定する。

b　普天間飛行場近傍（……飛行場の中心部より半径五陸マイル内の区域）において、航空機は、海抜一、〇〇〇フィートの最低高度を維持する。ただし、次の場合を除く。承認された有視界飛行方式による進入及び出発経路の飛行、離着陸、有視界飛行方式の場周経路、航空管制官による指示がある場合又は計器進入。

c　任務により必要とされる場合を除き、現地場周経路高度以下の飛行を避ける。

d　普天間飛行場の場周経路で着陸訓練を行う航空機の数は、訓練の所要に見合った最小限におさえる。(28)

aの項目を見ていただきたい。「侵入及び出発経路を含む飛行場の場周経路は、できる限り学校、病院を含む人口稠密地域上空を避ける」とある。「できる限り」という限定がついている。bはどうかというと、「ただし、次の場合を除く」という限定がついている。cはどう書いてあるか。「任務により必要とされる場合を除き」である。dを見ると、「訓練の所要に見合った最小限におさえる」とある。つづきを見ていこう。

e　アフター・バーナーの使用は、飛行の安全及び運用上の所要のために必要とされるものに制限される。離陸のために使用されるアフター・バーナーは、できる限り早く停止する。

f　普天間飛行場近傍及び沖縄本島の陸地上空において、訓練中に超音速飛行を行うことは禁止する。

g　二二〇〇～〇五〇〇の間の飛行及び地上での活動は、米国の運用上の所要のために必要と考えられるものに限定される。夜間訓練飛行は、在日米軍に与えられた任務を達成し、又は飛行要員の練度を維持するために必要な最小限に制限される。部隊司令官は、できる限り早く夜間の

飛行を終了させるよう最大限の努力を払う。(29)

eは、「飛行の安全、及び運用上の所要のために必要とされるものに制限される」。このアフター・バーナーというのは、ジェットエンジンの排気をもう一度そこに燃料をつけて燃焼させて高い推進力を得るような装置だが、たいへんな音が出る。それから、その「アフター・バーナーは、できる限り早く停止する」と書いてある。gは、「米国の運用上の所要のために必要と考えられるものに限定される」とある。このように「必要と考えられるもの」というとき、「考える」のはいったい誰か。おそらく米軍ということになるだろう。日本側に米軍の行動に影響を与える実効的な裁量はないと考えるのが妥当だ。おなじくgには、「在日米軍に与えられた任務を達成し、又は飛行要因の練度を維持するために必要な最小限に制限される」という限定もついている。「規制措置」はまだつづく。

h　日曜日の訓練飛行は差控え、任務の所要を満たすために必要と考えられるものに制限される。慰霊の日のような周辺地域社会にとって特別に意義のある日については、訓練飛行を最小限にするよう配慮する。

i　有効な消音器が使用されない限り、又は、運用上の能力もしくは即応態勢が損なわれる場合を除き、一八〇〇～〇八〇〇の間、ジェット・エンジンのテストは行わない。

j　エンジン調整は、できる限りエンジン・テスト・セル（サイレンサー）を使用する。(30)

hは、先と同じように、「任務の所要を満たすために必要と考えられるものに制限される」。iは、「運用上の能力もしくは即応態勢が損なわれる場合を除き」とある。jについても、「エンジン調整は、できる限りサイレンサーを使用する」と規定する。

これは確か、騒音を規制するための合意だったはずだ。ところが、本当に騒音が少なくなり、基地周辺住民の負担軽減につながる内容だったのだろうか。規制するはずの項目のほとんどに留保がつけられ、抜け道がつくってあったということではないのか。このような合意は作っても、普通に考えれば、「本当に守る気があるのか」と、その誠意を疑われよう。だから、この合意が結ばれたときから、沖縄では、「こんな取り決めをつくっても騒音が減るはずはない」と言われていた。じっさい〝論より証拠〟で、いまの負担軽減策が合意されて以降、基地周辺で最も騒音が激しいといわれる上大謝名《うえおおじゃな》区で、「生活に支障を与えるような」一定のレベルの騒音が記録された回数を見てみよう(31)。

騒音回数が大幅に減ったとは言えない。少なくとも年間およそ二万回以上の騒音が記録され、とくに早朝深夜の騒音は周辺住民の〝静かな夜〟を脅かすものとしてつねにある。

さらに、九六年三月の合同委員会合意に範をとったと考えられるものに、「在日米軍による低空飛行訓練について」(九九年一月一四日、日米合同委員会合意)、オスプレイ(MV―22)の飛行ルールなどがある(32)。

オスプレイの飛行ルールは、「日本国における新たな航空機(MV―22)に関する合同委員会への覚書」として、二〇一二年九月一九日に、やはり合同委員会合意のかたちでまとめられた。もう

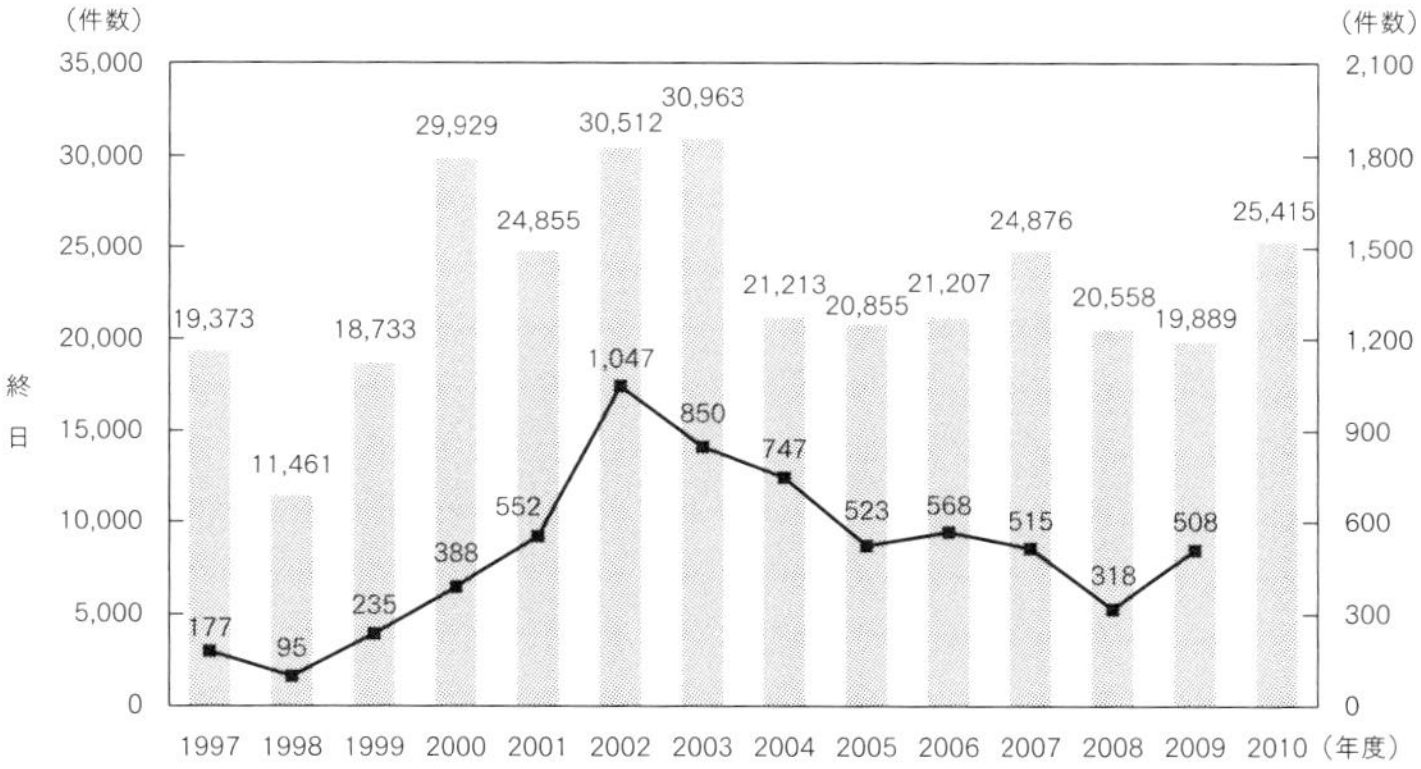

上大謝名区における「生活に支障を与えるような」騒音回数
＊早朝・深夜とは午後10時〜翌朝7時の時間帯

全文を引用することはしないが、その合意を構成する文書には、「ＭＶ—22を飛行運用する際の進入及び出発経路は、できる限り学校や病院を含む人口密集地域上空を避けるよう設定される」とある（「5．軍施設及び区域の上空及び周辺における飛行経路及び運用」—b）。これに続く、早朝深夜の飛行制限を趣旨とする規定は、「22時から6時までの間、ＭＶ—22の飛行及び地上の活動は、運用上必要と考えられるものに制限される」というのだ（同—c）。または「飛行要員の練度を維持するために必要な最小限に制限される」（同）、さらに、「できる限り早く夜間の飛行を終了させるよう最大限の努力を払う」（同）とも書いてある。[33]

オスプレイは、垂直離着陸モードと固定翼モードの切り替え時の「転換モード」に事故が多いのではないかと指摘されたが、その点については、「運用上必要な場合を除き、ＭＶ—22は、通常、米軍の施設及び区域内においてのみ垂直離着陸モードで飛行し、転換モードで飛行する時間をできる限り限定する」と規定している（「5．軍施設及び区域の上空及び周辺における飛行経路及び運用」―e）。その後も、「合衆国政府は、常に、週末及び日本国の祭日における低空飛行訓練を、米軍の運用即応態勢上の必要性から不可欠と認められるものに限定する」「MV―22は、訓練航法経路を飛行する間、地上から五〇〇フィート〔約一五〇メートル〕以上の高度で飛行する。ただし、MV―22の運用の安全性を確保するために、その高度を下回る飛行をせざるを得ないこともある」などの〝規制〟がつづく（「6．訓練区域及びその他の空域におけるMV―22の飛行運用」―dおよびe）[34]。

実効性に乏しかった九六年三月の合同委員会合意と同じ方式である。悪しき前例主義は官僚制の病理の一つに数えられる。また、合同委員会合意の実効性の乏しさについては、仲井眞弘多・沖縄県知事が公に語っている。知事は合意成立直後の新聞取材に対して、「過去も今回も合意文書には「できる限り」、あるいは「運用上必要な場合を除き」などの表現がいくつもある」とこたえたのだ。その取材記事によれば、知事は「「すべては米軍の御意のままに」ということだと皮肉った」とある[35]。そのとおりだとすれば、日米合同委員会とは、日米の政軍エリート官僚が「米軍の御意」を両国の合意としてまとめあげる――ふたたび前泊氏の巧みな表現を借りれば――秘密の「密約製造マシーン」ということになりそうだ[36]。

XII　改定問題を考える

日米地位協定（第二七条）にせよ、前身の行政協定（第二八条）にせよ、「いずれの政府（当事者）も、この協定のいずれの条についてもその改正をいつでも要請することができる」と改定条項を設けている（〔　〕内は行政協定）。そして、協定のはらむ問題が最も尖鋭に現れる沖縄県は、一九九五年の米兵三名による少女暴行事件の以前も以後も協定の改定を求めてきた。こんにち沖縄県をはじめ、米軍基地の所在する一五都道府県（二〇一七年一月現在）からなる渉外知事会、さらには弁護士団体、労働組合、ＮＧＯなど多様な組織が同協定の問題箇所を書き改め、時代や諸情勢の変化によって必要となった条項は新設するなどの抜本改定を求めている。(1)

しかし日米両政府は、それら抜本改定の要求には応えず、協定の条文には手をつけない運用改善と補足協定の締結――沖縄県民の評価を得られない合同委員会合意でもなく、米側の応じない協定自体の改定でもない「第３の手法」と、日本政府はこの方式に〝活路〟を見いだしている――という対応に終始してきた。(2)

協定改定ではなく運用改善で対応

地位協定の条文自体には手をつけず、合同委員会の合意によって協定の運用ぶりをよくしようと試みる「運用改善」の歴史は、二十年以上前にさかのぼる。

一九九五年九月に在沖米軍三兵士が少女暴行事件を起こしたさい、その日本側への身柄引き渡しに一か月以上を要し、「日本国が裁判権を行使すべき合衆国軍隊の構成員又は軍属たる被疑者の拘禁は、その者の身柄が合衆国の手中にあるときは、日本国により公訴が提起されるまでの間、合衆国が引き続き行う」とする地位協定第一七条五(c)の規定を、公訴前でも米兵の身柄が沖縄側（日本側）に引き渡されるよう改定せよとの声が高まった。しかし、協定自体に手をつけることに消極的な日米両政府は、同規定に関わる以下の日米合同委員会合意（一九九五年一〇月）を取り交わすことで事態の収拾をはかった。

一　合衆国は、殺人又は強姦という凶悪な犯罪の特定の場合に日本国が行うことがある被疑者の起訴前の拘禁の移転についてのいかなる要請に対しても好意的な考慮を払う。合衆国は、日本国が考慮されるべきと信ずるその他の特定の場合について同国が合同委員会において提示することがある特別の見解を十分に考慮する。

二　日本国は、同国が一にいう特定の場合に重大な関心を有するときは、拘禁の移転についての要請を合同委員会において提起する。(3)

なお、二〇〇四年四月にいたって合同委員会は、九五年一〇月合意の円滑な運用促進のためとして、①同合意に基づく被疑者の起訴前の拘禁の移転を日本国が要請する可能性があると認める場合、②おなじく同合意に基づき、日本国に対し被疑者の起訴前の拘禁の移転が行われた場合については、日本国の当局が「〔米軍当局の〕要請に基づき、合衆国軍司令部の代表者が被疑者の取調べに同席することを認める」などの内容を含む合意に達している。(4)

改定不要論の背景　①利害調整の複雑さ

こうして、改定を求める声が高まりをみせたにもかかわらず両政府が運用改善という措置にとどまった理由は何だったのか。この問いに対しては、九五年の事件発生直後にジョセフ・ナイ米国防総省国際安全保障担当次官補が朝日新聞社の取材に応じて述べた内容が示唆をあたえる。(5)

ナイは、①米国は世界四五の国々と地位協定を締結している、②被疑者の身柄について、日本の場合、米軍人等は起訴された段階で引き渡されることになっているが、ドイツの場合は判決が下された時点となっている、③他の地位協定と比較すれば日米が一番よくできており、地位協定を他国並みにするということは日本にとって一歩後退となるなどの点を挙げたうえで、協定改定に否定的な理由を次のように述べている。

……地位協定には刑事訴訟手続きに関する規定のほか、多くの規定が盛り込まれており、一つ変えるとすべてに手を付けることになりかねない。ありとあらゆる官庁と弁護士が入ってきてそれぞれの言い分を申し立てるだろう。地位協定は今のままにしておいて、刑事訴訟の面に問題をしぼり、それに対しては運用面で対応するのがよいと思う。(6)

地位協定の履行によって影響を受ける当事者たちが個々の利益を噴出させ、収拾のつかない事態となることへの懸念である。実際、このようなことは起こり得る。一九五三年に行政協定の刑事裁判権規定（第一七条）を改定する過程では、外務省と法務省のあいだでかなり激しい意見対立がみられたし、大蔵省も米兵等に対する税の減免措置などについて独自に問題点を洗いだしていた。(7)そして、一九五九年における行政協定から地位協定への改定過程については、外務省アメリカ局安全保障課長として交渉に携わった東郷文彦氏が以下のように回想している。

……外務省の事務当局としては行政協定運用の経験からどの様な点が問題であるか、又協定に手をつけた場合の凡その目途は持っていたが、一九五七年の年末から年始にかけて問題を整理し、これを基にして一月の下旬にはアメリカ局の田中参事官と私とで十に余る関係各省庁を歴訪し、事情を説明して協力を求めた。この間アメリカ側は、一度行政協定に手を触れれば長期の話となるのは必至であり、そう云うことであるならば条約交渉全体について考え直さなくてはならない、として憂慮の念を伝えて来ていたが、こちら側はそれはそれとして準備の方は万全を期して進めた訳である。(8)

この回想から二つのことが指摘できよう。一つは、改定に踏み切るまでの準備として関係省庁間に相当の根回しが必要なことで、これはナイの「一つ変えるとすべてに手を付けることになりかねない」懸念とも部分的に重なりあう。もう一つは、このときも米国側が「一度行政協定に手を触れれば長期の話となる」事態に懸念を表明していることである。米側には、おもに改定提起が軍部や議会の介入をまねく事態への懸念があった。じっさい米軍部は、日本における駐軍権益の太い束である行政協定の改定不要論を主張していた。[9]

外務省と関係省庁との調整について、東郷はもう少し詳しく続けている。

行政協定の規定するところは、軍隊構成員、軍属、家族の範囲（国内の主たる関係官庁は法務省）、施設・区域の提供、返還（施設庁）、施設・区域の管理権（施設庁、警察庁、消防庁、厚生省等）、船舶、航空機の出入国（運輸省）、航空管制（運輸省）、周波数割当（郵政省）、公益事業の利用（通産省、国鉄、電電公社）、軍人、軍属、家族の出入国（法務省）、自動車運転免許（警察庁）、関税及び通関（大蔵省）、駐留軍関係労務（労働省）、駐留軍との契約履行のために日本に在る事業者（通産省、大蔵省）、施設・区域内の米軍用販売機関、食堂、クラブ等（大蔵省、労働省）、刑事裁判権（法務省）、民事請求権（法務省）、為替管理、軍票（大蔵省）、軍事郵便局（郵政省、大蔵省）、等広汎に及んでいる。二月早々には田中参事官と私との各省歴訪も済ませ、条約課が主になって行政協定各条項の要点と問題点、類似協定での規定の仕方等一表に纏めた資料を作成した。[10]

省庁間調整がかなり厄介な仕事であったことがうかがえる。しかし、ここにはもう一つ重要なことが書かれている。それは、その厄介な仕事も「一九五七年の年末から年始にかけて」精力的に取り組んだ結果、「二月早々には」目途がつき、協定各条項の要点と問題点がまとめられたということである。[11]

さらに言えば、かつて日本の官僚たちすべてが協定の改定に消極的だったわけでもないのだ。二〇一一年五月に公開された外交文書から、米軍人等が公務外の行為で第三者に与えた損害に対する民事請求をめぐり、「公務」中か否かの決定については米側ではなく日本側の判断が優先されるべきだとの要望が「外務省以外」の省からあがっていた事実が明らかになっている。[12] 吉田敏浩氏も近著のなかで、基地返還時の原状回復または補償義務を米側に義務づけること、日本側が裁判権を有するすべての事案について日本側が被疑者の身柄を拘束すること、等々の改定要望が関係各省から外務省に寄せられていたことを明らかにしている。[13] それらの要望は、今日からみても画期的な内容を含んでいる。行政協定改定から半世紀以上が経った今日、本項の冒頭で挙げたように地位協定問題に関わるアクターも多様になり、それだけ利害調整のチャネルも複雑になることが予想されるが、以上の事実はかすかな期待を抱かせないではない。

②他国への波及を懸念

ナイは、協定改定に消極的な理由を、次のようにもう一つ挙げている。

……地位協定の見直しはまた、日米関係だけでなく、同じように地位協定を結んでいる他国との関係にも影響を及ぼす。そうすると米国の立場も硬くならざるを得ない。運用手続きでの解決を図った方がより柔軟な対応ができると思う。[14]

なにしろ、一九九五年当時の米国は「四五」の国と地位協定を結んでいた。日本が改定を実現すれば、おなじ待遇を求めて四四の国が改定を求めてくるかもしれないという懸念である。そして、日本政府も協定改定に消極的な姿勢を取りつづける背景には、米国が日本との協定改定に応じれば、各国と締結している地位協定にも波及することが不可避なために同国は改定に応じないという見方が日本政府に根強いという指摘がある。より直截的に、今まで改定を求めてよいタイミングはあったのに、「外務省が〔米国との〕摩擦を恐れてきただけだ」という意見を表明した閣僚経験者もある。[15] そのとおりだとすれば、日本政府がとる外交態度は、米国が地位協定をめぐる他国との関係において苦しい立場に置かれることのないように、改定を申し出るべきではないと〝自粛〟していることになる。しかし、そのために被疑者の迅速な身柄引き渡しを求める沖縄の人々や他の基地受け入れ国の人々は苦しい立場に置かれつづけることになるのだ。

③さらに譲歩を要求されるリスク

二〇一六年五月に沖縄で米軍属が犯した暴行殺人事件への対応が議論されるなかで、①や②とは異なる改定不要論の理由が示された。ある「対米交渉に関わった経験がある政府関係者」によれば、「日本が改定を求めれば、米国から必ず別の部分で大幅な譲歩を迫られる」ことになり、「形ばかりの改定なら国益にかなうとは限らない」というのである。[16]

日本は米国に基地を提供しつづけてきた。その場所も限定せず、出撃行動や核の持ち込みといった基地の使用方法、軍人・軍属・家族の法的地位についても米側の意向を可能な限り許容してきたと言えるだろう。また、いわゆる「思いやり予算」を含め、米軍の駐留に関連する巨額の経費も提供しつづけている。さらに日本政府は、集団的自衛権行使を容認する閣議決定に踏み切った――もっとも、ときの安倍晋三首相にしてみれば、同権の行使は米国の要請による譲歩などではなく、権利は持っているのに憲法第九条によって使うことを禁じられている「禁治産者」の身分を脱却して、欠落している「対等」な日米関係の要件を整えるものだという意義もあった(17)。

安全保障の領域で、モノ・カネ・ヒトの三分野にわたって米国にこれほどの協力を与えている国が他にあるだろうか。大局的に見て、日本の「譲歩」は臨界に達したか、達しつつあると考えられる。構造的かつ慢性的な財政赤字と景気の低迷、基地所在自治体およびその住民に課された長期的な負担を考えるならば、政府関係者が為すべきことは実際に迫られてもいない譲歩の影におびえるよりも、いま現在ある負担を――にわかには難しいとしても――漸進的かつ不断に軽減するよう米側と粘りづよく交渉することでなければならない。

また、政府関係者が「国益」というとき、「国」には基地周辺に住む人々は入っているのだろうか。おなじく、「利益」というとき、米軍人等による犯罪・事件・事故の被害者や遺族が求める、捜査・逮捕を迅速かつ確実に行い、被疑者を受け入れ国の法と法廷で裁き、しかるべき刑に服させるということがその言葉には含まれているのだろうか。

④米国の関与の減退リスク

二〇〇八年にイラクからの米軍撤退が決まったとき、イラクの土地で米軍が起こした犯罪はイラク側で裁くとイラク政府が要求したことが撤退理由の一つだと言われた[18]。米国関与減退論は、同様に、協定の改定を提起すれば米軍の士気や日本防衛意思が減退し、同軍の削減や撤退につながるのではないかという議論、あるいは、北朝鮮の核・ミサイル開発問題や中国の軍事力の拡充と周辺地域での行動といった安全保障環境を考慮すれば、米側に有利な地位協定も日本防衛への関与を減退させない〝ツール〟として持っておくべきだという議論である。

しかし思い出してほしい。二〇一五年五月に安倍内閣が自衛隊活動の拡大（集団的自衛権の行使）を図る安全保障関連法案を閣議決定したさい、首相は記者会見で次のように述べていたはずだ。「我が国の安全保障の基軸である日米同盟強化に努めてきた」ので「日本が攻撃を受ければ米軍は日本を防衛するために力を尽くしてくれる」と。また首相は、「日本が危険にさらされた時には日米同盟が完全に機能すると世界に発信することによって抑止力はさらに高まり、日本が攻撃を受ける可能性は一層無くなっていく」とも述べた[19]。つまり、日本は集団的自衛権の行使をも含む安保関連法案の閣議決定によって日米同盟の強化に努めてきているのだから、米国側の日本に対する信頼も強化され、その意思を示すことで抑止力および攻撃排除の士気ともに強化されているというのが〝安倍理論〟なのである。

そのような決定に踏み切った内閣であるならば、ヒトによる協力を拡大しているのであるから、モノやカネの協力は幾らか減少させても米軍による抑止力や侵略排除能力はいぜん提供されるのではないかと論理を展開させるべきではないか。

しかし、この内閣ではそうはならない。理由は、「日本が攻撃されれば米国が日本を守ってくれるのに、日本は何もしなくていいのか」という安倍理論の前提に対して、国際問題研究者の春名幹男氏が呈した疑問に示されている。すなわち、首相の前提は基地の負担を軽く見る認識と表裏をなしているというのだ。[20] 米国は兵站基地としての日本に最高点に近い評価を与えていると言われるにもかかわらず、その「決して軽微な義務でない」はずの基地提供を安倍首相は「軽く考えすぎ」ているという春名氏の議論に私も同意する。[21] 普天間基地移設の強行、いぜん気前のよい思いやり予算、問題山積にもかかわらず未改定の地位協定と、いったい日本は米国に対してどこまで〝協力〟すればよいのか。

⑤「日米協定が世界最高水準」という認識

この範疇には、「受け入れ国の観点からは、米国が世界の各国と締結している地位協定……の中で多分日本のが一番良くできている」と言及したナイの先の議論がはいる。また私は、在外大使館の大使を務めたこともある日本の著名な外交評論家が深夜の討論番組で、身柄の引き渡し規定は日米地位協定が他に比べて最も有利にできているのだから協定を改定する必要はないという趣旨を述べているのを聞いたこともある。

じっさい、たとえばNATO軍地位協定を見ると、軍隊派遣国が裁判権を行使すべき被疑者（軍人・軍属）の拘禁は、それらの者の身柄が派遣国側にあるときは、「受入国により公訴が提起されるまでの間」派遣国により行われる（第七条五項(c)）とあるから、これは日米間と同様である。NATO諸国のうち、とくにドイツ国内に駐留する軍隊の法的地位などを定めたいわゆるボン補足協定は、原則として被疑者（軍人・軍属・それらの家族）の拘禁は派遣国の当局が行い、ドイツ当局が被疑者を逮捕したときでも、派遣国当局の要請があるときは身柄をドイツ側から派遣国側に引き渡すことが規定されている（第二二条一(b)および同二(a)）。そのうえで、派遣国当局側にある被疑者の身柄は、同当局がそれらの者の身柄の拘禁を、ドイツ当局による保釈もしくは釈放または刑の執行開始まで（＝裁判判決の執行開始まで）行う（第二二条三）としている。これは、日米地位協定の規定よりもドイツ側にとって不利な内容といえる。ただし、ボン補足協定は、被疑者の身柄が派遣国当局にあるとき、同当局は「拘禁をいつでもドイツの当局に移すことができる」（第二二条二(b)(i)）とか「特別の場合においてドイツの当局が行うことがある拘禁移転の要請に対して好意的な考慮を払う」（同(ii)）とも定めている。こうした点について、そもそもドイツは派遣国の軍人等によるほとんどの事件で一次裁判権を放棄している運用実態があると日本政府は説明しているが[22]、日米間でも同様の――日本側一次裁判権放棄密約による――運用実態があることはすでに見たとおりである。

韓国に駐留する米軍については、韓米地位協定で、韓国が裁判権を行使すべき被疑者（軍人・軍属・それらの家族）の拘禁は、「大韓民国により公訴されるまでの間」米国により行われる（第二二条五(c)）とあった。身柄移転のタイミングについては、日本やNATO諸国と同様の条件だったと言える。

しかし二〇〇一年一月に韓米地位協定合意議事録改定合意書が取り交わされ、重罪とされる一二の犯罪（殺人罪、強かん罪〔準強姦罪および一三歳未満の者との淫行〕、身代金目的略取誘拐罪、麻薬取引罪、販売目的麻薬製造罪、放火罪、凶器使用強盗罪、上記の罪の未遂罪、傷害致死罪、飲酒運転致死罪、死亡事故現場逃走罪、上記の罪より軽度の、一または二以上の罪を含む犯罪）については――重大性と理由を考慮しつつ――起訴時または起訴後に、他の犯罪については起訴後に米国側から韓国側へ拘禁の身柄引き渡しが行われることとなった[23]。

その後、二〇一一年から一年半ほどの間に、相次ぐ女性への強盗強かん事件を含む米軍がらみの犯罪が激発し、地位協定の改善や韓国側司法権の拡大などを求める声が高まった。そのため韓米両政府は二〇一二年五月、新たな措置をとるにいたる。韓米地位協定に付随する合同委員会合意にある、起訴前でも韓国側が身柄引き渡しを求めれば、その要求を米国側は「好意的に考慮すべき」だが、引き渡し後は「韓国司法当局が二四時間以内に起訴しなければ釈放」する条項――これにより身柄確保や十分な初動捜査は事実上不可能であった――の撤廃などに合意したのである。さらに韓国外交通商省の担当官は、このときの合意によって、起訴前の身柄引き渡しが日米間のように殺人や強かんに限らず可能になったとも言う[24]。

このように、日米地位協定、ボン補足協定、韓米地位協定および付随合意は、それぞれ米国との関係性や政治情勢を反映したきわめてテクニカルで複雑な内容を含み、日米地位協定の被疑者身柄引き渡し条項が最も進んでいると簡単には論じられない状況にある。

それ以上に、そうした議論がはらむ問題点は、論者の言う「最も有利」な規定に――意図するとしないとにかかわらず――議論を限定してしまうところに求められる。たとえば、二〇〇〇年に沖縄県がまとめた「日米地位協定見直し要請」は、日本当局から被疑者の「起訴前の」拘禁移転要請がある場合は米軍当局がこれに応じる旨を明記することはもちろん、環境保全条項の新設、原状回復に必要な計画の策定および措置の執行ならびに経費負担に関する政府間協議（現行では米側は原状回復義務を負わないことになっている）、合同委員会合意の速やかな公表、など全一一項目・一八点に及んだ。[25] 被疑者身柄引き渡し条項が他の協定のそれより有利でありさえすれば地位協定の改定は不要とする議論は、協定総体が抱える数多くの問題から目をそらさせ、したがって、協定を抜本的に改めよという改定要求を封じ込めようとする作用を持つことにつながりやすい。

改定必要論の根拠　①米兵犯罪史

さまざまな地位協定改定不要論を検討してきたが、それぞれに問題はあって、もはや抜本改定は不可避――それも待ったなしに――というのが沖縄県民の訴えだ。その訴えの前提となるのが、まず米兵犯罪の歴史である。米国統治下の米兵犯罪については「Ⅷ　沖縄米兵犯罪と裁判権移管問題」で詳述しているが、改めて確認しておこう。

沖縄における米兵犯罪は一九五七年から六一年まで前年比一・一～一・五倍の割合で急増したが、その要因は日本本土の海兵隊が沖縄へ移駐したことにあった。その少し前の五五年にも、六歳の少女が米兵に強かん・殺害される事件や、移駐したばかりの海兵隊員による少女暴行事件が相ついで発生し、米兵犯罪は、軍用地問題とならんで沖縄をゆさぶる大きな問題となった。この状況に沖縄の人々は、沖縄は米兵等に対する刑事裁判権を持たない行政協定改定前の本土と同じだから、せめて同協定改定後の本土と同様に公務外の犯罪など一定のケースについては琉球政府の民裁判所に裁判権を移管するよう〝本土並み〟を求めた。

その次に沖縄の米軍人・軍属の犯罪件数が多く記録されるのは、沖縄がベトナム戦争の兵站・出撃基地としてフル稼働した時期である。六四年から六八年にいたる五年間に、米兵らが起こした犯罪の数は復帰後四〇年間のそれにほぼ匹敵した。個々にみても、陰惨な事件があとを絶たず、猟奇性を帯びたものも少なくなかった。

そのような状況にもかかわらず、琉球政府の裁判所には米軍人・軍属に対する裁判権がまったくなかった。ベトナム戦期の沖縄で刑事裁判権の管轄を規定していた「琉球列島の管理に関する行政命令」（一九五七年六月行政命令第一〇七一三号）は、「合衆国軍隊の構成員又は軍属」「合衆国国民で合衆国政府被雇者である者」「上記の者の家族」は、琉球政府裁判所の刑事裁判権から「除く」としていた。

くわえて、琉球警察の逮捕権および捜査権も著しく制限されたものであった。前者は、警察の近くに米官憲が居あわせない場合の現行犯逮捕に限られた。また、そのような条件があって琉球警察が被疑者・犯人を逮捕しても同警察には捜査権もなかった。六七年四月には、琉球警察本部長と米軍各憲兵司令官とのあいだに「捜査共助協定覚え書」が交わされるものの、いぜん「米国軍要員によって犯された犯罪は、原則として米国軍捜査官が捜査を担当するものとし、米国軍捜査官より要請がある場合は、琉球警察は援助を与えるものとする」というにとどまった。この結果、事件は琉球警察から米憲兵隊に引き継がれて犯人捜査は同隊が行い、被疑者も琉球警察の手の届かないところへ行ってしまっていた。

一九七二年のいわゆる本土復帰後も、二〇一六年度までに米兵等が犯した犯罪検挙状況は件数にして五九一九件、被疑者の数では五八四三人にのぼる。くわえて、近年は犯罪と並んで米兵等が第一次当事者の交通事故（人身事故）が深刻化している。統計が公表されている一九九〇年以降だけでも四一〇六人が死傷――うち八二人が死亡――しているのが現状だ(26)。

このように、そもそも日本が裁判権を行使すべき被疑者を米側が拘禁し、起訴まで身柄が日本側に引き渡されず、初動捜査や逮捕も阻害されるというならば、それは占領統治下と大差ないではないか。肉体と脳裏に刻みつけられた米兵犯罪の記憶が、沖縄県民を地位協定改定要求へと駆りたてている一因と考えねばならない。

②民意の反映

沖縄県民が地位協定の抜本改定を求めるいま一つの要因は、日本政府が、そしてその政府を選んでいる国民の多くが、県民の表明する意思にもっと真摯に向き合い行動すべきではないかという訴えである。

普天間飛行場が、返還合意から二〇年あまりを経過したにもかかわらず、いまだに宜野湾の市街地に居座りつづけていることへの苛立ちのうえに、垂直離着陸輸送機MV―22オスプレイが同飛行場に強行配備されるという段になって基地負担の軽減をもとめる声が一層強まったことは「Ⅲ　基地をめぐる歴史認識の相剋」で見た。二〇一二年九月九日に開催されたオスプレイ配備に反対する沖縄県民大会「決議」は、「県民の声を政府が無視する」のであれば、「沖縄県民はこれ以上の基地負担を断固として拒否する」ために「基地反対の県民の総意をまとめ上げていく」ことを表明した。[27]また、同大会では翁長雄志那覇市長（現沖縄県知事）も、「沖縄は戦前、戦中、戦後、十分すぎるほど国に尽くしてきた。もう勘弁してほしい」と述べていた。[28]さらに「新潟県巻町が住民投票で原発受け入れに反対した声は聞き入れられたのとは対照的に、九七年名護市民投票での新基地受け入れ反対の声は無視され」、オスプレイの配備については、「県知事が反対の意思表示をし、県議会が全市町村議会が配備反対の決議をしているにもかかわらず、高江のオスプレイパッド建設は強引に進められている」とし、この本土と沖縄の処遇の差に対しては「構造的沖縄差別という言葉が県民の共通認識になるかもしれない」と予見する論説も見られた。[29]

翌二〇一三年四月二八日には、政府主催で「主権回復の日」式典が開催されたが、これに対して沖縄では「4・28政府式典に抗議する「屈辱の日」沖縄大会」が行われた。その決議文は、「米軍占領下の27年間、沖縄では、銃剣とブルドーザーによる強制接収で米軍基地が拡大され、県民には日本国憲法が適用されず、基本的人権や諸権利が奪われ、幾多の残虐非道な米兵犯罪によって人間としての尊厳が踏みにじられてきた」がゆえに、「4・28は、沖縄県民にとって「屈辱の日」にほかならない」と異議をとなえる。そして、「県知事、県議会、41市町村の長と議会議長の県民総意」の反対を押し切ってのオスプレイ強行配備、辺野古新基地建設手続きの強行など、「県民総意を否定するこの国のありようは果たして民主主義といえるのか」と「国民主権国家としての日本の在り方」を問うていた。[30]

この日、地元紙の一つは、普天間飛行場県内移設やオスプレイ強行配備など、一層の基地負担を押し付けられている「沖縄の現実に目を背けたまま、「主権回復」を口にすべきではない」と、首相式辞を厳しく批判したうえで、対照的に「屈辱の日」沖縄大会で登壇した人々の発言は「沖縄の自己決定権と不可分の「真の主権」を国民の手に取り戻す決意に満ちていた」と賞讃した。そして、沖縄の中止要求を押し切って行われた政府式典は「沖縄社会が基地過重負担の源流と正面から向き合う機運を高め、多くの県民が戦後史への認識を深め」ることになり、「政府は、米兵事件・事故の被害が後を絶たない積年の怒りを内包する沖縄の「虎の尾」を踏んだ」と警告したのだった(31)。

もう一つの地元紙は、大会では「お年寄り」や「年配の人」たちに「米軍統治下の苦難の歴史など沖縄の集団的記憶が政府式典によって簒奪《さんだつ》されるかもしれないという危機感」が漲っていたいっぽう、「沖縄の若い世代には「4・28」の意味が必ずしも浸透しているとはいえ」ず、沖縄でも「集団的記憶」が「風化しつつある」現実に警鐘を鳴らし、「戦後史の学び直し」の必要性を訴えた。そして同紙は、「過重な基地負担を解消し、日米地位協定の改定を実行することなしには、沖縄の主権が完全に回復されたとはいえない」のであり、〝不平等〟なだけではなく実際に長いあいだ沖縄県民に辛苦を味わわせてきた地位協定が改定されることなしに、沖縄の主権回復はあり得ないと主張したのだった(32)。主権と地位協定との関連について、同紙は次のような記事も掲載している。

「主権回復の日とは、沖縄の人に理解できない。どぅくどー（とても、ひどすぎる）」。米軍車両にはねられて亡くなった学友の無念を思い、大会に参加した宮城清志さん（63）＝豊見城市＝は現状を憂えた。

米軍統治下の1963年2月28日、那覇市泉崎で信号無視の米軍トラックが上山中学校1年の国場秀夫君＝当時13歳＝をひき、即死させた。級友だった宮城さんは、国場君が搬送された直後の現場で衝撃を受け、翌日は国場君の変わり果てた姿と対面した。

運転していた米兵は無罪になり、県民は猛反発した。「青信号を渡っていた人をひいたのに無罪。許せなかった」と振り返る。[33]

このあと宮城さんは、いわゆる「国場君轢殺事件」から半世紀がたっても、米兵の事件・事故で地位協定が壁になる「不条理の構造」は変わっていないと指摘した。[34]

最後に、近年では地位協定が不平等や不条理なだけではないという認識がひろがりつつあることを示す数字を紹介しよう。二〇一一年の憲法記念日にあわせて沖縄県内の市町村長、県関係国会議員、県議、あわせて九七名を対象に行われたアンケートでは、日米地位協定と憲法の関係について「違憲状態であり、地位協定を抜本的に改正すべき」との回答が七三・九％にのぼり、「違憲状態ではないが抜本改正すべき」と合わせると、じつに八七・四％が抜本改正を望んでいることがわかった。いまや地位協定は憲法違反の存在でもある。[35]

③ 実効性の確保

沖縄県民が地位協定の改定を求める更なる要因は、運用改善という手法がはらむ実効性の〝不十分さ〟にある。

たとえば、一九九八年一〇月に北中城《きたなかぐすく》村で海兵隊伍長が起こした女子高生ひき逃げ死亡事件では、沖縄県警が逮捕状を請求したが、米軍側は日米地位協定を根拠に身柄引き渡しを拒否し、二〇〇二年一一月に具志川《ぐしかわ》で海兵隊少佐が起こした女性暴行未遂・器物損壊事件でも、県警が日米合同委員会を通じて起訴前の身柄引き渡しを求めたにもかかわらず、米側は理由を示さずその要求を拒否している。[36] 二〇〇三年に複数の米海兵隊員が起こした強かん致傷事件では禁足中の兵士同士が基地のなかで会っており、公判で検察から口裏合わせをした可能性や、被告らが自由に通牒できる環境の存在が指摘された。[37] 二〇〇六年にキャンプ瑞慶覧《ずけらん》（北谷《ちゃたん》町）で発生したタクシー強盗事件のさいにも、米軍の拘束した米兵二名の身柄が日本側による起訴まで米側にあり、うち一人の被疑者が除隊し本国に帰るという有様であった。[38]

さらに、二〇〇九年に沖縄県読谷村《よみたんそん》で起き、六六歳の男性が死亡したひき逃げ事件でも運用改善の不十分さが露呈することになった。具体的に、事件発生から容疑者逮捕までの経過を追ってみよう。[39] まず、事件が発生した二〇〇九年一一月の経過である。

11・9　県警、修理工場に持ち込まれた米軍関係者車両（Yナンバー車）を押収
11・11　県警、Yナンバー車を持ち込んだ米陸軍通信施設の軍曹を任意で事情聴取
11・13　軍曹、那覇地検取り調べの可視化（全面録音・録画）を申し入れ、供述拒否
11・14　軍曹、出頭拒否をはじめる

11・17　県警、軍曹を被疑者と断定
11・25　国家公安委員長、「起訴前の身柄引き渡しを要求する段階にない」との認識を示す

年が明け、ようやく被疑者の身柄引き渡しへ向けた動きが見られるようになる。

1・4　県警、軍曹を自動車運転過失致死容疑で書類送検
1・7　地検、軍曹を起訴。身柄が日本側へ引き渡される
1・8　県警、軍曹をひき逃げで逮捕

地位協定は、捜査・証拠収集などを、まず日米の〝相互援助〟に委ねるとしている。このひき逃げ事件で、日本側は米側の援助姿勢に配慮して起訴前の身柄引き渡しを求めなかったが、米側の援助は不十分だった。引き渡しを求めても、米側の「好意的考慮」が示されたかも疑問だ。結局、日本側による被疑者の身柄確保は、その断定から二か月を要し、この間、軍曹は基地内で通常どおり任務に従事し、携帯電話をかけることもできた、と報じられている。沖縄県民の多くが「遅すぎる」と声をあげ、運用改善の効力面での〝不十分さ〟をあらためて実感した事件であった[40]（なお、事件経過をしめす文中にある「Yナンバー車」とは、米軍人・軍属、それらの家族の私有車を言い、二〇一五年度の沖縄におけるそれは約二万五〇〇〇台にのぼる。Yナンバー車は自動車税において優遇されており、同年度の税収は三億七〇〇〇万円で、この額は県民と同じく徴収した場合より七億円ちかい減収であったことが県議会で報告されている[41]）。

目を他国に転じると、イタリアでは、同国軍が米国から毎日の飛行計画を提出させ審査し、訓練飛行にもイタリア国内法が適用され、飛行ルートや飛行回数、さらには昼寝時間帯の飛行禁止といった米軍機に対する種々の飛行ルールの課されている実態が報じられている。また、イタリア側は米軍基地内の立ち入り調査を行い、土壌汚染への対応を米軍側に指示・実行させた事例があるとも報じられている[42]。これらは、米国司令官が、同国の主要な行動のすべて――とくに、作業行動、訓練行動、物資・武器および軍事要員ないし非軍事要員の輸送、ならびに万が一に生じるかもしれない事件ないし事故のいかなるもの――についても事前にイタリア司令部に通知し、問題とされた行動の開始は争点の解決後とする規定や、イタリアの司令官が――米国の機密区域として限定され、境界が明確化されている区域を除き――基地のすべての区域に、いかなる制約も受けずに自由に立ち入り、イタリアの「主権の擁護者として」基地内のすべての施設・区域に立ち入ることができるとする規定を有する実務取り決めの運用実態なのである[43]。イタリアでの実例は、実効性ある運用とは実効性ある取り決めのもとでこそ可能になることを示す証左と言い得るだろう。

米兵犯罪減少に向けさらなる対策を

米軍関係者による事件・犯罪を減らすための実効性については、地位協定第一七条五(c)の改定は必要条件で、その他に少なくとも次のような対策をとる必要があると筆者は考えている。

まず、合意議事録、合同委員会合意、国内関連法令、日本政府内通達等の見直しである。そのさい、沖縄県をはじめとする基地所在自治体も参加する見直し機関を設ける――ないしは合同委員会を、日米の政軍エリート官僚により構成されるものから、基地所在自治体政府および住民も参加する組織へ改組する──必要があろう。

たとえば、米兵犯罪と密接な関係をもって、しばしば問題となる「飲酒」について言えば、日本政府はこれまで「緩やか」すぎる態度をとってきた。二〇一一年一月に沖縄市で米軍属が起こした自動車死亡事故を契機として明るみになった米兵等の「公務」に関する日米合同委員会合意（一九五六年三月）の成立経緯はすでに「Ⅶ　「公務」の定義」で見たとおりである。そればかりでなく、この合意と併せて「公務」の解釈に関する日米間の合意一件が全国の検察関係者に伝えられてさえいた。自動車死亡事故発生後、公の催事とはいえ飲酒も「公務」とはおかしいではないかという批判が起こり、二〇一一年一二月、「その出席を要求されている公の催事における場合を除き」の箇所が合意から削除されたとはいえ、このように極めて緩い地位協定の解釈と運用が長年にわたって行われてきたことが、日本において米軍関係者の飲酒運転を助長する要因になったと筆者は推察する。したがって地位協定ばかりでなく、同協定に関わる合同委員会合意、それに基づく国内法令・関係省庁通知の類を、日米両政府、米軍当局、沖縄県を含めた基地所在自治体により構成される組織で精査し、改めるべきところは改定するよう提案する。

次いで、沖縄県をはじめとする基地所在自治体も加えた新兵研修カリキュラムの改定も必要となる。二〇一六年になって、イギリス人ジャーナリストのジョン・ミッチェル氏が情報開示請求を行い自己のホームページで公開している在沖海兵隊新兵研修資料が注目を集めた。それらの記述内容で筆者がとくに着目したのは、海兵隊が自ら起こした事件や犯罪をどのように認識しているかを窺い知ることのできる次の記述である。

地位協定の対象となる人員は沖縄の総人口の四パーセント未満であり、彼らが起こす犯罪や交通事故は沖縄で起きるそれらの一パーセント未満である。米軍関係者による犯罪事件は相互に関連のないものだが、日米両政府はＳＡＣＯ〔沖縄に関する特別行動委員会〕の設置によって沖縄県民の負担を軽減し、安全保障同盟を強固にするべく全力で取り組んだ。[44]

どうも、米兵犯罪は突発的な出来事であって構造的なものではない、と見ているようなのだ。そのような見方は繰り返し新兵たちに教え込まれる。

以下のように、沖縄で毎年起きる犯罪全体に占める米兵犯罪の割合は一％程度と「低い比率」でしかないのだという認識を形成しようとしている点も看過できない。

米軍関係者による犯罪は、沖縄で起こる全犯罪の一パーセントに抑えられている（人口比は四パーセントである）。この低い比率にもかかわらず、見当ちがいにも沖縄の人々は、すべては相互に関係のない悪行である事件を、延々と繋がる流れとして見る傾向があり、個々の犯罪の重大性を強調して「米軍がいなければ事件は起こらなかった」という世論にまで高める傾向がある。[45]

自己が起こした事件や犯罪に対するこのような認識は、沖縄の人々が点のような出来事を無理やりに「つなげたがる症候群[46]」（connect-the-dot syndrome）だという認識と一体をなしているようにも思われる。すなわち、年間に一％しか起きていない事件の、そのまた突発的で例外的なものを無理矢理、それも病的なまでにつなぎ合わせて米兵犯罪の〝歴史〟を紡ぎだしているのが沖縄の人々だという見方である。「事件／犯罪に関わる点と線史観[47]」(Dots and Lines view of incidents/crimes)という表現も同様だ。このような認識が新兵たちに〝研修〟されているとすれば大きな問題と言わざるを得ない。新兵研修資料に描かれた〝誤れる沖縄県民像〟については他にすでに指摘があるが、そのような問題点を是正するためには、沖縄県をはじめとする基地所在自治体も加えた新兵教育カリキュラムづくりが不可欠だろう。

関連して、裁判で下される罰とは別の次元で、犯罪・交通事故被害者および遺族から定期的に体験談を聞き、それらの人々の感情を理解することも必要ではないだろうか。専門家による定期的カウンセリングなど、犯罪加害者に対する更生プログラムの策定とその実施も必須である。

さらに、米側が一次裁判権を持つケースでは——懲戒処分に止めるのではなく——できるだけ軍事裁判を行うことが不可欠だ。二〇〇九～一一年に公務中の米軍人が起こした死亡・傷害事件事故一八八件のうち、被害者が全治四週間に満たないけがを負った事例で、三人が「処分なし」とされ、残りの一八五件はすべて懲戒処分で済まされていた。被害者が死亡、もしくは全治四週間以上の重傷を負った事案を含め、刑事裁判を意味する軍法会議にかけられた例はない。ほとんどは交通事故とみられるが、日本国内で起きた事件・事故であるにもかかわらず、公務中という理由だけで事件・事故を起こした米軍人らは特別扱いされている。また、「処分なし」の理由について外務省は、「米軍との信頼関係」を挙げて明らかにしていない[48]。被害者や国民との「信頼関係」は二の次、三の次ということなのだろうか。裁判は犯罪・事件・事故の真相を明らかにする場となり得るのだし、また、被告が自分の犯したことと向き合う機会にもなる。そして、米側当局には懲戒処分・裁判結果を日本政府に伝え、日本政府にはその結果を国民に公表する責務があるはずだ。

「派遣国日本」が結んだ地位協定

米軍人等が起こす犯罪・事件・事故の脅威にさらされ苦しむ人々が、せめて公務外の犯罪などについては日本側に裁判権を認め、被疑者の身柄を迅速に日本側へ移すよう地位協定の改定を求めてきた／いる歴史と近況を跡づけてきた。しかし、一九九〇年代はじめ、いわゆる湾岸戦争（九〇～九一年）直後のペルシャ湾岸における掃海作業に従事するため海上自衛隊が派遣されて以降、国連平和維持活動（PKO）、多国籍軍、前二者以外という枠組みで自衛隊が部隊として外国に派遣され――この過程で、防衛計画の大綱および自衛隊法の改定（二〇〇四および〇六年）によって国際平和活動が自衛隊の「付随的」任務から「本来的任務」となった――、そのような派遣にともなう取り決めが日本と自衛隊受け入れ国とのあいだで結ばれるという時代をむかえた。すなわち、従来もっぱら受け入れ国として考察されてきた観のある地位協定改定問題を、派遣国の立場からも検討しなければならない局面に私たちは立ちいたっているのである。

海外に駐留する自衛隊の地位協定に詳しい岩本誠吾・京都産業大学教授の整理によれば、在外自衛隊に対する刑事裁判権規定の実例としては次のものがあるとされる。まず、ルワンダ難民救援活動のためザイール東部のゴマに、一九九四年九月から三か月間、「ルワンダ難民救援隊」として約二六〇名が駐留した陸上自衛隊の法的地位について、日本とザイールとのあいだの外交公文が、自衛隊員は「刑事裁判権に関しては、公務中の行為であるか否かを問わずすべての行為についてザイール共和国の裁判権からの免除を享有し、また、民事裁判権及び行政裁判権に関しては、公務中の行為についてザイール共和国の裁判権からの免除を享有する」旨を記している。この規定について、国際法が専門の岩本教授は、「公務遂行中であるか公務外であるかに関わらず、自衛官に対する刑事管轄権は、軍隊派遣国（日本）の専属となった」と解説している。次いで、イラク復興支援活動として、同国への陸上自衛隊派遣とともに、人道復興関連物資輸送を目的としてクウェート国内の空軍基地に二〇〇三年一二月から〇九年二月まで、一六次にわたって航空自衛隊が派遣された。同隊の法的地位についてはりク両政府とのあいだの交換書簡において、「クウェート国の領域において、1961年4月18日の外交関係に関するウィーン条約に基づいて事務及び技術職員に与えられる特権及び免除をクウェート国により与えられる」などと規定されているが、これは「外交関係条約上の「事務及び技術職員」の特権免除を享有する」ことになり「ルワンダ難民支援派遣と同様に、受入国の刑事裁判権から完全に免除され、派遣国・日本の専属管轄となる」と解釈されるという[49]。

また近年ではソマリア沖合における海賊行為に対処する措置としてジブチに駐留する自衛隊・海上保安庁要員・その他の職員の地位に関し、日・ジ両政府のあいだで公文が交換されている（二〇〇九年四月署名・発効[50]）。そこでは――「ジブチ共和国政府の官吏は、日本国政府の権限のある代表者の同意を得てそれらに立ち入ることを許される」という但し書きはあるものの――対処活動などの効果的な実施のため、自衛隊・海上保安庁・連絡事務所などが必要とするすべての建物、居住施設、土地を指す「施設」、自衛隊を意味する「部隊」、海上保安庁または連絡事務所が使用する船舶および航空機は「不可侵」(inviolable) とされている (第四項)。そのうえで同公文は、「日本国の権限のある当局は、ジブチ共和国の領域内において、ジブチ共和国の権限のある当局と協力して、日本国の法令によって与えられたすべての刑事裁判権及び懲戒上の権限をすべての要員について行使する権利を有する」と規定している (第八項)。さらに、自衛隊も参加した国連南スーダン共和国ミッションでは、「国連南スーダン共和国ミッションの派遣部隊要員は、南スーダンで犯すことのある一切の刑事犯罪に関し、ミッション各派遣国の排他的裁判権に服するものとする」との一項を盛り込んだ、国連と南スーダン共和国政府とのあいだの軍隊地位協定が結ばれている。

このように、一九九〇年代以降、海外に部隊として駐留する自衛隊は、公務中であると否とにかかわらず、受け入れ国の領域内において排他的な刑事裁判権を享有してきたといえる。それは、自衛隊受け入れ国にとっては、日米行政協定の刑事裁判権規定 (第一七条) が改定される以前の、すなわち日本側にまったく裁判権がなかった (完全な治外法権状態!) 一九五二年四月から五三年一〇月までと同じ状態に置かれていると言い得る。

そして運用の面では、専属的裁判権を得た派遣国・日本の憲法は軍法会議や行政裁判所といった「特別裁判所」の設置を禁じているから (第七六条②)、裁判権が宙に浮き、結局は行政処分に落ちつくことになる。じっさい日本は、一九九二年九月から一年間、国連平和維持活動の目的でカンボジアに駐留した陸上自衛隊に対して、国連軍地位協定モデル案 (後出) が「各派遣国」に与える「専属管轄権」を享受したが、同隊員によって起こされた三件の交通事故 (二件が死亡事故、一件は死傷事故) に関わって政府がとった措置は、死亡事故二件において注意および減給一月十五分の一、死傷事故——この事故は「第二次カンボジア派遣施設大隊の隊員が運転しておりました特大型トラックが対向車線をはみ出して現地の方の運転の大型トラックと衝突いた」し、「一名が亡くなり数名が負傷し」た事件とされる——において減給一月五分の一であった[51]。

「二重基準」問題

すでに見たように、日本側は米側に対して行政協定の時代も、地位協定の時代も、治外法権状態の是正と被疑者の迅速な引き渡しといった措置を——政府は不承不承だが——求めてきた。したがって、受け入れ国としての経験があるにもかかわらず、他所ではそうした自らと同様の立場に自衛隊受け入れ国を置くのはおかしいではないかという指摘がある。いわゆる「二重基準」論である。

この「二重基準」論に対して前記の岩本教授は、受け入れ国における派遣国軍隊の法的地位は、前者における「治安状況基準」と「国際的実行基準」を勘案して定められるべきであり、「日本が軍隊受入国として要求する内容と軍隊派遣国として交渉した内容を単純に比較することは、国際法上あまり意味をなさないように思われる」と反論する。そもそも国連PKO活動が必要とされるようなところは紛争当事国内での治安状況が悪化しており、PKO要員の安全を紛争当事国の治安維持能力や司法解決能力に依存できないことが明白で、受け入れ国がPKO要員が起こすことのある犯罪に何らかの刑事管轄権を保持していなくとも、それが「非合理的であるとは必ずしも言えない」とするのが「治安状況基準」である。また、「国際的実行基準」論とは、「国連内で一般的に是認されている国連軍地位協定モデル案に従っている限り、そこ〔派遣国の、同国軍事要員に対する専属的管轄権規定〉には客観的な正当性がある」という議論である。後者によれば、日・ジ交換公文における日本の専属的刑事裁判権は、先行取り決めである「アメリカ合衆国政府とジブチ共和国との間のジブチ共和国内の施設へのアクセス及び使用に関する協定」(〇三年二月署名・発効)にある「ジブチ共和国は、米要員に対する米軍当局による懲戒上の統制が特に重要であることを認識し、それ故、ジブチ共和国政府は、米国政府が当該要員に対する専属的刑事管轄権を行使することを容認する」という規定や、「アタランタEU軍事作戦の枠組み内でのジブチ共和国に駐留するEU主導軍の地位に関するEUとジブチ共和国との間の協定」(〇九年一月署名・発効)中の、「EUNAVFOR〔EU主導軍〕要員は、受入国の刑事管轄権からの免除を享有する」という規定に従っており、「客観的な正当性がある」ということになる。そこから「二重基準」問題に対しては、「日本、米国及びEUのジブチとの地位協定での刑事管轄権規定が同一内容となっている分、消極的な反論ではあるが、日本だけがダブルスタンダードとの批判を受ける必要はない」という結論が導かれることになる。[52]

他方、地位協定をめぐって日本政府が「軍隊の受入国としての立場と派遣国の立場で微妙にスタンスを変えているのは確か」だという考察もある。[53]

普遍的な道理にならう

ところで、半世紀あまり前、思想家の藤田省三氏は「普遍的な道理にしたがう精神」を論じるにあたって、一八七二(明治五)年のマリア・ルス号事件から書きおこした。[54] 同事件は、マカオから二百数十名の中国人苦力を乗せたペルーのマリア・ルス号が横浜に寄港するが、荒天をついて脱走した苦力が日本政府の役所に駆けこんだことに端を発する。明治政府はどうしたかというと、協議の結果、そのうえ英国公使の意見をきいた結果ではあったが、奴隷売買は「文明の通義」（通は普通の通であり義は正しいという義であり、普遍的な道理という意味である）に反するといって船を拘束し、最終的に苦力全員を解放したのである。

事件には第二幕があった。苦力を解放されたマリア・ルス号の船長が、この航海は移民労働契約に基づくものであり、日本が苦力たちを解放したのは不当だと提訴したのである。さらに、その裁判途中で、船長側の弁護人が、「日本自体に奴隷がいながら、他国の奴隷売買を攻撃する資格が日本にあるのか」と指摘した。当初、日本側は面くらったものの、「成程、日本には伝統的な娼妓の制度がある。これはまぎれもなく人身売買によって成り立っている制度である」ということになり、時の司法大臣が娼妓解放令を出したというしだいである。藤田氏が言うように、「むろんこの法律一つでその制度がなくならなかったこと」は「これ以後の日本政府と日本社会の問題」なのだが、「その時にとった日本の政府の態度は、「文明の通義」つまり世界中の人類に妥当すべき道理の前には、よし、こちらの非道理をついた相手が弱小国であっても、その前に頭を下げるという、そして自己を正そうと努力しようとする精神、社会の変革期に必ず出て来る精神を一面で持っていた」ことを示すものであった。(55)

筆者は、日米地位協定をめぐる政治史的考察の終わりちかくになって、明治初期に日本政府の指導者たちが持つことになったこの精神的経験の物語を想起せざるをえなかった。また、マリア・ルス号事件や明治期の不平等条約改定、日米行政協定刑事裁判権改定交渉、そして被疑者の起訴前引き渡し要請といった経験を踏まえて、部隊派遣国となった日本は地位協定をめぐってどのように考え、行動すべきかを考えざるをえなくなった。部隊派遣国・日本は、治安状況や国際的実行という基準にくわえて、精神史的経験という基準も考慮することで、在外部隊地位協定問題で独自の立場をとることができるかもしれないのだ。今後も自衛隊が単独、多国籍軍、国連PKO、いずれかの枠組みで海外へ派遣される場合に、そして当該派遣の受け入れ国と自衛隊の法的地位に関わる地位協定（もしくは同種の取り決め）を結ぶ必要が生じる場合に、米国やEU諸国――ソマリア海賊対処作戦には英・仏・独・伊・西・希の艦船が参加し――と歩調を合わせることのみが「文明の通義」でよいのだろうか。米国・EUまたはNATO諸国、日本という、いわゆる「主要国」のあいだでは、一般に派遣国軍人等が公務外で犯した罪に対する裁判権は受け入れ国が一次的に持つというのが「通義」となっており――ただし、その権利を受け入れ国が、とくに重要なケースを除き、放棄するということも「通義」化しているのだが――、さらに、ドイツに駐留する外国軍隊の地位に関する協定や米伊国防省間実務モデル協定では、受け入れ国であるドイツ・イタリアの主権と国内法がより尊重される内容となっている。だが、文明の通義は、欧米諸国や日本のあいだだけで流通するものであってよいのか。それは「世界中の人類に妥当するべき道理」であった。これまで採用してこなかった自衛隊受け入れ国との裁判権の競合的調整（公務外の犯罪については受け入れ国の第一次裁判権を認める等）を今後は検討しなければならないところに、私たちも立たされている。

あとがき

「これを、明田川さんにもあげましょう」

そう言って、詩人の堀場清子さんは私に一つの冊子をくださった。堀場さんは「日米地位協定を読む会」（以下、「読む会」などと略記）という研究会の〝同窓生〟だ。

この「読む会」は、本書の第Ⅲ章でも言及した「戦後沖縄・歴史認識アピール」をまとめ、発表した鹿野政直さんを中心に、戸邉秀明さんを事実上の事務局として立ちあげられた。二〇一七年四月八日に初会合が、以後は隔週土曜日に開催され、最終的に会合は五回（四月八日、同二二日、五月六日、同二〇日、六月三日）を重ねた。参加者は六〇余名で、歴史学、政治学、法学、ジェンダー論といった分野の研究者、学校の先生、ジャーナリスト、市民運動家、学生など実に多彩な顔ぶれとなった。

琉球新報社編『外務省機密文書　日米地位協定の考え方・増補版』をテキストに、文字通り協定条文を全員に少しずつ割りふって音読し、あらかじめ決められている報告者が担当の条文につき独自にレジュメを作成・発表し、それを材料に議論をすすめるという流れである。筆者はオブザーバーのような立場で参加させていただいたが、さまざまな立場の人々が、さまざまな視点から行う報告と議論はとても新鮮であり、教えられることが多かった。筆者も知らない資料を毎回どっさりと入手できたことも有益だった。

ただし、課題がないわけでもない。参加者の生物学的な年齢——精神的な年齢ではない——はかなり高いように見うけられた。大学生、大学院生の参加者は三名で、とくに二十代に地位協定問題やそれと不可分の沖縄基地問題への関心が薄いことを象徴しているようだった。その貴重な大学院生の参加者であり、また普天間基地の近くで生まれ育った元山仁士郎さんからは、いわゆる本土でこのような会が開かれたことに一定の評価を与えられつつも、「なぜ今なのか」という疑問が提起された。疑問というより、その言葉には、なぜ今頃になって地位協定の勉強会なのか、いままでにこうした会を作らなければならない時はいくらでもあったではないかという批判が含まれていて、その批判は「読む会」参加者に向けられただけでなく、本土で安楽に暮らす人間すべてに向けられたものであった。さらに、やはり鹿野・戸邉・冨山一郎の三氏とともに「戦後沖縄・歴史認識アピール」に名を連ね、会に参加した森宣雄さんは、「東京という首都の大学という場で〈日米地位協定を〉読むと、どうしても分析的批評的になる」——「オブザーバーのような立場」で参加させていただいた筆者などは耳の痛いかぎりだ——、「日沖が共有する地位協定を声に出して読んで調べてみる体験」を持ったが「あらためて内なる断絶、違いに気づくことができた」との「感想」を表明された。もっとも、参加者のなかから「そうした感想を共有することはできない」という意見が示されたことも事実である。

さて、堀場清子さんがくださった冊子の表紙には「沖縄・米兵による女性への性犯罪（1945

年4月〜2016年5月）第12版」と書かれており、それをまとめたのは「基地・軍隊を許さない行動する女たちの会・沖縄」というところで、作成年月日は「2016年6月8日」とある。奥付を見ると初版作成年月日が「1996年2月2日」となっているから、前年九月に三名の米兵が起こした少女暴行事件が、この冊子作成の大きな要因であることがうかがえる。堀場さんは「基地・軍隊を許さない行動する女たちの会・沖縄」事務局のある「すぺーす結」に依頼して、「沖縄・米兵による女性への性犯罪」を送っていただいたと言っていた。それにしても、堀場さんはなぜ筆者に「沖縄・米兵による女性への性犯罪」をくださったのだろう。筆者は、その資料の存在は以前から知っており、機会があれば読んでみたいとも思っていた。そんな気持ちが顔に滲み出ていたのだろうか。それとも「明田川さんは日米地位協定というと、外務省がどうした、国務省がどうした、米統合参謀本部がどうしたという話になるから、地位協定や沖縄の米軍基地に起因する別の現実をもっと見なさい」と言いたかったのか。

「沖縄・米兵による女性への性犯罪」の表紙をめくると、凡例に米国統治下の逮捕権の実態をしめす布令や日本側一次裁判権放棄密約が参考資料として付されている。二頁目から、米兵による性犯罪の年代・月日・事項・処罰方法をしめした一覧表がつづく。一つ一つの犯罪記事に出典が明記されている。最初の米兵による性犯罪はどのように記されているのだろう（以下、「沖縄・米兵による女性への性犯罪」を引用するにあたっては、当該犯罪がすでに新聞紙上などで報じられたものとはいえ、被害者およびその家族の感情に配慮し、また、いわゆる二次被害を避ける目的で、被害者の年齢や犯罪発生場所などを伏せ、×××で記した）。

1945年　4・1　米軍、沖縄本島に上陸。その後、強姦が多発し、各地域で住民による自警団が結成される

上陸間もない頃　⑴数人の米兵が二人の女性を集落から拉致してボートで連れだし、裏海岸で強姦したあと放置（××××島）

⑵妻に暴行しようとした米兵に立ち向かった×××××男性、射殺される（××村）

⑶避難民のなかから数人の女性が数人の米兵に拉致される（××村）

⑷シビリアンと呼ばれていたアメリカ人に女性が強姦される（××村）

処罰内容はいずれも「不明」となっている。これが、あってはならない歴史の始まりであった。沖縄、奄美、小笠原などが本土と分離されて引き続き米軍占領下に置かれることを規定し、その一方で、本土では主権・独立の回復だと提灯行列も行われた講和条約発効（一九五二年四月二八日）の頃はどうか。

1952年　4・26　知人の米兵を見て隠れた×××女性、見つかって外に引き出されそうになったところを抵抗したため、刃物で下腹部を切りつけられる（××村）

5・2　午後6時頃、集落内を歩行中の×××女性、××××××××××××××××××××××××××1人の米兵に山中に連れ込まれて強姦され

る（××町）

これらも処罰の方法は「不明」である。

五五年には、九月に××で六歳の少女が嘉手納高射砲隊所属の米兵によって拉致・強かんされたうえに惨殺される事件が起きた（犯人は死刑判決後、重労働四五年に処された）が、それから一週間も経たないうちに、×××で本土から移駐したばかりの海兵隊所属兵によって九歳の少女が強かんされ重傷を負う事件が起こった。こちらは被疑者が終身刑を宣せられた。

一九七二年、沖縄に対する施政権が米国から日本へ返還された。しかし、この年に沖縄で発生した米兵による性犯罪も凄惨であった。

1972年　4・10　××××××××××××女性、米陸軍軍曹に殺害され、排水溝に捨てられる（××××××××××）　懲役18年

（復帰後）　8・4　×××ホステス、米陸軍瑞慶覧《ずけらん》特別隊補給大隊所属の××米二等兵に強姦、絞殺される（×××××）　無期懲役

9・6　×××××××民家に侵入してきた米第三海兵隊所属の×××兵士とその友人、×××女性を強姦（××村）　×××兵士に懲役2年以上3年以下の実刑

12・1　×××サウナ嬢を、海兵隊二等兵が強姦、シミーズのひもで絞殺（××市）　無期懲役

施政権が返還されても、米兵による性犯罪は止むことを知らなかった。施政権返還後の七三年から九四年までに強かん検挙件数は一〇三件、検挙人員は一一四名にのぼり、四人の女性が殺害された。そして、「戦後五〇年」をむかえる。

1995年	5・1	××××××××女性、米兵にハンマーで顔面をなぐられ死亡（××××）	懲役6年
	9・4	米兵3人による小学生拉致、強姦事件発生　二人は7年、一人は6年6月 懲役6年6月を受刑した加害者は、2006年8月、米国で22歳の大学生を強姦し、絞殺。自身も自殺	
前項事件後		野外トイレを使用しようとした女性、米兵に強姦される。警察に訴えたもののうやむやにされ、県を通して抗議	訴えを取り下げさせられる
	12	×××少女、父親と同じ部隊所属の兵士に強姦される	不明
	12	×××××二人の女性従業員が米兵に強姦致傷される（××××）	告訴取り下げ

このように見てくると、沖縄戦で米軍が上陸して以来半世紀ものあいだ、米兵による性犯罪の恐怖が消えたことは一日たりともなかったと言っても過言ではない。その後も、「沖縄・米兵による女性への性犯罪」には二頁がつけ加えられている。最終二七頁の最後の項目には「2016年

5・19　4月28日から行方不明になっていた×××女性、嘉手納基地勤務の元海兵隊員・軍属(32)によって強姦、殺害され、遺体で見つかる(××××)拘留中」と記されている。この沖縄・米兵による女性への性犯罪の歴史は、新たなページが決して開かれてはいけない歴史だ。否、新たな一行たりとも書き加えられてはいけない歴史なのである。

一昨年の一一月、戸邉秀明さんから一通のメイルをいただいた。二〇一六年度の歴史学研究会大会現代史部会で、現代世界の「対米関係における従属や植民地主義など、多様な形態の……「接触」の問題を議論したい」こと、明田川のこれまでの「実証的な研究をふまえて戦後日米関係をどう捉えるべきか」報告してほしいこと、その場合「特に「在日米軍」の扱いをめぐる論点を中心にお話しいただきたい」こと、などがその内容であった。日米の関係性をあらわすのに「接触」という語を用いた戸邉さんの柔らかな感性に感心しながらも、その頃の私は研究の世界に踏みとどまるべきか考えていたし、アカデミックな場での報告からも遠ざかっており、受諾するにはいくらかためらいがないわけでもなかった。けれども最終的に、これまでやってきたことを整理しておくことも無駄にはならないかもしれないと考え、お引き受けしたのだった。

その年の一二月から翌二〇一六年の三月にかけて、これまでの研究で読んだ一次資料を精査しなおし、神奈川県立公文書館へ足を運び、また、二〇一〇年以降に外務省が公開してきた米国統治下の沖縄に関する文書を読み込むなどして、報告の骨格をかためていった。その結果が現代史部会で行った「戦後日米関係史断章――行政協定／地位協定という接触面」という報告であり、その要旨が『歴史学研究』二〇一六年増刊号（第九五〇号）に収められている。本書のⅡ、Ⅳ、Ⅴ、Ⅵ、Ⅶ、Ⅷの章は同報告が土台になっている。だから、本書が成るにあたっての謝意は、まず戸邉秀明さんに述べるのが妥当であると思われる。

「日米地位協定を読む会」へ誘ってくれたのも戸邉さんであった。そこでは、鹿野政直さん、堀場清子さんをはじめ、多くの方々から有用な御教示をいただいた。私から同会へ顔をだしてみないかと誘った尾池花菜さん、栗橋悠助さん、元山仁士郎さんたち二十代の若者が発散するエネルギーに触れたことも、刺激となった。

本書の副題についても申し添えておかなければならない。筆者は二〇一六年六月に、「沖縄戦を考える練馬の集い２０１６」において沖縄基地問題を主題とする講演を行ったが、そのさい、集い実行委員会の柏木美恵子さんが筆者の講演に「沖縄基地問題――その歴史と現在《いま》」というタイトルを付けてくださった。「その歴史と現在《いま》」というフレーズが筆者の研究関心を言い当てているように思い、本書執筆にあたり拝借させていただいた。

個々にお名前を挙げ得ないが、沖縄タイムス、琉球新報、東京新聞、共同通信、ＮＨＫ沖縄放送局の記者の方々は、地位協定がらみの事件・事故が起こるたびに、取材というかたちで、協定をめぐる歴史がたえず緊張感をもって日々更新されている現実を私に意識させつづけてくれた。そして、旧著執筆時にお世話になった方々への感謝の念がいまも変わらないことは言うまでもない。

最後に、〝旧知のよしみ〟とばかりに私が持ち込んだ原稿を丹念に読み、「うちでやらせてくれませんか」と言ってくださったみすず書房の守田省吾社長、筆者にはない視点から的を射た見出しやアイデアを提案してくださった編集部の市田朝子さん、ありがとう。お世話になりました。

二〇一七年一二月一六日

明田川　融

註

凡例

・本書で頻繁に引用した、『米国の外交関係（*Foreign Relations of the United States*）』や『平和条約の締結に関する調書』などについては、おもに紙幅の都合から、収録されている個々の資料タイトルは省略し、それら資料集のタイトル、巻号、当該引用頁のみを記す。

・筆者の著書『日米行政協定の政治史——日米地位協定研究序説』（法政大学出版局、一九九九年）は『日米行政協定の政治史』と、『沖縄基地問題の歴史——非武の島、戦の島』（みすず書房、二〇〇八年）は『沖縄基地問題の歴史』とそれぞれ略記する。

・IIの「日米行政協定に基く提供施設関係書類」とは、神奈川県立公文書館が所蔵する「日米行政協定に基く提供施設関係書類（提供予定等）」の「日米安全保障条約に伴う行政協定の締結に際し、接収施設の解除など神奈川県や県内市町村の要請事項」（請求記号および資料ID：20-12-1-702および1199201350）のことである。同綴は「特殊物件156 No. 706, 707, 708 S29. L. O. 2」（マイクロフィルム資料）の707に収められており、とくに出典資料群を明示していない引用は同マイクロフィルム版による。

・外務省外交記録について、とくに記さないかぎり、IVで用いたものは二〇一一年八月二六日公開分に、また、それ以外は二〇一一年以降に同省が公開してきた米国統治下の沖縄関係文書に収録のものである。

・「昭和三十五年二月「日本国とアメリカ合衆国との間の相互協力及び安全保障条約第六条に基づく施設及び区域並びに日本国における合衆国軍隊の地位に関する協定」に関する擬問擬答　外務省」は「擬問擬答」（なお、この資料にはページネーションがない）、「昭和四八年四月　日米地位協定の考え方　外務省条約局・アメリカ局」は「日米地位協定の考え方」、一九八三（昭和五八）年一二月の「日米地位協定の考え方」は増補版「日米地位協定の考え方」と、それぞれ略記する。

・Xでしばしば引用する「米太平洋軍の歴史」（PACIFIC COMMAND HISTORY）および「在日

米軍の歴史」(JA COMMAND HISTORY) は、NAUTILUS INSTITUTE のホームページ (https://nautilus.org/ 最終アクセス：二〇一七年一〇月一〇日）による。

第一部

I 類例のない「全土基地方式」

(1) 旧安保条約において、日本国内およびその附近に米軍を「配備する」(dispose) 権利を日本は許与し、米国は受諾すると規定されることとなった背景には、米軍部の要請があった。米統合参謀本部の下部組織である統合戦略調査委員会は、五一年七月一四日付の同本部宛て報告書で次のように論評している。
　まず、同年一月から二月にかけて東京で行われた講和・安保日米会談において一まずまとめられた安保取り決め案は、日本国内およびその附近に自国軍隊を「駐留させる」(station) 権利を米国に許与すると規定しているが、「駐留させる」では、米軍が基地構内や営舎に留まり日本国内やその附近で訓練・演習を行う権利を「制限されている」と解されかねないので「配備する」と改めるべきである。

　くわえて、その米軍「配備」は、「現在および予見される世界情勢に照らせ」ば、国連の後援のもとにあると否とにかかわりなく、「中国本土（満州を含む）、ソ連、公海」といった「当該区域」へ作戦展開するためでなければならないので、もっぱら日本防衛のために米軍が日本国内およびその附近にあるかのような安保取り決め案の書き振りは「不当に制限的」だ。つまり、朝鮮戦争のような事態が半島以外の「極東」区域でも生じた場合に在日米軍は同区域へ単独でも作戦展開する必要があるので、日米安保取り決め案はそのように修正すべきだというのが統合戦略調査委員会の主張であった。

　このように、旧安保条約締結交渉過程の米軍部においては、在日基地から日本区域外へも米軍が出撃できる自由、また同軍が日本国内およびその附近の基地間を移動し演習する自由と結びつけられながら、「配備」という用語と概念が、米軍に対して今日では一般に冠せられている「駐留」とは峻別されて用いられていた。こうした、いわば米軍プレゼンスの〝原初的〟性格については、『日米行政協定の政治史』、一二九―一三〇頁、および APPENDIX DETAILED COMMENTS ON THE UNITED STATES-JAPAN SECURITY TREATY, J. C. S. 2180/24, REPORT BY THE JOINT STRATEGIC SURVEY COMMITTEE to the JOINT CHIEFS OF STAFF on UNITED STATES-JAPAN SECURITY TREATY, 14 July 1951, Pages 253–259, incl., pp. 257–259, *Records of the Joint Chiefs of Staff, Part II, 1946–53, The Far East* [microform], Washington, D.C.: University Publications of America, Inc., 1979.

（2）　管見のかぎり、地位協定および行政協定の適用対象者の範囲が大きな問題となることは最近までなかった。しかし、二〇一六年五月に沖縄県で元米海兵隊員の軍属が起こした殺人・強かん致死事件をきっかけに、曖昧だった「軍属」の範囲の明確化が日米間の懸案となり、両政府は一七年一月一六日、日米合同委員会が作成する種別に従って軍属を認定することを趣旨とする補足協定を結ぶにいたった。それにより軍属は、①米政府予算で雇用される文民、②米政府の歳出外資金で雇用される文民、③米軍が運航する船舶などの文民、④米軍に福利厚生サービスなどを提供する機関の被雇用者、⑤米軍以外の米国政府の被雇用者、⑥米軍が契約する企業の被雇用者、⑦軍用銀行の被雇用者、⑧合同委員会で特に求められる者、に定義されることとなった。

　しかしながら、二〇一六年末時点で日本国内に七三〇〇人いるとされる軍属が補足協定によってどれほど絞られる――したがって、軍属に対しては米側に優先されている裁判権が日本側に移る余地が増える可能性も生じる――のかを政府は明らかにしなかった。そして沖縄では、協定の署名（同日発効）当初から、軍属の幅を狭めてみても「基地が集中する沖縄の日常が変わるわけではない」以上、沖縄の人々の生活が安全になるとは思わないと、補足協定の実効性に早くも疑問が呈せられた（『朝日新聞』二〇一七年一月一七日）。

（3）　*Foreign Relations of the United States, 1950*, Volume VI: East Asia and the Pacific, Washington, D.C.: United States Government Printing Office, 1976（以下、*FRUS, 1950*, 6 と略記する）, p. 1294.

（4）　五十嵐武士『対日講和と冷戦』東京大学出版会、一九八六年、一八五頁。および *FRUS, 1950*, 6, pp. 1222–1223.

（5）　『日米行政協定の政治史』、四二―四四頁。

（6）　マッカーサーの沖縄要塞化論については、『沖縄基地問題の歴史』、一〇七―一一四、および一二九頁をも参照されたい。

（7）　『日米行政協定の政治史』、四六―四七頁。

（8）　*FRUS, 1950*, 6, pp. 1213–1221.

（9）　*Ibid.*, pp. 1222–1223 and 1229–1230.

（10）　*Ibid.*, p. 1227.

（11）　『沖縄基地問題の歴史』、一〇八―一〇九頁。および『日米行政協定の政治史』、五〇頁。

（12）　『沖縄基地問題の歴史』、一一〇―一一一頁。

（13）*FRUS, 1950*, 6, pp. 1227 and 1255.
（14）*Ibid.*, p. 1337.
（15）*Ibid.*
（16）『日米行政協定の政治史』、八五―八六頁。
（17）同前。
（18）宮里政玄「行政協定の作成過程――米国公文書を中心に」日本国際政治学会編『国際政治』第八五号〈日本占領の多角的研究〉（一九八七年五月）、一三四頁。安保取り決め案自体は DRAFT NO. 4, UNITED STATES – JAPAN BILATERAL AGREEMENT ON SECURITY, Prepared in the Office for Occupied Areas, Department of the Army, 18 January 1951, Lot 56 D 527, Box no. 6, Record Group 59, National Archives. 同案は一九九四年に憲政史家の古関彰一氏が米国公文書館で調査・蒐集したもので、明田川は『日米行政協定の政治史』の原型となる学位（博士）請求論文執筆過程で、古関氏より同案の複写を提供していただいた。
（19）*Foreign Relations of the United States, 1951*, Volume VI: Asia and the Pacific (in two parts), Part 1, Washington, D.C.: United States Government Printing Office, 1977（以下、*FRUS, 1951*, 6 と略記する）, pp. 811-812. および豊下楢彦「吉田外交と天皇外交　講和交渉を再検討する」『世界』第六一五（一九九五年一一月）号、一一一頁。
（20）外務省条約局法規課『平和条約の締結に関する調書 Ⅳ　一九五一年一～二月第一次交渉――一九五一年一月二五日～二月一三日』（以下『平和条約の締結に関する調書 Ⅳ』と略記）、一三―二六頁および二六―二七頁。同調書は、もともとの簿冊のⅠからⅢまでを第一冊、ⅣおよびⅤを第二冊、Ⅵを第三冊、Ⅶを第四冊、そしてⅧを第五冊として、外務省編・発行で二〇〇二年三月に公刊された。本書ではもともとの簿冊と頁番号を記すこととする。
（21）『日米行政協定の政治史』、一〇一頁。
（22）豊下前掲書、三―三六頁。とくに三四頁を参照されたい。
（23）*FRUS, 1950*, 6, p. 1294.
（24）『平和条約の締結に関する調書 Ⅲ』、三一三―三三〇頁。
（25）『平和条約の締結に関する調書 Ⅳ』、一五三―一五六、および一六五―一七二頁。
（26）同前調書、一七五―一七六、および一七八頁。
（27）*FRUS, 1950*, 6, pp. 1260-1261 and 1298-1299.
　ダレスによる「国際の平和と安全」（第二条）および国務省による五〇年九月一一日付対日講和条約案（第五章安全　八）は次のように謳っている。なお、〔　〕内は後者で追加されている文言を示す。

さらに、国際連合憲章の諸原則に従い、国際の平和と安全に貢献するための諸条件を日本区域において確立し維持することを目的とし、〔世界では無責任な軍国主義がいまだに終わっていないという事実に鑑み〕……この責任が国際連合に移譲されることを条件として、日本国は米国に対して本条約締約国の代表として同国の軍隊を提供するよう要請し、米国はそれに同意する。そして日本政府は、通過特権を含み日本政府と協議して米国が〔随時に〕決定することのある、援助および便益を与えるものとする。

註（1）で見たような軍部の単独行動主義とは異なり、ウッドロー・ウィルソン以来の「アメリカの国際主義の流れ」を汲み、米国一国の利益だけでなく国際的な枠組みの構築にも腐心していたダレスは、講和後の日本における米軍駐留についても、将来的には日本が国連に加盟することを前提に、日本の国連加盟と国連による安全保障が全うされるまでは、対日講和条約締約国の代表者として米国が暫定的に自国軍隊を日本に置くことを構想した（五十嵐武士『戦後日米関係の形成——講和・安保と冷戦後の視点に立って』講談社、一九九五年、二五二—二五三頁）。他方で、米軍駐留にともなって通過特権をはじめとする広範な援助と便益を日本から取り付ける必要があった。日本側の反発を抑えようとすれば、それらは戦争で勝った側＝占領する側が負けた側＝占領される側に課すのではなく、後者から自発的に差しだされるということでなければならない。そのような考慮から、米軍駐留は日本が「要請し」、戦勝国の代表として米国が「同意する」という論理構成となったのであろう。

(28)『平和条約の締結に関する調書　IV』、二一八—二一九頁。

(29) 豊下前掲書、一一〇—一一一頁。

(30)『平和条約の締結に関する調書　IV』、一三九—一四〇頁。

(31) 平良好利『戦後沖縄と米軍基地　「受容」と「拒絶」のはざまで　一九四五～一九七二年』法政大学出版局、二〇一二年、三一—三二頁。および *FRUS, 1950*, 6, p. 1294.

(32) 外務省条約局法規課『平和条約の締結に関する調書　III　昭和二五年九月～昭和二六年一月　準備作業』一九六七年一月、八〇—八一、二九四、三〇一、三〇八、および三一一—三一二頁。

(33) *FRUS, 1951*, 6, pp. 835-836.

(34)『平和条約の締結に関する調書　IV』、一四八頁。

(35) 同前調書、三〇頁。

(36) 同前、三二三頁。

(37) たとえば、法政大学国際日本学研究センター編「国際シンポジウム報告書　沖縄のアイデンティティ」法政大学国際日本学研究所、二〇〇五年、二二六頁以下で我部政明琉球大学教授が展開している「講和条約第3条の解釈」を参照されたい。

(38) 河野康子『沖縄返還をめぐる政治と外交——日米関係史の文脈』東京大学出版会、一九九四年、四四、四五、四九、五〇、五一—五二、および五九頁。

(39) ロバート・D・エルドリッヂ『沖縄問題の起源』名古屋大学出版会、二〇〇三年、五、六、一一二、二三一、および二三二頁。

(40) 宮里政玄『アメリカの対外政策決定過程』三一書房、一九八一年、二五二—二五四頁。および同『日米関係と沖縄 1945-1972』岩波書店、二〇〇〇年、五九—六〇頁。

(41) 豊下楢彦「占領と排他的支配圏の形成——「沖縄問題」の国際的位相」倉沢愛子・杉原達・成田龍一・テッサ・モーリス・スズキ・油井大三郎・吉田裕編『岩波講座アジア・太平洋戦争7〈支配と暴力〉』岩波書店、二〇〇六年、六九頁。

(42) 原貴美恵『サンフランシスコ平和条約の盲点——アジア太平洋地域の冷戦と「戦後未解決の諸問題」』渓水社、二〇〇五年、二六四および二六九—二七〇頁。

(43) 宮里政玄「米国の沖縄統治政策　1948-1953」我部政男(研究代表)『「沖縄戦と米国の沖縄占領に関する総合的研究」成果報告書』(平成一四—一七年度科学研究費補助金《基礎研究Ⓐ》研究報告書　課題番号：一四二〇二〇一〇)、七六—七七頁。

(44) 『日米行政協定の政治史』、一八一および一八四頁。

(45) 同前書、一八六—一八七頁。

(46) 同前、一九二—一九三頁。なお、行政協定締結交渉における基地の継続使用(不法占有)問題の生起から「岡崎・ラスク交換公文」の締結へといたる過程については、拙稿「行政協定の締結と「占領の論理」」豊下楢彦編著『安保条約の論理——その生成と展開』柏書房、一九九九年所収をも参照されたい。

(47) 「日米地位協定の考え方」、一四頁。

(48) 「擬問擬答」。

(49) 「日米地位協定の考え方」、一〇頁。および増補版「日米地位協定の考え方」、二二頁。

(50) 同前。

(51) 「日米地位協定の考え方」、一〇頁。および、増補版「日米地位協定の考え方」、二二一—二二三頁。

(52) 『法律時報』臨時増刊第四一巻第六号「日米安保条約」、一六五頁。

(53) JOINT COMMITTEE ESTABLISHED BY ARTICLE XXV OF THE STATUS OF FORCES AGREEMENT, MINUTES OF THE TWO HUNDRED AND FIFTY-

FIRST MEETING, 15 May 1972, Ministry of Foreign Affairs Tokyo, Japan.

（54）沖縄県知事公室基地対策課編集・発行『沖縄の米軍及び自衛隊基地（統計資料集）』二〇一七年三月、一一〇頁。

（55）前泊博盛編著『「戦後再発見」双書②　本当は憲法より大切な「日米地位協定入門」』創元社、二〇一三年、一六四―一六五頁。

（56）沖縄県知事公室基地対策課編集・発行前掲統計資料集、一頁。

その後二〇一六年一二月に、国頭村《くにがみそん》と東村《ひがしそん》にまたがる北部演習場のうち約四〇〇〇ヘクタールが――東村高江へのヘリパッド（離着陸帯）移設を条件に――返還されたが、それでも在日米軍専用施設の七割以上が沖縄県に偏在したままである。

（57）大田昌秀『ひとなるブックレット№２　代理署名拒否の理由』ひとなる書房、一九九六年、一六頁、および二〇一五年一一月二七日付「平成27年（行ケ）第3号　地方自治法第２４５条の８第３項の規定に基づく埋立承認処分取消処分取消命令請求事件〔沖縄県側〕第１準備書面」、二四九頁を参照されたい。

II　解放と再接収の政治《ポリティクス》

（1）『広辞苑』（第五版）によれば、「小突く」には「つっつく」のほかに「いじめ苦しめる」の意味があり、「小突き回す」には「しつっこくいじめ苦しめる」の意味もある。

（2）本稿において宮里政玄氏のペッキング・オーダー論に関する引用・記述は「沖縄県民の意思は明確である　日米間のペッキング・オーダーを改めよ」『世界』第七九七号（二〇〇九年一一月）、一五七―一六〇頁による。

（3）『日米行政協定の政治史』、一七九―一九四頁。

（4）外務省編・発行『日本外交文書　サンフランシスコ平和条約　調印・発効』二〇〇九年、五〇三頁。

（5）『日米行政協定の政治史』、一八二―一八三頁。

（6）FROM: F.W. Farrell, Brigadier General, USA Commanding, TO: The Honorable Iwataro Uchiyama, Governor of Kanagawa Prefecture, 5 October 1951「日米行政協定に基く提供施設関係書類」。

（7）FROM: Walter L. Weible, Major General, U. S. Army, Commanding, TO: The Honorable Iwataro Uchiyama, Governor of Kanagawa Prefecture, 9 October, 1951.

（8）*FRUS, 1950, 6*, pp. 1278–1282 and 1294.

(9) 横浜市復興建設会議「昭和二十六年八月　横浜市復興建設会議要綱」。

(10) 以下、復興建設会議が作成した調書および要望書類の引用は、横浜市復興建設会議「講和後における接収地の処理問題に関する政府への要望書」および同「講話《ママ》後における接収地の処理問題に関する政府え《ママ》の要望書関係調書」ならびに同「講和後における接収地の処理問題に関する政府への要望書関係調書第二輯」による。

(11) 横浜市総務局市史編集室編『横浜市史　II　第二巻(下)』横浜市、二〇〇〇年、一〇八―一〇九、および一七五―一七六頁。

(12)『神奈川新聞』一九五二年一月二六日。

(13) 横浜市復興建設会議「講和後における接収地の処理問題に関する政府への要望書」。

(14) 対日講和条約ならびに旧安保条約締結過程において日本側事務当局の中心にあった西村熊雄条約局長(当時)はのちに、後者第一条は「……この軍隊(在日米軍)は、極東における国際の平和と安全に寄与(するため)……使用することができる」と規定していることを「安保条約の大きな特色」の一つとして指摘している。すなわち、ここでの「極東」は一般に「使用地域」と呼ばれ、そのように言えばいかにも在日米軍を「使用することができる地域の限界を規定するもののような錯覚」にとらわれるが、しかしよく読むと在日米軍を使用する「目的が極東の平和と安全のためでなければならぬとするもの」で、「目的の地域的限界であって使用の地域的限界ではないこと」に気づかされるはずだというのだ。そして西村は、旧安保条約がこのような「特色」を持つにいたった〝いきさつ〟について、一九五一年七月三〇日に米側から安保条約の新案文が持ちだされたさいに、「他日日本以外の地点に朝鮮戦争のような事変が起った場合、日本にある合衆国軍隊は動けないと解釈されるかもしれないから、動けることをハッキリさせておきたいのだ、と(米側が)説明した」と記している(西村熊雄『シリーズ戦後史の証言――占領と講和⑦サンフランシスコ平和条約・日米安保条約』中央公論新社、一九九七年、六五―六七頁。同書は西村が「平和、安保、両条約の成立事情を回顧し、その内容を解説した」文章などを合わせて一冊とし復刻されたもので、引用箇所は西村が一九五九年に時事通信社から上梓した『安全保障条約論』で述べられている)。

　なお、この米側新案文における「極東」条項挿入の背景に「満州」を含む中国本土、極東ロシア、公海での単独行動をも想定した米軍部の意向があったこと、そうした意向が日本における米軍「配備」のあり方を規定したことについては、本書「I　類例のない「全土基地方式」」の註(1)を参照されたい。

(15) 横浜市復興建設会議「講和後における接収地の処理問題に関する政府への要望書」。
(16)「アメリカ合衆国国務長官顧問ジョンフォスターダレス宛　〃国務省顧問ディーンラスク宛　横浜市内の接収地の処理に関する請願」。
(17)『神奈川新聞』一九五一年一二月一三日。
(18)『神奈川新聞』一九五二年一月二三日および同二月一〇日。
(19)『神奈川新聞』一九五一年一二月二五日および同一九五二年一月八日。
(20)『神奈川新聞』一九五二年一月一一日および同一九五一年一二月一六日ならびに横浜市総務局市史編集室編『横浜市史　Ⅱ　第二巻（下）』横浜市、二〇〇〇年、一七四―一七五頁。
(21) 地方自治庁次官「号外　日米行政協定の締結に関し地方公共団体として特に要請すべき事項について」。
(22)〔神奈川県〕渉外事務局長「案の一　講和成立後の情勢に対応する要望事項について」および同「案の二　講和成立后の情勢に対応する要望事項について」ならびに「昭和二十七年一月二十一日　地方自治庁次官殿　神奈川県知事　内山岩太郎　日米行政協定の締結に関し、地方公共団体として特に要請すべき事項について（回答）」（以下、神奈川県知事回答と略記する）。
(23) 神奈川県知事回答。
(24)「和総発号外　昭和二十七年一月十六日　神奈川県渉外事務局長殿　高座郡大和町長 八木保隆　講和成立後の情勢に対応する要望事項について」、「二七渋収第四四号　昭和二十七年一月十七日　神奈川県渉外事務局長殿　高座郡渋谷町長 井上金貞　講和成立後の情勢に対応する要望事項について」、「座収第五七号　昭和二十七年一月十七日　神奈川県渉外事務局長殿　座間町長 稲垣俊夫　講和成立後の情勢に対応する要望事項について」、「二十七相総収第四三号　昭和二十七年一月十六日　神奈川県渉外事務局長殿　相模原町長 清水睦　講和成立後の情勢に対応する要望事項について」、「綾収第一一二号　昭和二十七年一月十七日　神奈川県渉外事務局長殿　高座郡綾瀬町長 笠間久一　講和成立後の綾瀬町の要望事項について」、および神奈川県知事回答。
(25) 前掲「綾収第一一二号」および神奈川県知事回答。
(26) 前掲「綾収第一一二号」。
(27) 同前。
(28) 前掲「二十七相総収第四三号」および「〔文書番号記載なし〕　昭和二十七年一月十四日　神奈川県農地部長　神奈川県渉外事務局長殿　日米行政協定の締結に関し地方公共団体として特に要請すべき事項について」。
(29) 神奈川県知事回答。

(30) 前掲「綾収第一一二号」。
(31) 同前。
(32)「藤財発第六四号　昭和二十七年一月十七日　神奈川県渉外事務局長殿　藤沢市長伊澤十郎　講和成立後の情勢に対応する要望事項について」。
(33) 同前。
(34)「〔文書番号記載なし〕昭和二十七年一月十七日〔神奈川県〕渉外事務局長殿　茅ヶ崎市長 内山俊一　講和成立後の情勢に対応する要望事項について」。
(35) 神奈川県知事回答。
(36) NHK取材班『基地はなぜ沖縄に集中しているのか』NHK出版、二〇一一年、二二一―二二五頁。
(37)『神奈川新聞』一九五二年二月一九日。
(38)『神奈川新聞』一九五二年二月二一日。
(39) 相模原市（市史編さん室）編集・発行『相模原市史　現代資料編』二〇〇八年、四六二―四六三頁。
(40) 同前資料集、四六五―四六六頁。
(41) 同前、四六六頁。
　こうした善処の要求に端を発し、最終的に「すすき野・向陽地区を返還して、小山宮下地区にある向陽小学校・保育園・引揚者寮がそこへ移転する」こととなる（小山宮下地区とすすき野・向陽地区の交換）過程は、相模原市教育委員会教育局生涯学習部博物館『相模原市史　現代テーマ編　軍都・基地そして都市化』相模原市、二〇一四年、三七六―三七七頁を参照。
(42) 同前。
(43) 栗田尚弥『米軍基地と神奈川』有隣堂、二〇一一年、八九頁。

III　基地をめぐる歴史認識の相剋

(1)「沖縄問題の処理について（四二・七・一五）追記四二・八・一　田中弘人」、外務省外交記録。
(2) 神奈川県企画調査部県史編集室編『神奈川県史　通史編5　近代・現代(2)』一九八二年、五三八―五三九頁。
(3) 同前書、六七〇―六七一頁。
(4) 鹿野政直・戸邉秀明・森宣雄・冨山一郎「沖縄と日本の戦後史をめぐる菅義偉官房長官の発言に抗議し、公正な歴史認識をともにつくることを呼びかける声明」『世界』第八七七（二〇一六年一月）号、一〇二頁。
(5) いわゆる「主権回復」記念式典での安倍晋三首相の式辞は、二〇一三年四月二八日の各紙夕刊を参照されたい。
(6)「4・28政府式典に抗議する「屈辱の日」沖縄大会決議文」は『琉球新報』二〇一三年四月二九日所収より。
(7) 同前。

（8）「祝賀と抗議の溝　許されない新たな屈辱　沖縄の辛苦なくす主権を」と題する社説『琉球新報』二〇一三年四月二九日。

（9）「「4・28」抗議大会　新しい風が吹き始めた」と題する社説『沖縄タイムス』二〇一三年四月二九日。

（10）喜納昌春・沖縄県議会議長による登壇者挨拶（『琉球新報』二〇一三年四月二九日所収）。

（11）伊志嶺雅子・沖縄県女性団体連絡協会長による登壇者挨拶（同前）。

（12）中山きく・青春を語る会代表による登壇者挨拶（同前）。

（13）声明の全文は、『世界』第八七七（二〇一六年一月）号、一〇二―一〇四頁を参照のこと。

（14）拙著『沖縄基地問題の歴史』、三八―三九、一〇〇―一〇一、および一〇七―一一四頁。

（15）星野英一・琉球大学教授による「構造的差別　共通認識に」は『琉球新報』二〇一二年九月一〇日による。

第二部

IV　排他的管理権の生成

（1）米兵犯罪・事件・事故、ままならない被疑者引き渡し、軍用機騒音、軍用燃料や化学物質の投棄による環境破壊といった、いわゆる基地問題ばかりでなく、最近では次のように、在日米軍基地に対する（核）弾道ミサイル攻撃の危機がしだいに現実味を帯びてきているという深刻な問題がある。

【ソウル時事】朝鮮中央通信によると、北朝鮮の朝鮮人民軍戦略軍報道官は〔二〇一七年三月〕9日、談話を発表し、6日の弾道ミサイル4発同時発射について、米韓合同軍事演習に対抗した訓練だったとした上で「有事に在日米軍基地を攻撃目標として行ったことを隠さない」と明言した。

7日には朝鮮中央通信が、弾道ミサイル発射が在日米軍を標的とする訓練だったと伝えたが、今回は軍が在日米軍を目標にすると明確にした。

〔時事通信社〕

朝鮮民主主義人民共和国（北朝鮮）が「有事に」「在日米軍基地を攻撃目標」とするような情報を事前に米軍がとらえ、海兵隊を含む在沖米軍が同地から撤退する事態が生じれば、まず（核）ミサイルの標的となり多大の犠牲を払うのは基地周辺に住む人々をはじめとする沖縄県民であろう。そして、いわゆる本土におかれた三沢・横田・横須賀・岩国・佐世保などの米軍基地周辺に住む人々も安全の保障はない。否、朝鮮半島との〝地政学的〟条件を考えるならば、本土にある米軍基地が〝標的〟となる可能性の方が高いのかもしれないのだ。

(2) *FRUS, 1950*, 6, p. 1338.

(3) *Ibid.*

(4) *FRUS, 1950*, 6, pp. 1338-1339.

(5) *FRUS, 1950*, 6, p. 1339.

(6) *Ibid.*

(7) *Ibid.*

(8) *FRUS, 1950*, 6, pp. 1344-1345.

(9) *Ibid.*, pp. 1367-1368.

(10) DRAFT NO. 4, UNITED STATES - JAPAN BILATERAL AGREEMENT ON SECURITY, op. cit., especially pp. 4-5.

(11) 『平和条約の締結に関する調書　Ⅳ』、四〇頁。

(12) 同前調書、一七五および一七八頁。

(13) 岡崎勝男「「基地」という言葉」(吉田茂『回想十年』第三巻、新潮社、一九五七年所収)。とくに、その一四二頁参照。

(14) 『日米行政協定の政治史』、三一三頁。

(15) 同前書、三一三―三一四頁。

(16) 同前、三一四頁。

(17) 同前。

(18) 同前。

(19) 同前。

(20) 『日米行政協定の政治史』、三一四―三一五頁。

(21) 同前書、三一五頁。および「日米地位協定の考え方」、三二頁、ならびに増補版「日米地位協定の考え方」、六一頁。

(22) 『日米行政協定の政治史』、三一五頁。

(23) 同前書、三一五―三一六頁。

(24) 同前、三一六頁。

(25) 同前。

なお、ボン補足協定第六〇条九(b)は、「ドイツ当局は、ドイツの法規に従い、ドイツの電気通信施設その他の電気施設が軍隊の電気通信活動に与える妨害を回避し又は排除するため、合理的に期待できるすべての方法をとる」と規定している。国立国会図書館調査立法考査局『西ドイツに駐留するNATO軍の地位に関する諸協定』調査資料七五―三、一九七六年三月、五五頁。傍点は明田川)。

(26) 『日米行政協定の政治史』、三一六頁。

(27) 同前書、三一七頁。

(28) 同前。

(29) 同前。

（30）「日本国とアメリカ合衆国との間の相互協力及び安全保障条約第六条に基づく施設及び区域並びに日本国における合衆国軍隊の地位に関する協定についての合意された議事録」のうちの「第三条」、より。

（31）一九六八年一二月二一日官報号外（第六〇回国会・参・本・追録・一―五頁。および「日米地位協定の考え方」、三三頁。ならびに増補版「日米地位協定の考え方」、六二頁。

（32）「日米地位協定の考え方」、四六頁、および増補版「日米地位協定の考え方」、八六―八七頁。

（33）「昭和35・3・25　衆・参　安保委提出　航空交通管制」。

（34）同前。

（35）「昭和50年6月　外務省　航空交通管制（改正）」。

（36）前泊編著前掲書、七〇―七二頁。

（37）増補版「日米地位協定の考え方」、八八頁。

（38）「昭和46・3・20　アメリカ局　条約局　沖縄返還交渉全般について」、外務省外交記録。

（39）「昭和47年5月　外務省　沖縄における航空交通管制」。

（40）『琉球新報』二〇一三年八月一〇日。

V　排他的管理権の顕現

（1）新原昭治『日米「密約」外交と人民のたたかい――米解禁文書から見る安保体制の裏側』新日本出版社、二〇一一年、四三―四四頁。

（2）同前。

（3）前掲「擬問擬答」。

（4）「日米地位協定の考え方」、二七頁および増補版「日米地位協定の考え方」、四九頁。引用中の〔　〕内は増補版での修正・変更箇所。

（5）同前。

（6）「部外秘　渉外犯通報　第三十九号　国警本部刑事部捜査課」、外務省外交記録。

（7）「平厚発第三八号　昭和二十七年一月十六日　神奈川県渉外事務局長 佐々木敬一殿　平塚市長 柿澤篤太郎　講和成立後の情勢に対応する要望事項に就いて」。

（8）渡辺豪『私たちの教室からは米軍基地が見えます――普天間第二小学校文集「そてつ」からのメッセージ』ボーダーインク、二〇一一年、二頁。

（9）同前書、六八―六九頁。

（10）同前、六九―七〇頁。

(11) 同前、九八―一〇〇頁。
(12) 同前、一二八―一二九頁。
(13) 同前、一四一頁。
(14) 同前、一四一―一四二頁。
(15) 同前、三頁。
(16) 『沖縄タイムス』二〇一三年一二月一五日。また、補足協定締結へ向けて日米両政府が合意したさい安倍晋三首相は「「地位協定発効後五十年を経て、初めての取り組みだ」と胸を張った」と報じられた（『沖縄タイムス』二〇一三年一二月一七日）。しかし、はからずも同発言は、地位協定改定要求に対して日米両政府がきわめて消極的な態度しかとってこなかったことを逆証するものとなった。また、後述するように、その「五十年」のあいだに駐留米軍地位協定をめぐる各国の趨勢は、従来ややもすれば〝聖域〟化されてきた安全保障政策や基地政策においても、環境という価値、環境保全やより良い環境のなかで生活を営む権利が無視できない位置を占めるにいたった。その意味では、この半世紀のあいだに日米地位協定はまったく時代錯誤的な長物となった。
(17) 沖縄県知事公室基地対策課編集・発行『沖縄の米軍基地及び自衛隊基地（統計資料）』二〇一二年三月版および同二〇一七年三月版によれば、二〇〇四年以降に発生した廃油等の流出による水域等の汚染状況は次のとおりである。

年	件数
2004	8
2005	4
2006	3
2007	4
2008	6
2009	11
2010	5
2011	8
2012	8
2013	3
2014	3
2015	2
2016	3
計	68

(18) 米国政府の改定拒否の姿勢については、『沖縄タイムス』二〇一三年一二月一九日、および『琉球新報』二〇一三年一二月一九日ならびに同二三日を参照されたい。
米国内の基地については、海軍がバージニアおよびノースカロライナ両州で計画していた遠隔地訓練（ＯＬＦ）設置計画を凍結せざるを得なくなっていた。二〇〇三年、予定地周辺の住民や環境保護団体などが騒音増加や生態系への悪影響などを理由に、計画の差し止めを求めた訴訟で勝利した。海軍は〇八年に候補地を五か所に増やした環境影響評価（アセスメント）の実施を発表したが、米議会が課した〔国家環境政策法や国防権限法の〕法規制の条件などを満たせず、事実上の白紙撤回へ追い込まれたのであった（『沖縄タイムス』二〇一三年一二月一三日）。

在日米軍基地の環境問題についても、二〇〇九年に日米両政府が行った協議で、日本側が特別協定の締結を打診したのに対し、米側が柔軟な姿勢を示していた。ただし、このときも米側は地位協定の改定を拒否する姿勢は崩さなかった。安倍政権は負担軽減策として、環境に関する米側との取り決めを検討する姿勢を示して「胸をはった」が、実際には米側が〇九年の段階で協議に応じる姿勢を示していたわけだ。

「ウィキリークス」が明らかにした米公電によれば、件の協議は民主党政権下の二〇〇九年一二月四日に行われ、外務省の船越健裕日米安全保障条約課長（当時）の提案に対し、シファー米国防副次官補（同）が「（米）は柔軟性を持ち合わせている」(DASD Schiffer said there was some flexibility on environmental measures, but stressed the United States is unwilling to open the U.S. - Japan SOFA for negotiations）と応じていた（『琉球新報』二〇一三年一二月二四日および同二〇一三年一二月二六日）。

さらに、環境保護に関する韓米特別了解覚書、ボン補足協定第五四A条一、イラク・米国地位協定第八条、豪比相互訪問軍地位協定第一二条の取り決めないし規定など、冷戦終焉後に作成された外国軍駐留に関わる以下の諸取り決めは、環境保全規定を設けることが〝趨勢〟であることを教えている。

右の韓米間の取り決め（一九六六年七月九日ソウルで署名、六七年二月九日発効。九一年および二〇〇一年改定）は本間浩ほか『各国間地位協定の適用に関する比較論考察』内外出版、二〇〇三年、巻末所収の「地位協定の主要規定比較表」を、また、ボン補足協定（正式名称「ドイツ連邦共和国に駐留する外国軍隊に関して北大西洋条約当事国間の軍隊の地位に関する協定を補足する協定」一九五九年八月三日署名、六三年七月一〇日発効。七一、八一、九三年改定）および同協定署名議定書（同「ボン補足協定の署名議定書」）は本間氏の前掲論文を参照されたい。

イラク・米国「地位協定」については、Agreement Between the United States of America and the Republic of Iraq on the Withdrawal of the United States Forces from Iraq and the Organization of Their Activities during Their Temporary Presence in Iraq, November, 2008（「米国軍隊のイラク撤退および米国軍隊がイラクに暫定駐留する間における同軍の活動の組織化に関する米国とイラク共和国との間の協定」二〇〇八年一一月）を参照されたい。もともと同協定は、二〇一一年末までの米軍のイラク完全撤退と、それまで同国に暫定駐留する米軍の活動内容を規定したものであった（協定表題の日本語訳は明田川による仮訳）。

さらに、豪比相互訪問軍地位協定については、国立国会図書館海外立法情報調査室・専門調査員の等《ひとし》雄一郎氏による「豪比相互訪問軍地位協定——冷戦後の二国間防衛協力の実務協定モデル」『外国の立法』二五六（二〇一三年六月）所収の「オーストラリア政府とフィリピン共和国政府との間の各々の領域を相互に訪問する軍隊の地位に関する協定（豪比相互訪問軍隊地位協定）Agreement between the Government of Australia and the Government of the Republic of the Phillipines concerning the Status of Visiting Forces of Each State in the Territory of the Other State　二〇〇七年五月三一日　キャンベラにて署名　二〇一二年九月二八日発効」を参照されたい。等氏は、「〔豪比〕両国の承認審議において、環境保護規定を置くのが協定の特色の1つだと説明された。冷戦終結後に改定された他の諸国における外国軍隊の法的地位を定める地位協定において、同種の環境保護規定が置かれるのが趨勢となってきたのも事実で、協定第12条の規定もその一環として位置づけられるといえよう」、そして、「ちなみに、冷戦終結後の一九九八年に締結された米比間の訪問米軍地位協定には環境保護規定は置かれておらず、この点も、フィリピン側が豪比地位協定を高く評価する理由の1つになっている」と指摘する。そのうえで等氏は、日米地位協定をめぐる論議への示唆として、①豪比地位協定の環境保護規定は日米地位協定にはないもので、「両者の相違を際立たせるものである」、②共同訓練は受け入れ国の環境保護関係法令にしたがって実施されなければならず、③共同訓練等に起因する受入国における環境被害等に対する損害賠償と被害復旧の責任は派遣国にある、④騒音被害の継続的発生やオスプレイの普天間基地配備にともなう沖縄およびいわゆる本土各地での低空飛行訓練により各種環境被害が発生する可能性を考えれば日米地位協定における環境保護規定の欠落は重大である、などの諸点を挙げている。

(19)『琉球新報』二〇一三年一二月二七日。

(20) The Informed-Public Project 代表 河村雅美「IPP Report　米軍基地汚染地の「原状回復」はいくらかかるのか：沖縄市サッカー場汚染関係経費中間報告」二〇一六年七月一二日、二―四、六―七、および一〇頁。

(21)『沖縄タイムス』二〇一三年一二月一五日および同二〇一四年一月七日。

(22)「日米合同委員会　件名：環境に関する協力について（2015年9月28日）」。

(23) 同前。および『沖縄タイムス』二〇一三年一二月二七日。

(24)『琉球新報』二〇一六年六月一〇日。

(25) たとえば、「平成27年（行ケ）第3号　地方自治法第245条の8第3項の規定に基づく埋立承認処分取消処分取消命令請求事件　原告（国側）第3準備書面　平成27年12月28日」、八六―八七頁を参照されたい。また、「日本国とアメリカ合衆国との間の相互協力及び安全保障条約第六条に基づく施設及び区域並びに日本国における合衆国軍隊の地位に関する協定についての合意された議事録」のうちの「第十七条　10(a)及び10(b)に関し」、および（仮訳）「合衆国の施設及び区域への立入許可手続」も参照のこと。

(26)「日本国とアメリカ合衆国との間の相互協力及び安全保障条約第六条に基づく施設及び区域並びに日本国における合衆国軍隊の地位に関する協定についての合意された議事録」のうちの「第十七条　10(a)及び10(b)に関し」。

(27)（仮訳）「合衆国の施設及び区域への立入許可手続」。

(28) たとえば、「平成27年（行ケ）第3号　地方自治法第245条の8第3項の規定に基づく埋立承認処分取消処分取消命令請求事件（沖縄県側）第16準備書面　平成28年1月7日」、二一―二三頁を参照されたい。

(29) 同前準備書面、三頁。

(30)「日米地位協定に関する意見書　2014年（平成26年）2月20日　日本弁護士連合会」、一八―二四頁。

(31)「日本国とアメリカ合衆国との間の相互協力及び安全保障条約第六条に基づく施設及び区域並びに日本国における合衆国軍隊の地位に関する協定についての合意された議事録」のうちの「第十七条　10(a)及び10(b)に関し」の2、ならびに「日本国とアメリカ合衆国との間の相互協力及び安全保障条約第六条に基づく施設及び区域並びに日本国における合衆国軍隊の地位に関する協定の実施に伴う刑事特別法」。

(32)「日本国とアメリカ合衆国との間の相互協力及び安全保障条約第六条に基づく施設及び区域並びに日本国における合衆国軍隊の地位に関する協定についての合意された議事録」のうちの「第十七条　10(a)及び10(b)に関し」の2。

(33)「日本国とアメリカ合衆国との間の相互協力及び安全保障条約第六条に基づく施設及び区域並びに日本国における合衆国軍隊の地位に関する協定の実施に伴う刑事特別法」第一三条より。

(34)（仮訳）「刑事裁判管轄権に関する合意事項」のうちの20「合衆国軍用機の事故現場における措置」より。

(35)『琉球新報』二〇〇四年八月一四日。

(36) 宮沢喜一『東京―ワシントンの密談』〈中公新書版〉中央公論新社、一九九九年、一二六―一三〇頁。

(37)「日米地位協定の考え方」、九六頁、および増補版「日米地位協定の考え方」、一九〇―一九一頁。

(38) 二〇〇五年四月の軍用機事故処理に関するガイドラインについては、前泊編著前掲書、一一一―一一五頁を参照されたい。

(39)『琉球新報』二〇〇四年八月一六日。

(40) この懸念は、二〇一七年一〇月一一日、沖縄県東村高江の民有地に普天間基地所属の大型輸送ヘリCH53E（二〇〇四年八月に沖縄国際大学に墜落したヘリの同系機）が不時着・炎上するという事故が発生し、同事故に関わり引かれた内周規制線から日本側警察が六日のあいだ〝閉め出される〃に及んで現実となった。

（41）この対応の〃差異〃については、拙稿「地位協定改定問題に見る沖縄・安保」、『沖縄法学』第三四号（二〇〇五年三月）、二頁を参照されたい。この論稿は二〇〇四年一一月一二日に沖縄国際大学で開催された同大学・沖縄法政研究所第五回公開シンポジウム「日米安保とは何か——米軍ヘリ沖国大墜落事件から考える」において明田川が行った同名の基調講演を、基本構想はそのままに整理し、若干の加筆・修正を行ったうえで文章化したものである。

第三部

VI　日本側一次裁判権放棄密約交渉

（1）沖縄県知事公室基地対策課編集・発行『沖縄の米軍及び自衛隊基地（統計資料集）』二〇一七年三月、一〇六頁。

（2）同前。

（3）*FRUS, 1950*, 6, p. 1340.『平和条約の締結に関する調書　IV』、一六九—一七〇、および一七五—一八一頁。

（4）*FRUS, 1951*, 6, p. 878.

（5）豊下楢彦『安保条約の成立——吉田外交と天皇外交』岩波書店、一九九六年、八六頁。および「イニシアルされた文書にたいする日本政府の意見および要請」『平和条約の締結に関する調書　V』、一三三および一三九頁。

（6）*FRUS, 1951*, 6, p. 1424.

（7）*Ibid.*

（8）『日米行政協定の政治史』、一六八—一六九頁。

（9）同前書、一六七—一六八頁。および *FRUS, 1951*, 6, p. 1422.

（10）『日米行政協定の政治史』、一四五および一五二頁。

（11）同前書、一四九頁。

（12）同前、一五二頁。

（13）「昭和二八　二三八八　暗　ワシントン　二三八九　本省　三月一七日〇一、一五発　欧米一七日一八、三〇着　岡崎大臣　新木大使　第二五六号（新木大使とアリソン次官補との会談の件）」外務省外交記録。

（14）「行政協定改訂交渉経過概要（三）　刑事裁判権に関する件　昭和二八、三、二四　松平参与」同前。

一定の犯人を軍隊派遣国に引き渡すこと、あるいは、同人に対する裁判を受け入れ国が行わないことについて、『訪問軍法ハンドブック』は、受け入れ国側の一次裁判権放棄（Waiver of Host Nation Primary Right to Exercise Jurisdiction）の典型例（good example）として、一九五九年八月三日にドイツ連邦共和国のボンで署名された「ドイツ連邦共和国に駐留する外国軍隊に関して北大西洋条約当事国間の軍隊の地位に関する協定を補足する協定」（ボン補足協定）中にある次の規定を挙げている（Dieter Fleck ed., *The Handbook of The Law of Visiting Forces*, New York: Oxford University Press Inc., 2001, pp. 112–113)。

第十九条

1　連邦共和国は、派遣国の要請にもとづき、NATO軍地位協定第七条第三項cの枠内で、管轄権が競合する場合に同条第三項b号によりドイツ当局に認められた第一次的権利を、本条第二項、第三項、第四項および第七項の規定に従い、同国に対して放棄する。

また、一九六三年一一月二六日に米上院の「NATO軍地位条約《ママ》第七条に関する委員会」の小委員会で行われたヒアリング報告には、ドイツにおけると同様の受け入れ国一次裁判権放棄方式が米国側関係者のあいだでは「ネーデルランド方式」（Netherlands formula）と呼ばれ、同方式にもとづく米軍受け入れ国の放棄率は「とても良好」（very good）であり、とりわけフランスおよび日本で放棄率が高い（約八七パーセントおよび約九〇パーセント）という発言内容の記述が見られる（The United States Senate, Report of Proceedings, Hearing held before Subcommittee on NATO Status of Forces Treaty of the Committee on Armed Services ARTICLE VII OF THE NATO STATUS OF FORCES TREATY, p. 15. 沖縄県公文書館収集・所蔵資料）。

(15)　「行政協定改訂交渉経過概要（二）　刑事裁判権に関する件　昭和二八、三、二三　松平参与」外務省外交記録。

(16)　前掲「昭和二八　二三八八　暗　ワシントン　二三八九　本省　三月一七日〇一、一五発　欧米一七日一八、三〇着　岡崎大臣　新木大使　第二五六号（新木大使とアリソン次官補との会談の件）」。

(17)　「行政協定改訂交渉経過概要（二）　刑事裁判権に関する件　昭和二八、三、二三　松平参与」外務省外交記録。および「法務省刑事局　秘第七〇号　昭和二十八年三月三十日　法務省刑事局長　岡原昌男　外務省国際協力局長　伊関佑二郎殿」同前。

(18)　「財第三六六号　昭和二十八年四月三日　外務省国際協力局長殿　大蔵省財務参事官　鈴木源吾　日米行政協定改訂に関する懸案事項について（回答）」同前。

(19)　「行政協定改訂方交渉に関する件（四）　刑事裁判権以外の問題について　昭和二八、四、二　松平参与」同前、および「条一第四九六号　昭和廿八年四月十四日附　在京

米国大使〔受〕岡崎大臣〔発〕（日米行政協定刑事裁判権条項改訂方申入れの件）」同前。

(20) 同前「条一第四九六号　昭和廿八年四月十四日附　在京米国大使〔受〕岡崎大臣〔発〕（日米行政協定刑事裁判権条項改訂方申入れの件）」。

(21)「行政協定改訂方交渉に関する件（七）昭和二八、四、一六　松平参与」同前、および「行政協定刑事裁判条項改訂交渉に関する件（十四）昭和二八、七、三一　松平参与」外務省外交記録。

(22)「昭和二八　四六九七　略　ワシントン　本省　五月一二日一九、一三発　一三日一二、一〇着　岡崎大臣　新木大使　第五一三号（NATO協定に関する件）」同前。および Dieter Fleck ed., *The Handbook of The Law of Visiting Forces*, New York: Oxford University Press, 2001, pp. 385-386.

(23) 前掲「昭和二八　四六九七　略　ワシントン　本省　五月一二日一九、一三発　一三日一二、一〇着　岡崎大臣　新木大使　第五一三号（NATO協定に関する件）」、および「昭和二八　七八二〇　暗　ワシントン七月三一日一九、〇七発　本省八月一日一〇、四四着　岡崎大臣　新木大使　第八七〇号（至急）（日米行政協定改訂に関する件）」外務省外交記録。

(24)「行政協定刑事裁判権条項の改訂交渉に関する件　昭和二八、八、六　松平参与」同前、および「行政協定刑事裁判権条項の改訂交渉に関する件　昭和二八、八、一四　松平参与」同前。

(25)「行政協定改訂交渉に関する件　昭、二八、八、一七　松平参与」同前。

(26) 同前。

(27) 同前。

(28) 同前。

(29) 同前。

(30)「行政協定刑事裁判権条項改訂交渉に関する件　昭和二八、八、一八　松平参与」外務省外交記録。

(31)「行政協定改訂交渉に関する件　昭二八、八、一九　松平参与」同前。

(32) 同前。

(33) 同前。

(34)「行政協定改訂交渉に関する件　昭二八、八、二〇　松平参与」外務省外交記録。

(35)「行政協定刑事裁判権条項の改訂に関する三宅・バッシン会談要録　昭和二八、八、二五　三宅参事官」同前。

(36) 同前。

(37) 同前。

(38) 同前。

(39) 同前。

(40)　同前。

(41)　同前。

(42)　同前。

(43)　同前。

(44)　同前。

(45)　同前、およびCONFIDENTIAL (draft) Oral statement by Japanese Representative concerning paragraph 3. (c) and paragraph 5. At Regular Meeting. 外務省外交記録。

(46)　「行政協定刑事裁判権条項の改訂交渉に関する件　昭和二八、八、二八　松平参与」同前、および「昭和28年8月28日起草　三宅　宛在米新木大使　発岡崎大臣　行政協定改訂交渉に関する件」同前。なお、ここに掲載した箇所の後段には、いったん「交渉がこの上延引し、又は万一決裂とならば、我国民の反米感情の激発の恐れがある。」などと書いて、削除したことが看て取れる。

(47)　CONFIDENTIAL, United States Draft August 29, 1953, Statement by Japanese and American Representatives concerning paragraph 3. (c) at Regular Meeting, 同前（一九五三年八月二九日に米側が日本側に手交した、合同委員会（刑事裁判権小委員会）で日米両代表が行う予定の口頭陳述案）、および「行政協定改訂交渉に関する件　昭二八、九、一　松平参与」外務省外交記録。なお、合同委員会（刑事裁判権小委員会）で日米両代表が行う予定の口頭陳述案に関して、上に掲げた米側八月二九日案の当該箇所に変更はない。

(48)　「行政協定刑事裁判権条項の改訂交渉に関する件　昭和二八、九、二　松平参与」同前、および「行政協定刑事裁判権条項の改訂交渉に関する件　昭和二八、九、四　松平参与」外務省外交記録。

(49)　「行政協定刑事裁判権条項の改訂交渉に関する件　昭和二八、九、二　松平参与」同前。

(50)　「行政協定刑事裁判権条項の改訂交渉に関する件　昭和二八、九、四　松平参与」同前。

(51)　同前。

(52)　「行政協定改訂交渉に関する件　昭二八、九、八　松平参与」同前。

(53)　同前、および「昭和二八年九月一〇日一七時〇〇分　在米新木大使　岡崎大臣　（行政協定刑事裁判権条項の改訂交渉に関する件）　第八七六号（至急）」同前。

(54)　「行政協定改訂交渉に関する件　昭二八、九、一一　松平参与」同前。

(55)　（仮訳）「日米合同委員会（２０１１年8月25日）におけるやりとり」外務省ホームページ（以下ＨＰ）、（最終アクセス：二〇一七年一〇月一〇日）より。

(56)　「大臣内奏資料（五月十五日）　昭和二八、五、一四　日米行政協定刑事裁判権条項の改定に関する件」および

「(内奏資料) 昭和二八、九、一九 一 日米行政協定刑事裁判権条項の改訂交渉に関する件」外務省外交記録。なお、宮内庁『昭和天皇実録 第十二』東京書籍、二〇一七年の、一九五三年五月一五日の条には、「午前……外務大臣岡崎勝男の拝謁をお受けになり、同人より朝鮮戦争休戦、日韓会談、日米相互防衛援助協定 MSA協定 等についてお聞きになる」との記述がある(五四六頁)。また、同書の一九五三年九月二二日の条には、「午前……約一時間にわたり外務大臣岡崎勝男の拝謁をお受けになる」との記述が見られる(五九〇―五九一頁)。

(57) 前掲「行政協定刑事裁判権条項の改訂に関する三宅・バッシン会談要録 昭和二八、八、二五 三宅参事官」。

(58) 「米軍及び国連軍関係の犯罪統計表に関する件 昭和二八、一二、一一 三宅参事官」外務省外交記録。

(59) 『朝日新聞』二〇〇五年六月一日、および重光葵著、伊藤隆・渡邊行男編『続 重光葵手記』中央公論社、一九八八年、七三二頁。および宮内庁『昭和天皇実録 第十二』東京書籍、二〇一七年、八七頁。

(60) 「〔一九五八年〕十月四日 総理、外務大臣、在京米大使会談録」(いわゆる「密約」に関する有識者委員会報告書、関連文書1―18)。

(61) 同前。

(62) *Foreign Relations of the United States, 1958–1960,* Volume XVIII Japan; Korea, Washington D.C.: United States Government Printing Office, 1994, pp. 94–95.

(63) リチャード・B・フィン著、内田健三監修『マッカーサーと吉田茂 下』、同文書院インターナショナル、一九九三年、一七八頁。

(64) *FRUS, 1958–1960*, 18, *op. cit.*

(65) Fleck ed., *op. cit.*, pp. 387–388.

(66) 『毎日新聞』二〇〇八年八月八日。

(67) 新原昭治『日米「密約」外交と人民のたたかい――米解禁文書から見る安保体制の裏側』新日本出版社、二〇一一年、一八一頁。

(68) 『北海道新聞』二〇〇九年五月一五日。

(69) 『琉球新報』二〇一二年八月二三日。

(70) 『琉球新報』二〇一三年五月二七日。

(71) 同前。

Ⅶ 「公務」の定義

(1) 「日米地位協定の刑事裁判権に関する規定における「公務」の範囲に関する日米合同委員会合意の改正」二〇一一年一二月一六日、外務省HP(最終アクセス:二〇一七年一〇月一〇日)より。

（2）拙稿「一九五五年の基地問題――基地問題の序論的考察」『年報　日本現代史』第六号〈「軍事の論理」の史的検証〉二〇〇〇年、所収。

（3）石井修・小野直樹監修『アメリカ合衆国対日政策文書集成　VI　日米外交防衛問題　一九五五年』第四巻、柏書房、一九九九年、一〇一―一三頁。

（4）二〇〇五年七月二日の『しんぶん赤旗』は、赤嶺政賢議員（日本共産党）の要求に対して防衛施設庁が提出した、在日米軍の起こした事件・事故件数に関する資料を掲載している。それによれば、公務および公務外をあわせた件数は一九五二年：五九八五、五三年：七〇一〇、五四年：一万一〇二二、五五年：一万一〇七二、五六年：一万二九八八であった。ただし、五七年以降は次のように急激に減少していく。一九五七年：一万四〇一、五八年：八二七五、五九年：七四一〇、六〇年：七〇五六、六一年：六九九六、六二年：六三八九、六三年：六七二九、六四年：四八五九、六五年：四三二二、六六年：四六五五、六七年：三八五七、六八年：三五二六、六九年：三三五四、七〇年：二一六六、七一年：二〇七一、七二年：三八八八。

（5）石井・小野監修前掲文書集成、一〇一―一三頁。

（6）同前。

本項でしばしば言及される合同委員会刑事裁判管轄権分科委員会合意事項第三九項は以下のとおりである。

〔日米行政協定第一七条付属〕議定書第三項(a)(ii)及び同項に関する公式議事録にいう公務とは、法令、規則、上官の命令又は軍慣習〔military usage〕によつて、要求され又は権限ず《（ママ）》けられるすべての任務若しくは役務を指する《（ママ）》ものとする。

右の引用は法務省刑事局「秘　検察資料〔一五八〕昭和四十七年三月　合衆国軍隊構成員等に対する刑事裁判権関係実務資料〔検察提要　六〕」一三九頁による。英文テキストは同実務資料の「五　英文資料」の八八頁を参照。二〇一五年一二月二四日に筆者が国立国会図書館で同資料を閲覧したさいには、原本は利用を禁止されており、「利用制限措置決定票」（国図収一〇〇二一九〇〇一号）付の複製本を利用することとなった。同措置決定票によれば利用制限理由は、「本資料の墨塗りを施した部分……は、発行機関から個人情報が記載されているとの申出があった」からだという。

（7）同前。

（8）同前。

（9）同前。

（10）石井・小野監修前掲文書集成、第五巻、一六頁。

（11）同前。

(12) 同前。
(13) 石井修・小野直樹監修『アメリカ合衆国対日政策文書集成 VII 日米外交防衛問題 一九五六年』第三巻、柏書房、一九九九年、三七—四一頁。とくに、その同封文書 MEMORANDUM FOR RECORD, SUBJECT: Minutes of Informal Meeting of Criminal Jurisdiction Subcommittee of the Joint Committee at the University Club, Tokyo, Japan, at 1400 Hours, 25 October 1955 は、三九—四一頁を参照されたい。
(14) 同前。
(15) 同前。
(16) 同前。
(17) 同前。
(18) 同前。
(19) 同前。
(20) 同前。
(21) 法務省刑事局前掲実務資料、二〇三—二〇八頁。
(22) 同前。
(23) 同前。
(24) 法務省刑事局前掲実務資料所収「刑事第八〇二六号」の別添(一)、より。
(25) 同前「刑事第八〇二六号」の本文、より。
(26) 同前。

VIII 沖縄米兵犯罪と裁判権移管問題

(1) 一九六七年六月一日付で、那覇日本政府南方連絡事務所長から総理府特別地域連絡局長ならびに外務省北米局長宛に送られた文書「総南連第一四一一号」(外務省外交記録)に添付されている、沖縄人権協会が同年四月一四日付で作成した「外人事件の犯罪別・年度別発生件数調(自一九五三至一九六六年)」より。
(2) 『沖縄タイムス』一九五五年九月一二日。なお、同紙によれば、少女暴行事件が起きた前原署内では「とくに〔ホ〕ワイトビーチ、天願、川崎、登川の各地に、マリン部隊が駐屯して以来、事件は急激に増える一方で犯行も凶悪化、不安におののくマリン基地周辺の人々は、その防犯に腐心している」という。

註(1)に挙げた「総南連第一四一一号」の添付文書によれば、当該期を含む期間の米兵犯罪発生状況は次のとおりであった。

発生年	件数
1953	384
1954	279
1955	425
1956	449
1957	394
1958	624
1959	688
1960	832
1961	984
計	5,059

（3）『琉球新報』一九五五年九月一三日。

（4）前掲「総南連第一四一一号」添付資料「外人事件の犯罪別・年度別発生件数調（自一九五三年至一九六六年）」。
右の資料によれば、当該期前後の米兵犯罪発生状況は次のとおりである。

発生年	件数
1962	1,078
1963	1,131
1964	973
1965	1,003
1966	1,407
1967	1,079
1968	905
1969	778
1970	960
計	9,314

（5）米民政府布告第一二号「琉球民裁判所制」、および米民政府布令第一四四号「刑法並びに訴訟手続法典」。

（6）米行政命令第一〇七一三号「琉球列島の管理に関する行政命令」。

（7）米民政府布令第八七号「琉球民警察の逮捕権」。

（8）琉球警察本部長・在琉米各軍憲兵司令官「捜査共助協定覚え書」（一九六七年四月一四日）は、「米軍基地視察報告（沖縄、フィリッピン、タイ）（45・3・20　米保佐々木）」外務省外交記録、による。

（9）『琉球新報』一九六六年一一月七日。

（10）『琉球新報』一九六六年一一月六日。

（11）『琉球新報』一九七〇年一二月一八日の「声」欄に掲載された二九歳・男性の投稿。

（12）同前。

（13）小山内宏「憂うべき〝基地〟の重み」『週刊読売』一九七〇年七月一〇日特別号、一二一―一二三頁。

（14）佐木隆三「戦後沖縄米軍犯罪考」『現代の眼』第一二巻（一九七一年八月号）、一三五頁。

（15）『沖縄タイムス』一九六六年一〇月二三日および同二四日。

（16）『琉球新報』一九六六年一一月六日。

（17）小山内前掲「憂うべき〝基地〟の重み」、一二三頁。

（18）D・パークス「ある黒人兵のベトナム戦記　死はいつも私の隣りにいた」『文藝春秋』一九六八年五月号所収、より。

（19）同前。

（20）「沖縄米兵犯罪史　～あえて占領軍を告発する～」『週

刊読売』一九七〇年七月一〇日特別号所収、より。

(21) 同前。

(22)『琉球新報』一九六五年一〇月一六日。

(23) 同前。

(24) 同前。

(25)『琉球新報』一九六五年一〇月二六日。

(26) 新川明「異郷の黒人兵　駐留黒人兵に捧げる歌」。もともとこの歌は『琉大文学』第一一号に掲載されたが、のち『生活と文学』第二巻第五号（一九五六年五月号）に再録された。本稿の引用は再録版による。

(27)『琉球新報』一九七〇年一二月二三日に掲載された写真版より。なお英文ビラは同日付同紙にも掲載されているが、その主要箇所が Yoichiro Onishi, *Transpacific Antiracism: Afro-Asian Solidarity in 20th-Century Black America, Japan, and Okinawa*, New York: New York University Press, 2013, p. 163 にも収録されている。このビラは史料的価値が高いと思われるので、以下に日本語版の全文を挙げておく。

> オキナワの人々と、わたしたち黒人兵の間には、お互いの連帯を妨げている障壁があります。
>
> なによりもまず黒人兵は自分たちがオキナワで好かれていないのは肌の色のせいではなく、〝ヤンキー〟のイメージのためだということを知っています。
>
> 黒人たちはオキナワ人と同じ状況を体験してきました。黒人の斗争は４００年以上、そして今もなお続いているのです。私たちがオキナワにやってきたのは黒人自身による選択ではありません。我々黒人の祖先はオキナワ人と同様、強制的に外国との戦争にかり出されました。黒人はまた、オキナワと同様、解放のために長い間斗つてきました。誰があなたの権利獲得を止めることができるでしょうか。
>
> 黒人はオキナワ人同様、自分たちに関係のない戦争を斗つてきたにもかかわらず、代償として、何もきれいな家すら獲得することはできませんでした。黒人たちが人間としての権利獲得《（ママ）》するには〝公民権法〟という法律を通さねばなりませんでした。
>
> 黒人はアメリカでは少数民族にもかかわらず、人口比に比例して多く海外に派兵されています。私たちは抑圧されているのです。ある点ではオキナワよりもひどく、例を外国の軍事基地刑務所にとれば、刑務所の囚人の大部分が黒人です。これは決して黒人が悪いのではなく、軍隊内に人種差別が存在することを意味します。黒人兵の半分以上が裁判すら受けていません。これは、４００年以上も黒人が差別されてきたからであり、しかもその差別はまだなくなつてはいない。

オキナワ人と同様、黒人たちは差別されてきたのです。この点において、私たちは同じ状況、同じ問題をかかえているといえます。すべての問題には解決があり、黒人兵は解決の手助けにはなつても、問題の原因自体になろうとは思つていません。

黒人兵は、抑圧された人々が連携してより良い関係を作るために、喜んでオキナワ人と話し合いたいと思つています。私たちは共通点を多く持つているのですから。

共に集まり、問題をぶち壊すために、解決法を見つけようではありませんか。

黒人は暴動が起きるにいたつた状況をよく知つています。暴動はまつたく正当な動きであつたし、それ以外にヤツらをやつつける方法はないのです。

（注）私たちは黒人兵をブラザー（brother）と呼びます。固く握つたこぶしをかかげてRight-on（異議なし）と云うのがbrotherたちの合い言葉です。

(28) 沖縄県反戦・琉大全共闘・コザ市民・反戦高教・全軍労反戦・首里高「現地報告　燃ゆるコザ」『破防法研究』第一〇号（一九七一年三月）、六頁。

(29) ジョン・ダワー著、猿谷要監修、斎藤元一訳『人種偏見　太平洋戦争に見る日米摩擦の底流』ティビーエス・ブリタニカ、一九八七年、二三三―二三四頁。

(30)「公信案　北米第１３８４号　昭和42年10月17日　受信者　在米下田大使　発信者　三木大臣　件名　三木大臣・ジョンソン大使会談関係文書送付」、外務省外交記録。

(31) 同前。

(32)「沖縄の当面の問題に対する対処方針について　昭和42・8・4　北米局北米課」、外務省外交記録。

(33) 山本博昭「コザ暴動に快哉を叫ぶ沖縄住民」『朝日ジャーナル』一九七一年一月一～八日号、五四頁。

(34)「68年11月13日20時40分ワシントン発　68年11月14日11時04分本省着　第３２６７号　特秘　至急　主管　米局長　外務大臣殿　下田大使　主席選挙後のオキナワ問題」外務省外交記録。

(35)「外務省電信案　第１２０１号　１９６７ＪＵＬ15　20・21発　在米下田大使あて三木大臣発　件名　沖縄、小笠原問題」同前。

(36) Department of State TELEGRAM, FM: AMEMBASSY TOKYO, TO: SECSTATE WASHDC PRIORITY 6187, INFO: HICOMRY, CONFIDENTIAL: TOKYO 10353, HICOM FOR POLAD, SUBJ: LDP DIETMEN CALL ABOUT COURT JURISDICTION OKINAWA, POL 23-8 Ryukyu IS, Central Files, 1970-73, RG 59, NARA.（沖縄県

公文書館収集・所蔵資料）。

（37）Department of State TELEGRAM, FM: AMEMBASSY TOKYO, TO: SECSTATE WASHDC 6209, INFO HICOM, CONFIDENTIAL TOKYO 10390, SUBJ: KOZA RIOTS. 同前。

なお、註（36）および（37）で示した史料を利用するにあたり、沖縄県公文書館の仲本和彦氏から多くの教示をいただいた。とくに記して謝辞としたい。

筆者が註（37）の史料の存在を知るきっかけとなった二〇一二年一月五日付『沖縄タイムス』の記事「裁判権委譲七〇年に要望　当時外相、コザ騒動直後に」は、「コザ騒動直後の1970年12月22日、愛知揆一外相がマイヤー駐日大使と会談し、沖縄で発生する米軍人に関する事件の刑事裁判権を米軍から琉球政府に委譲するよう求めていたことが、〔二〇一二年一月〕4日までに分かった」と記している。しかし、本稿を作成するにあたり、当該資料を精査したところ、愛知外相が裁判権移管を求めたことを明確にしめす記述があるとは言えないことがわかった。地元紙も、沖縄側の要求している裁判権の移管を申し入れる意向が佐藤首相には「まったくな」いと報じており（『琉球新報』一九七〇年一二月二二日）、けっきょく日本政府は騒動が起こっても裁判権移管を求めなかった可能性が高いと言わざるを得ない。

（38）「70年12月21日21時40分〔発〕　70年12月22日12時09分〔着〕　第3773号　極秘　大至急　外務大臣殿　牛場大使　コザ市のぼう動事件」、外務省外交記録。

（39）同前。

（40）前掲「70年12月21日21時40分〔発〕　70年12月22日12時09分〔着〕　第3773号　極秘　大至急　外務大臣殿　牛場大使　コザ市のぼう動事件」。

「公正にやっている」とフレイマスは言うが、事件を検証した米国民政府法務局は一九七一年一月四日付でランパート高等弁務官に送った報告書のなかで、判決が「誤審」だったことを認めていた。同報告書は、裁判を誤審へ導いた要因が実況見分を行った憲兵の調書に「大きな誤り」が含まれており、検察が説得力ある反証を提示したにもかかわらず同憲兵が「頑固なまでに誤りを認め」ず、結果として訴訟の信憑性が大きく揺らいだ点にあることも指摘している（報告書の概要は『琉球新報』二〇一二年一月三日参照）。

第四部

IX　負担分担の論理

（1）『日米行政協定の政治史』、二一〇頁。
（2）『平和条約の締結に関する調書　IV』、一五二および一五四頁。
（3）『日米行政協定の政治史』、二一〇―二一一頁。
（4）『平和条約の締結に関する調書　III』、八八および九三頁。
（5）『日米行政協定の政治史』、二一一頁。
（6）同前。
（7）*FRUS, 1951, 6*, p. 1377.
（8）占領軍調達史編さん委員会編著『占領軍調達史――占領軍調達の基調』調達庁総務部調査課、一九五六年、七五三頁、および大蔵省財政史室編『昭和財政史――終戦から講和まで』第一八巻　資料（二）、東洋経済新報社、一九八二年、五三六―五三七頁。
（9）『日米行政協定の政治史』、二一二頁。
（10）同前。
（11）同前。
（12）同前。
（13）同前。
（14）『日米行政協定の政治史』、二一三頁。
（15）同前。
（16）同前。
（17）同前。
（18）『日米行政協定の政治史』、二一三―二一四頁。
（19）同前書、二一四頁。
（20）同前。
（21）拙稿「行政協定の締結と「占領の論理」」豊下楢彦編著『安保条約の論理――その生成と展開』柏書房、一九九九年、九四頁。
（22）『日米行政協定の政治史』、二一四頁。
（23）吉次公介「池田・ロバートソン会談と独立後の吉田外交――保安隊創設過程より岡崎・アリソン協定、NSC516／1に至る文脈から」『年報日本現代史』第四号（一九九八年）所収、および同「MSA交渉と再軍備問題」豊下楢彦編著『安保条約の論理――その生成と展開』柏書房、一九九九年、所収。
（24）「日米行政協定に関する懸案事項一覧（昭和二八年三月一一日　大蔵省財務参事官室）」外務省外交記録（二〇一一年八月二六日公開分）。
（25）安川壮『忘れ得ぬ思い出とこれからの日米外交――パールハーバーから半世紀』世界の動き社、一九九一年、三七頁。

(26)『日米行政協定の政治史』、二三四頁。

(27)同前書、二三三および二三四—二三五頁。

(28)同前、二三五頁。および拙稿「一九五五年の基地問題——基地問題の序論的考察」『年報日本現代史』第六号(二〇〇〇年)、八〇—八一頁。

(29)外務省情報文化局「現下の重要外交問題」一九五六年、五四頁。

(30)『日米行政協定の政治史』、三一一頁。

X 「思いやり」と思考停止の負担分担

(1)我部政明『沖縄返還とは何だったのか　日米戦後交渉史の中で』日本放送出版協会、二〇〇〇年、一八九—一九九頁。なお、同書は巻末に柏木・ジューリック秘密覚書の英文テキストと我部氏による日本語訳とを収める。

(2)同前書、一九六頁。

(3)我部政明『戦後日米関係と安全保障』吉川弘文館、二〇〇七年、一八九頁。

(4)波多野澄雄「補章　「密約」とは何であったか——沖縄返還交渉と財政「密約」の構図」波多野澄雄編著『MINERVA日本史ライブラリー25　冷戦変容期の日本外交——「ひよわな大国」の危機と模索』ミネルヴァ書房、二〇一三年、二八五—二八六頁。

(5)石井修・我部政明・宮里政玄監修『アメリカ合衆国対日政策文書集成XVII　日米外交防衛問題　1971年・沖縄編』第三巻、二二九頁。

(6)同前文書集成、二二九—二三〇頁。

(7)石井修・我部政明・宮里政玄監修『アメリカ合衆国対日政策文書集成XVII　日米外交防衛問題　1971年・沖縄編』第四巻、四九頁。

(8)石井修・我部政明・宮里政玄監修『アメリカ合衆国対日政策文書集成XVII　日米外交防衛問題　1971年・沖縄編』第六巻、一四三頁。

(9)「71年6月9日16時42分フランス発　71年6月10日00時57分本省着　外務大臣殿　中山大使　第877号　アイチ外務大臣、ロジャース国務長官会談」外務省外交記録。

(10)同前。

(11)我部前掲『沖縄返還とは何だったのか　日米戦後交渉史の中で』、二〇二頁、および波多野前掲論文、三〇四頁ならびに同上論文三一五頁の注(95)。

(12)野添文彬『沖縄返還後の日米安保　米軍基地をめぐる相克』吉川弘文館、二〇一六年、一一八、一二二および一二三頁。

(13)同前書、一一八—一一九、一二六および一三七頁。

（14）同前、一二六、および一三六―一三八頁。

（15）COMMANDER IN CHIEF PACIFIC COMMAND HISTORY, 1980, VOLUME I, Prepared by the Command History Division, Office of the Joint Secretary, Headquarters CINCPAC, 1981, p. 490.

（16）COMMANDER IN CHIEF PACIFIC COMMAND HISTORY, 1973, VOLUME I, Prepared by the Command History Division, Office of the Joint Secretary, Headquarters CINCPAC, 1974, pp. 574-575.

（17）野添前掲書、一三六および一三七頁。

（18）外務省「日米地位協定の考え方」、一二九頁。

（19）COMMANDER IN CHIEF PACIFIC COMMAND HISTORY, 1976, VOLUME I, Prepared by the Command History Division, Office of the Joint Secretary, Headquarters CINCPAC, 1977, pp. 349-350.

（20）COMMANDER IN CHIEF PACIFIC COMMAND HISTORY, 1977, VOLUME I, Prepared by the Command History Division, Office of the Joint Secretary, Headquarters CINCPAC, 1978, pp. 360-361.

（21）COMMANDER IN CHIEF PACIFIC COMMAND HISTORY, 1978, VOLUME I, Prepared by the Command History Division, Office of the Joint Secretary, Headquarters CINCPAC, 1979, pp. 488-489.

（22）UNITED STATES FORCES, JA COMMAND HISTORY, 1978, pp. 109-111; COMMANDER IN CHIEF PACIFIC COMMAND HISTORY, 1979, VOLUME I, Prepared by the Command History Division, Office of the Joint Secretary, Headquarters CINCPAC, 1980, pp. 460-462.

（23）Ibid.; COMMANDER IN CHIEF PACIFIC COMMAND HISTORY, 1980, VOLUME I, Prepared by the Command History Division, Office of the Joint Secretary, Headquarters CINCPAC, 1981, pp. 490-492.

（24）COMMANDER IN CHIEF PACIFIC COMMAND HISTORY, 1979, VOLUME I, Prepared by the Command History Division, Office of the Joint Secretary, Headquarters CINCPAC, 1980, pp. 460-462.

（25）野添前掲書、一八二頁。

（26）同前書、一八三頁。

（27）COMMANDER IN CHIEF PACIFIC COMMAND HISTORY, 1980, VOLUME I, Prepared by the Command History Division, Office of the Joint Secretary, Headquarters CINCPAC, 1981, pp. 490-492.

（28）「参議院内閣委員会（第八十四回国会閉会後）会議録第一号」一九七八年六月二九日。

なお、「日米地位協定を読む会」（この会の詳細は「あとがき」を参照されたい）の第五回会合（二〇一七年六月三日）において、野呂法夫氏（東京新聞社）の行った報告によれば、金丸防衛庁長官の「思いやり」発言は、早くも七八年六月六月の衆議院内閣委員会において「やはり日米関係が不可欠である以上、これはアメリカから要求されるものではない。日本で円高ドル安という問題、信頼性を高めるためにはいわゆる思いやりというものがあってしかるべきだ」との発言に遡ることができる。野呂氏が提示したこの金丸長官の発言は、午後の委員会で鈴切康雄委員の質問に答えたものである（『第八十四回国会衆議院　内閣委員会議録第二十二号』、一五頁）。

なお、金丸長官は午前の委員会でも上原康助委員の質問に対して、「日米関係が不可欠である以上、円高ドル安というこの状況の中で、アメリカから要求されるのではなくて、信頼性を高めるということであれば、思いやりというものがあってもいいじゃないか」と防衛施設庁長官に述べたという内容の答弁を行っている（同前議録、一一頁）。

(29) 野添前掲書、一八八頁。
(30) 『國防』第二七巻第六号（一九七八年六月一日）、一四頁。
(31) 『時の動き――政府の窓』一九七八年九月一五日号、一八頁。
(32) 前掲『國防』、一四頁。
(33) 『宝石』一九七八年九月号、一五四頁。
(34) 同前。
(35) 前掲『國防』、一四頁。
(36) 同前。
(37) 前掲『國防』、一四―一五頁。
(38) 『沖縄タイムス』一九七八年六月一二日夕刊。
(39) 前掲『宝石』、一五七頁、および前掲『沖縄タイムス』一九七八年六月一二日夕刊。
(40) 『琉球新報』一九七八年六月二〇日および二一日。
(41) 前掲『宝石』、一五五頁。
(42) 同前。
(43) ズビグネフ・ブレジンスキー著、大朏人一訳『ひよわな花・日本　日本大国論批判』サイマル出版会、一九七二年、一二八頁。
(44) 同前書、一四七頁。
(45) 同前、一四七―一五一頁。
(46) ジョン・W・ダワー／ガバン・マコーマック著、明田川融・吉永ふさ子訳『転換期の日本へ　「パックス・アメリカーナ」か「パックス・アジア」か』NHK出版、二〇一四年、六五―六六頁。
(47) Z・ブレジンスキー著、山岡洋一訳『ブレジンスキーの世界はこう動く』日本経済新聞社、一九九八年、二四〇頁。

(48) 同前。
(49) 前掲ブレジンスキー著、山岡訳『ブレジンスキーの世界はこう動く』、二五七頁。
(50) 同前書、二五七―二五八頁。
(51) 増補版「日米地位協定の考え方」、二四七頁。
(52) 同前、二五〇頁。
(53) 「日本国とアメリカ合衆国との間の相互協力及び安全保障条約第六条に基づく施設及び区域並びに日本国における合衆国軍隊の地位に関する協定第二十四条についての特別の措置に関する日本国とアメリカ合衆国との間の協定」（一九八七年一月三〇日署名、同六月一日発効）、外務省条約局『条約集（昭和六十二年二国間条約）』所収。
(54) 「日本国とアメリカ合衆国との間の相互協力及び安全保障条約第六条に基づく施設及び区域並びに日本国における合衆国軍隊の地位に関する協定第二十四条についての新たな特別の措置に関する日本国とアメリカ合衆国との間の協定」（一九九一年一月一四日署名、同四月一七日発効）外務省条約局『条約集（平成三年二国間条約）』所収。
(55) 同前。
(56) 同前。
(57) 「日米地位協定の考え方」、一二八頁、および増補版「日米地位協定の考え方」、二四五頁。
(58) 『読売新聞』二〇〇七年一一月一〇日。
(59) 同前。
(60) 『朝日新聞』二〇一〇年九月一日、および『読売新聞』二〇一一年四月三〇日、ならびに『沖縄タイムス』二〇一一年四月一九日。
(61) 『琉球新報』二〇一六年一月一七日。
(62) 同前。
(63) 同前。
(64) 同前。
(65) 『琉球新報』二〇一五年一二月一九日。

第五部

XI 「密約製造マシーン」の作られ方

(1) 豊下楢彦『安保条約の成立――吉田外交と天皇外交』岩波書店、一九九六年、二〇頁、および『平和条約の締結に関する調書 III』、一二七頁。
(2) 『平和条約の締結に関する調書 III』、一二六―一二七頁、および『平和条約の締結に関する調書 IV』、一五三頁。
(3) DRAFT NO. 4, UNITED STATES - JAPAN BILAT-

ERAL AGREEMENT ON SECURITY, op. cit. および『平和条約の締結に関する調書　IV』、一七一頁。

（4）同前調書、一七一―一七二頁。

（5）同前調書、一七五頁。

（6）能勢省吾「朝鮮戦争に出動した日本特別掃海隊」〈http://www.history.navy.mil/books/field/ch8b.htm#map16〉。このサイトを筆者は二〇一四年一二月に閲覧したが、二〇一七年一〇月現在は閉鎖されているようだ。

（7）『平和条約の締結に関する調書　IV』、一七五および一七八頁。

（8）同前調書、一八二頁。

（9）同前、一七七頁。

（10）同前。

（11）『平和条約の締結に関する調書　IV』、四四頁。

（12）前泊博盛編著『「戦後再発見」双書②　本当は憲法より大切な「日米地位協定入門」』創元社、二〇一三年、二六三頁。

（13）拙著『日米行政協定の政治史』、二三一頁。

（14）吉田敏浩『「戦後再発見」双書⑤　「日米合同委員会」の研究　謎の権力構造の正体に迫る』創元社、二〇一六年、二二九頁。

（15）基地問題調査委員会編『軍事基地の実態と分析』三一書房、一九五四年、四九―六〇頁。

（16）吉田前掲書、二〇―二二頁。

（17）基地問題調査委員会編前掲書、五一―五七頁。

（18）吉田前掲書、二六頁。

（19）前泊編著前掲書、二六三頁、および吉田前掲書、二九頁。

（20）前掲拙稿「一九五五年の基地問題――基地問題の序論的考察」、七一頁。

（21）沖縄県による「11項目の日米地位協定見直要請」（二〇〇〇年八月）の11（第25条関係（合同委員会））

（22）『東京新聞』二〇一六年九月一四日。

（23）平成二八年度（行情）答申第一一五号「特定日の日米合同委員会において全ての協議内容は日米双方の合意がなければ公表されない旨の合意がされた事実が分かる文書の不開示決定（不存在）に関する件」（答申日　平成二八年六月九日）。

（24）同前。

（25）「「公務」の範囲に関する日米合同委員会合意の新旧対照」（二〇一一年一二月一六日）、外務省ＨＰ（最終アクセス：二〇一七年一〇月一〇日）より。

（26）同前。

（27）二〇一一年六月二六日の『沖縄タイムス』および『琉球新報』。

（28）「嘉手納飛行場及び普天間飛行場における航空機騒音

規制措置」（一九九六年三月二八日）、外務省ＨＰ（最終アクセス：二〇一七年一〇月一〇日）より。

(29) 同前。

(30) 同前。

なお、普天間飛行場近傍での曲技飛行に関するｋ項、および航空関係従事者に対する教育措置などに関するｌ項は省略した。

同様に、「嘉手納飛行場における航空機騒音規制措置」（一九九六年三月二八日）の方は、上記「普天間飛行場における航空機騒音規制措置」と同趣旨の規定（すなわち「普天間飛行場」を「嘉手納飛行場」に読み替え、また、ｊ項の「エンジン・テスト・セル（サイレンサー）」を「サイレンサー」に読み替える）に加え、「ｄ短場周経路を飛行する航空機は、管制塔よりの別段の指示を受ける場合を除き、滑走路を通過するまで、ダウン・ウインド・レッグへ移行するための機首上げ操作を遅らせる。滑走路５Ｌ／23Ｒへ有視界飛行方式経路で飛行するＫＣ―１３５は、できる限り人口稠密地域上空の飛行を避ける」「ｅ短場周経路においては、航空機がダウン・ウインド・レッグでの飛行を確立するまで、運用上の制約の範囲内で、クリーン・コンフィギュレーションで飛行する。緊急事態にある又は手順上脚を出すよう求められている航空機は、脚を出した状態で飛行することができる」という規定を含む（ａ～ｎの）一四項目である。

(31) 宜野湾市長（安里猛）「普天間飛行場問題の早期解決について」（二〇一一年二月一五日）の添付資料１、および宜野湾市「平成18年―平成22年度別　普天間飛行場航空機騒音発生回数　集計グラフ」宜野湾市ＨＰ。なお、本書執筆にあたり二〇一七年一〇月、あらためて同ＨＰよりこれらの資料にアクセスを試みたが、すでに閉鎖されているようであった。

(32) 「在日米軍による低空飛行訓練について」（一九九九年一月一四日）、「日本国における新たな航空機（ＭＶ―22）に関する日米合同委員会合意」（二〇一二年九月一九日）。とくに、同合意を構成する「日本国における新たな航空機（ＭＶ―22）」と題する文書、外務省ＨＰ（最終アクセス：二〇一七年一〇月一〇日）より。

(33) 同前「日本国における新たな航空機（ＭＶ―22）」。

(34) 同前。

(35) 『朝日新聞』二〇一二年九月二三日。

(36) 前泊前掲書、二六三頁。

XII　改定問題を考える

(1) 「資料６　日米地位協定対照表　日米地位協定改定を

実現するNGO（仮称）準備会　説明会　配布資料」（二〇〇四年二月一四日）。同対照表は、現行協定、渉外知事会改正案、地位協定改定議連改正案、沖縄弁護士会改正案、連合要求をまとめたものである。「日米地位協定改定を実現するNGO」設立総会での基調講演者であった明田川は、総会準備作業の過程で同NGO準備会より対照表の提供をうけた。

（2）『日本経済新聞』二〇一六年六月二〇日。

（3）「刑事裁判手続」（一九九五年一〇月二五日）、外務省HP（最終アクセス：二〇一七年一〇月一〇日）より。

（4）「捜査協力の強化及び一九九五年一〇月二五日の刑事裁判手続に関する日米合同委員会合意の円滑な運用の促進のための措置」（二〇〇四年四月二日）同前。

（5）『朝日新聞』一九九五年一〇月五日。

（6）同前。

（7）前掲「財第三六六号　昭和二十八年四月三日　外務省国際協力局長殿　大蔵省財務参事官　鈴木源吾　日米行政協定改訂に関する懸案事項について（回答）」。

（8）東郷文彦『日米外交三十年――安保・沖縄とその後』世界の動き社、一九八二年、八七頁。

（9）拙著『日米行政協定の政治史』、三〇四―三〇五頁。

（10）東郷前掲書、八七―八八頁。

（11）同前書、八八頁。

（12）『琉球新報』二〇一一年五月三日。

（13）吉田前掲書、二九一―三〇〇頁。

（14）『朝日新聞』一九九五年一〇月五日。

（15）『日本経済新聞』二〇一六年六月二〇日。

（16）同前。

（17）安倍晋三『新しい国へ　美しい国へ 完全版』文藝春秋、二〇一三年、一三四―一三六頁。

（18）前泊編著前掲書、二〇六―二〇八頁。

（19）「平成27年5月14日安倍内閣総理大臣記者会見」首相官邸HP（最終アクセス：二〇一七年一〇月一〇日）より。

（20）春名幹男『仮面の日米同盟――米外交機密文書が明かす真実』文藝春秋、二〇一五年、二〇頁、および安倍前掲書、一三四―一三六頁。

（21）春名前掲書、四二―四三頁。

（22）「刑事裁判手続に関する運用の改善」外務省HP（最終アクセス：二〇一七年一〇月一〇日）より。

（23）本間ほか前掲書、一九七―一九八頁、二一六頁の注（9）および（10）ならびに三一〇頁。

（24）『毎日新聞』二〇一二年一二月二日。

（25）沖縄県による「11項目の日米地位協定見直し要請」（二〇〇〇年八月）。

（26）沖縄県知事公室基地対策課編集・発行『沖縄の米軍基地及び自衛隊基地（統計資料）』二〇一七年三月、一〇六―

一〇八頁。

(27)『琉球新報』二〇一二年九月九日（号外）。

(28)『琉球新報』二〇一二年九月一〇日。

(29)『琉球新報』二〇一二年九月一〇日所載の星野英一・琉球大学教授による「構造的差別　共通認識に」より。

(30)『沖縄タイムス』二〇一三年四月二九日、および『琉球新報』同。

(31)『琉球新報』二〇一三年四月二九日。

(32)『沖縄タイムス』二〇一三年四月二九日。

(33)同前。

(34)同前。

(35)『沖縄タイムス』二〇一一年五月三日。

(36)『沖縄タイムス』一九九八年一〇月一五日、および『琉球新報』二〇〇三年三月一五日。

(37)『琉球新報』二〇一三年一月一六日。

(38)『琉球新報』二〇〇八年四月三日。

(39)拙稿「Q5　安保とセットでよく耳にする「日米地位協定」とはどんなものですか？」『岩波ブックレット　日米安保Q＆A』岩波書店、二〇一〇年所収から明田川が再構成した。

(40)同前。

(41)『琉球新報』二〇一六年一〇月一四日。

(42)テレビ朝日「報道ステーション」二〇一五年六月二三日放映より。

(43)「基地使用の実施手続に関するイタリア国防省と米国国防総省の間におけるモデル実務取極」の第六条三および同条五、ならびに第一五条二を参照のこと。同実務取極は、本間ほか前掲書、一五八―一六五頁に、本間氏による抄訳が収められている。

(44)The History and Political Climate of Okinawa, Part 1: Okinawa Culture and Awareness Training（以下、HPCOと略記する）, p. 27. JOHN MITCHELL LATEST NEWS（最終アクセス：二〇一七年一〇月一〇日）より。

(45)Ibid., p. 28.

(46)Okinawa Culture Awareness Training, pp. 13 and 14.

(47)HPCO, p. 26.

(48)『琉球新報』二〇一三年五月二七日。

(49)岩本誠吾「研究ノート　海外駐留の自衛隊に関する地位協定覚書――刑事裁判管轄権を中心に」『産大法学』第四三巻第三・四号、一二三―一二四、および一二六―一二七頁。

(50)「ジブチ共和国における日本国の自衛隊等の地位に関する日本国政府とジブチ共和国政府との間の交換公文」（二〇〇九年四月三日）外務省ＨＰ（最終アクセス：二〇一七年一〇月一〇日）より。

(51)「第百五十九国会　参議院イラク人道復興支援活動等

及び武力攻撃事態への対処に関する特別委員会会議録　第四号」二〇〇四年二月六日、二一頁。

(52) 岩本前掲論文、一三〇—一三一、一三一—一三二、および一三八—一四〇頁。

(53) 等前掲「豪比相互訪問軍隊地位協定——冷戦後の二国間防衛協力の実務協定モデル」、一〇三—一〇四頁。

(54) 藤田省三「普遍的な道理にしたがう精神」『藤田省三著作集7　戦後精神の経験I』みすず書房、一九九八年、四三五—四三六頁所収。なお、同稿の初出は『新日本文学』一九六六年一二月号。

(55) 同前。

索　引

カ

ホ

著者略歴

（あけたがわ・とおる）

1963年生まれ．法政大学で博士号取得．政治学．現在　法政大学教授．著書『日米行政協定の政治史――日米地位協定研究序説』（法政大学出版局，1999）『各国間地位協定の適用に関する比較論考察』（内外出版，2003，共著）『沖縄基地問題の歴史――非武の島，戦の島』（みすず書房，2008）．訳書　ジョン・ハーシー『ヒロシマ　増補版』（法政大学出版局，2003，共訳），ジョン・W・ダワー『昭和――戦争と平和の日本』（みすず書房，2010，監訳）．

明田川 融

日米地位協定

その歴史と現在《いま》

2017 年 12 月 15 日　第 1 刷発行
2018 年 7 月 26 日　第 4 刷発行

発行所 株式会社 みすず書房
〒113-0033 東京都文京区本郷 2 丁目 20-7
電話 03-3814-0131（営業）03-3815-9181（編集）
www.msz.co.jp

本文組版 キャップス
本文印刷・製本所 中央精版印刷
扉・表紙・カバー・印刷所 リヒトプランニング
装丁 安藤剛史

ISBN 978-4-622-08647-5
［にちべいちいきょうてい］